한양
학술총서
006

중국 비즈니스 문화와 에티켓

중국 비즈니스 문화와 에티켓

최형욱·박대훈 지음

한양 학술총서 006

한양대학교 출판부

머리말

"중국하면 떠오르는 것이 무엇인가?"라고 누군가 물었다. 일반적이라면 만리장성, 마오쩌둥, 시진핑, 자장면 등이 연상될 것이다. "중국을 한마디로 정의하라"라고 한다면 뭐라고 하겠는가?

중국은 우리와 정말 가까운 거리에서 역사의 질곡을 함께한 나라 그래서 그 어느 나라보다도 익숙하다고 여겨지는 나라이다. 하지만 사실 한마디로 정의하기가 매우 어려운 나라이기도 하다. 소설《정글만리》의 작가 조정래는 중국을 '크다' '많다' '넓다'라고 정의했다. 이야기의 실마리로 삼기 좋은 표현이다. 중국은 13억 7000만 명이라는 세계 최대의 인구와 세계에서 네 번째로 넓은 면적을 가지고 있는 나라이다.

중국은 1840년 아편전쟁을 기점으로 서구의 반(半)식민지로 전락하기 전까지만 하더라도 세계 경제의 3분의 1을 차지하던 그야말로 세계 최강대국이었다. 그러나 찬란했던 과거도 잠시 중국은 봉건왕조의 내적 이완과 서구로부터의 충격으로 말미암아 아편전쟁 이후 이른바 '중화주의'라는 자부심을 접어둘 수밖에 없게 된다. 그리고 세계사의 변방국가가 되고 무려 130년이 지난 후 1979년 덩샤오핑이 개혁개방 정책을 펼치면서 다시 세계 정치와 경제의 중심으로 돌아올 계기를 만들게 된다.

이러한 사실은 간단한 지표만 들더라도 쉽게 알 수 있다. 2017년 현재 중국은 GDP규모 11조 4000억 달러의 세계 2위 경제대국이자 세계 1위 외환보유국이며, 우리나라의 최대 무역 상대국이자 수출 상대국이다. 2001년 WTO에 가입할 당시 불과 1038달러에 불과했던 1인당 국민소득은 2016년 IMF 발표 기준으로 무려 8261달러에 달하고 있다. 불과 15년 사이에 8배가 늘어났다. 이에 소비가 폭발하여 한국을 비롯한 세계 각국의 기업들이 중국 내수시장을 차지하기 위해 너도 나도 중국에 뛰어들고 있다. 한편 중국은 수출을 통해 축적한 자본을 바탕으로 세계 각국에 역으로 투자하여 큰손이 되고 '요우커(遊客)'라는 이름으로 여행을 다니면서 꽤 큰돈을 쓰고 있다. 그러다보니 우리도 어느덧 이래저래 미국보다 중국의 눈치를 살펴야 하는 상황이 되어버렸다.

이 때문에 많은 중국 관련 전문가들은 "중국을 아는 것이 과거에는 성공을 위한 준비였다면 이제는 생존을 위한 필수조건이다"라고 말한다. 세계적인 상품 투자가인 짐 로저스는 이 시대의 젊은이들에게 조언을 부탁하는 기자에게 "내가 당신에게 해줄 수 있는 유일한 충고는 바로 중국어를 배우라는 것이다"라고 이야기하면서 중국의 중요성을 강조한 바 있다.

이렇게 중국은 어느덧 우리에게는 성공의 기회이자 도전의 무대가 되었다. 중국과의 경제 교류가 나날이 증대되어 가고 있고, 이를 효과적으로 수행하기 위해서는 자연히 중국의 비즈니스 관행과 에티켓을 이해할 필요가 생겼다. 그동안 산업현장에서 몸으로 부딪치며 고군분투해온 많은 선배가 이러한 것들을 일부나마 미리 익혀둘 수 있으면 얼마나 좋았을까 하는 말들을 많이 하는 것을 직접 또는 간접적인 경로를 통해 들었다. 《중국 비즈니스 문화와 에티켓》이라는 책을 기획하고 출간하게 된 이유이다.

《중국 비즈니스 문화와 에티켓》은 실제 생생한 중국과 중국인의 비즈니스 문화에 대한 경험과 상황을 전달하고자 노력했다. 다음은 그 구체적인 구성과 내용이다.

먼저 제1장의 주제는 현대 중국의 시대 구분 및 중국인의 성격과 특징이다. 1911년 신해혁명 이후 현대 중국의 역사를 바꿔놓은 사건들 중에서도 가장 중요한 두 가지 사건을 들자면 바로 '사회주의 신중국의 건설'과 '개혁개방 정책의 전면적인 실시'를 꼽을 수 있다. 현대 중국을 관통하는 두 가지 사건인 1949년 중화인민공화국의 건국과 1979년 개혁개방 정책의 실시를 계기로 중국은 과거 유가 중심의 봉건, 반(半)봉건 사회에서 사회주의적 정치체제로, 그리고 다시 상당히 독특한 형태의 자본주의로 사회체제가 전환된다. 따라서 현재의 중국은 위의 세 가지 문화가 혼재되어 있는 양상을 보이고 있다. 그리고 이 과정에서 생겨난 중국인의 복합성과 양면성에 대해 사례를 통해 살펴본다.

제2장의 주된 내용은 중국 비즈니스의 여덟 가지 핵심 개념과 중국인의 협상 스타일이다. 우리는 중국 비즈니스를 관통하는 여덟 가지 핵심 개념을 통해 중국인의 협상 스타일과 특징을 이해할 수 있다. 이 여덟 가지 핵심 개념은 바로 ① 꽌시 ② 중재자 ③ 사회적 등급 ④ 인간관계의 조화 ⑤ 종합적 사고 ⑥ 근검절약 ⑦ 체면 ⑧ 인내이다.

제3장에서는 중국인의 비즈니스 소통기법과 중국인이 즐겨 쓰는 비즈니스 관련 표현을 통해 중국인의 비즈니스 마인드에 관해 살펴본다. 중국인의 소통기법을 한 예로 들면 중국인들은 어떤 문제에 대해서 정면으

로 대답하지 않는다는 것이다. 왜냐하면 직설적으로 대답하는 것은 대체로 자신에게 불리할 것이라 생각하기 때문이다. 그리고 중국인들은 누구든 먼저 말을 하는 것은 스스로 자신의 입장을 드러내는 것이기 때문에 먼저 말하는 것은 손해라고 생각한다. 그리고 중국인이 자주 사용하는 표현을 통해서 중국인의 비즈니스 마인드도 살펴볼 수 있다. "물건은 적어도 세 곳 이상 비교해봐야 손해를 보지 않는다"[1]라든지 "돈만 있으면 귀신도 맷돌질을 시킬 수 있다"[2]는 중국인의 비즈니스 마인드를 엿볼 수 있는 대표적인 표현들이다.

제4장의 주제는 중국인의 비즈니스 협상 자세와 대표 협상술 36계이다. 중국인들은 과거를 통해 현재를 재조명하는 경향이 있다. 최근 시진핑의 외교적 수사 속에서도 확인할 수 있듯이 중국 지도자들이 과거 중국의 시문(詩文)을 인용해서 현재 정치에 반영하는 것도 이러한 이치이다. 관련된 협상술 36계의 의미를 이해하는 것은 중국인의 비즈니스 방법을 이해하는 가장 쉽고도 빠른 길이라고 할 수 있다.

제5장에서는 중국인의 비즈니스 마인드의 시초와 중국인들이 모시는 재물신에 관해 살펴본다. 일반적으로 중국인의 비즈니스 마인드의 상당 부분은 공자, 맹자 등 유가로부터 비롯되었다. 흔히들 유가 사상에서는 이익의 추구나 부의 축적을 정당한 것으로 인정하는 이론적 기초를 찾기 어렵다고 말한다. 유가에서 상업적 이익의 추구는 사리사욕으로 비판받았고, 군자가 마음에 두어서는 안 될 도덕적 금기로 여겼다고 보기

1 "貨比三家不吃虧."

2 "有錢能使鬼推磨."

때문이다. 그러나 유가 사상에서 경제활동과 이익 추구를 무조건적으로 배척한 것은 아니다. 사실 그에 대한 긍정적인 표현 역시 쉽게 찾아볼 수 있다. “백성들은 먹는 것을 하늘로 여긴다”[3]라는 말은 중국 사회가 어떠한 사상적 가치보다도 먹고사는 문제를 더 중요하게 생각하는지를 보여주는 대표적인 예이다. 또한 공자의 경우 백성들을 널리 구제하는 것은 성인의 충분조건이라 하며 민생을 중요시했다. 맹자도 “무항산무항심”[4] 즉 일정한 생업을 통해 생활이 안정되지 않으면 일정한 마음을 견지하기 어렵다고 하면서 생산과 경제활동을 중요시했다. 이 외에도 중국인의 비즈니스 마인드에는 묵가나 도가, 법가와 같은 제자백가 사상이 폭넓게 영향을 미쳤고 각종 신화 역시 생활 속에 반영된 것이 사실이다. 그리고 중국인들에게는 재물신을 모시는 독특한 문화가 존재한다. 그중에서도 중국인들이 모시는 문(文)을 대표하는 재물신인 비간과 범려, 그리고 무(武)를 대표하는 재물신인 관우와 조공명에 대해서 살펴보고자 한다.

제6장은 중국의 지역별 비즈니스 스타일에 관한 내용이다. 여기에서는 중국을 대표하는 일선(一線) 도시인 베이징, 상하이, 광저우 지역 각각의 비즈니스 스타일의 특징을 구별하고 이해해 보고자 한다. 흔히들 베이징은 재상이 부리면 하인도 7품 관리라고 할 만큼 대표적인 정치도시로 알려져 있다. 그래서 베이징의 경영자들은 벼슬아치 상인의 경향이 강하다. 이에 반해 상하이 사람들은 속된 표현이지만 “가난은 비웃어도 몸 파는 창기는 비웃지 않는다”라고 할 만큼 노력하지 않는 사람들을 비웃고,

---

3 ‘民以食爲天’

4 ‘無恒産無恒心’

원칙을 지키며 경쟁에 능한 사람들이다. 또 광저우 상인들은 돈에 대한 집착이 유별난데 그중에서도 "우리에게 신이 있다면 그것은 돈이다"라고 외칠 정도로 돈을 숭상하는 대표적인 상인들이다. 이렇게 중국은 지역마다 비즈니스 스타일이 다르며 이러한 다름을 이해해야지만 비로소 중국 비즈니스에 한 걸음 더 다가갔다고 말할 수 있다.

第7장에서는 중국의 집단주의 유가 문화와 꽌시 그리고 예절문화에 관해 보다 자세히 살펴본다. 일부 학자들은 중국인의 인간관계의 핵심을 집단주의에서 찾기도 한다. 이러한 집단주의의 배경은 바로 유가 문화의 영향이라고 할 수 있다. 그리고 이 장에서는 유가 문화와 꽌시, 예절의 개념과 상호 간의 관계 이해를 통해 중국인의 사고방식을 살펴볼 것이다.

第8장에서는 중국인의 만남과 인사 문화 속으로 들어가 본다. 낯선 중국인과 첫 만남 때 인사는 어떻게 해야 할지, 호칭은 무엇으로 할지, 만남을 어떻게 구체적으로 준비해야 할지, 나의 행동이 본의 아니게 예의에 어긋나는 것은 아닌지 등과 같은 온갖 걱정이 생기는 것은 어찌 보면 당연한 일이라고 할 수 있다. 따라서 이 장에서는 이러한 중국인과의 첫 만남에서 지켜야 할 예절과 호칭, 그리고 전화예절 에티켓에 관해 자세히 살펴보도록 한다.

第9장은 중국인의 선물과 비즈니스 회의 문화이다. 중국인에게 선물은 단순한 선물 이상의 의미가 있다. 따라서 선물의 의미를 제대로 파악하고 선물을 하는 게 바람직하다. 이를 위해서는 어떤 선물이 좋은 의미를 가지고 있는지, 또 어떤 선물이 나쁜 의미를 가지고 있는지도 알아야 한다. 그리고 본격적으로 상대와의 비즈니스 미팅이 진행된다는 가정하에 필요한 에티켓에 관해서도 살펴보기로 한다.

第10장은 중국의 명절, 기념일과 생활문화에 관한 소개이다. 중국 비즈니스를 잘하기 위해서는 중국의 일상적인 명절 문화와 각종 금기, 여가 등에 관한 이해도 꼭 필요하다. 이에 중국의 명절 기념일과 중국인의 다양한 생활문화와 관련한 내용을 살펴봄으로써 그들의 행동방식과 사고방식을 이해하는 시간을 가져본다.

제11장은 중국의 의식주 문화에 관한 내용이다. 중국인의 음식 사랑과 관련해서 우리에게 널리 알려진 말이 있다. 중국 사람들은 네 발 가진 것 중에 안 먹는 것은 책상뿐이라는 말이다. 이는 말 그대로 중국 사람들의 다양한 개성과 음식에 대한 관심을 의미한다. 중국인들에게 식(食)이란 무엇을 의미하는지, 더불어 중국의 전통적 의생활과 주생활은 어떠했는지에 대해서도 살펴보겠다.

제12장은 중국인의 연회 문화와 에티켓과 관련된 부분이다. 중국 비즈니스를 하다 보면 빠질 수 없는 부분이 바로 연회 또는 접대이다. 같이 밥을 먹고 술을 마시는 과정이 중국인과의 비즈니스에서 중요한 부분이라는 것은 명백한 사실이다. 이에 비즈니스의 대표 장소인 연회 장소에서의 에티켓을 구체적으로 살펴뒀다가 혹시나 발생할 수도 있는 오해나 실수가 없도록 해야겠다.

제13장은 중국인의 업무 처리 시스템과 문화에 대해 살펴보겠다. 겉에서 보기에 중국인의 업무 처리 과정은 때때로 비합리적으로 보이기도 한다. 그러나 중국의 업무 시스템에는 나름대로 그들만의 논리가 내재되어 있다. 그 시스템을 이해하는 것이 바로 중국 비즈니스에 한 걸음 다가가는 방법이라 할 것이다.

제14장은 바로 사례로 보는 중국인의 특성이다. 이 장에서는 그동안 살펴본 중국인의 비즈니스 문화와 에티켓에 대해 다시 한 번 구체적인 사례를 통해 이해하고 생각해 보는 시간을 갖는다. 한 가지 예를 들어보

겠다. 어느 날 친구인 왕 선생이 손님으로 왔다. 주인 이 씨는 그에게 어서 자리를 잡으라고 한 뒤 이어서 물었다. "뭘 마시겠어요?" 왕 선생은 관례에 따라 "편하실 대로요!"[5]라고 대답했다. 여기서 우리는 다음과 같은 문제를 생각해 볼 수 있다.

- 중국 사람들은 '편하실 대로요!'라고 말하길 좋아한다. 그런데 이 말은 정말로 마음대로 해도 좋다는 것을 의미하는 것일까?
- 앞서 왕 선생의 '편하실 대로요'라는 말에 대해 주인 이 씨는 어떻게 답하는 것이 좋을까?

이렇게 우리는 중국의 비즈니스에 관한 철학, 문화, 관습, 그리고 에티켓 등을 다양한 사례를 통해서 배우게 된다. 그리고 이 과정을 통해 중국과 중국인을 이해하고 나아가서 중국 비즈니스에서 실질적으로 활용할 수 있는 기반을 마련할 수 있으리라 기대해 본다. 적을 알고 나를 알면 백전백승이라 하지 않았던가? 21세기 미국과 중국으로 대표되는 G2 시대, 더 나아가 중국 중심의 세계 질서인 팍스 시니카(Pax Sinica) 시대에 당당히 맞설 수 있는 준비된 인재가 되는데 이 책이 작은 도움이 되기를 진심으로 기원한다.

마지막으로 비록 미진한 저작이지만 책으로 만들어지기까지 많은 분들의 도움이 있었다. 간단하게나마 고마운 마음을 표현하고자 한다. 먼저 출판 전 과정에 있어서 아낌없는 격려와 많은 도움을 주신 한양대

5 "随便!(쑤이볜)"

학교 백남학술정보관 관장 엄익상 교수님께 깊이 감사드린다. 그리고 출판을 맡아주신 한양대학교 출판부 양주성 부장님께도 감사드린다.

사드 갈등 이후 한중 교류의 새 시대를 맞아

2018년 1월 저자 최형욱, 박대훈

차례

제1장

현대 중국의 시대 구분 및 중국인의 성격과 특징

1. 중국의 시대별 구분과 특징

중국 비즈니스 문화를 이해하기 위해 우리는 먼저 중국을 흐름의 변화에 따라 몇 개의 시기로 나누고 각 시기의 특징을 파악할 필요가 있다. 비즈니스 문화라는 것도 알고 보면 각각의 시대적 상황에서 비롯되었다고 할 수 있기 때문이다. 중국은 과거 대체로 몇 가지 특별하고도 거대한 사건에 의해서 시대가 구분 지어져 왔다.

중국 역사를 시대별로 구분하는 데에는 여러 학자의 다양한 의견이 존재한다. 일반적으로 수(隋), 당(唐), 원(元), 명(明), 청(淸)과 같이 왕조의 바뀜에 따라 시대를 구분하는 것을 왕조사에 의한 시대 구분법이라고 하고, 고대(古代), 중세(中世), 근대(近代), 현대(現代)와 같이 시대를 구분하는 것을 분기법에 의한 시대 구분이라고 한다. 본서에서는 분기법에 의한 시대 구분을 기본으로 하고 중국사에 획기적 변화를 가져온 사건을 위주로

중국의 시대별 특징을 살펴보고자 한다.[6]

현대 중국은 최근 200여 년 동안 발생한 몇 가지 중대한 사건에 의해 그 성격이 결정되었다고 해도 과언이 아니다. 그 사건은 바로 1840년의 아편전쟁(阿片戰爭), 1911년의 신해혁명(辛亥革命), 1949년 중화인민공화국(中華人民共和國)의 성립, 1978년 전면적인 개혁개방(改革開放) 정책의 실시 등이다.

중국에서는 1840년 발발한 아편전쟁을 중국사에서 지울 수 없는 오욕으로 여긴다. 1840년 이전의 중국은 대대로 정치, 경제적인 면에서 세계 최강대국의 위세를 유지하였고, 찬란한 유가 문화를 중심으로 자급자족의 거대한 자연경제체제를 이루면서 중화민족의 영광을 누려왔다. 그러나 아편전쟁의 패배는 과거 중국의 영화가 땅속으로 처박히는 처참한 결과를 낳았다. 아편전쟁의 결과 중국은 정치적으로 서구 제국주의의 반(半)식민지 국가로 전락하게 되었고, 경제체제도 기존의 자급자족형 자연경제 체제에서 식민지 자본주의 경제체제로 전환되었다.

아편전쟁이 중국의 반식민지화의 단초였다면 1911년 신해혁명의 발생은 기존의 봉건지배질서로 상징되는 청나라의 멸망을 초래함과 더불어 새로운 민주공화제 정부가 들어섬을 의미한다. 과거 수천 년에 걸쳐 시행되던 봉건지배질서의 해체 과정을 거치면서 중국에는 유가 사상 등 전통 사상과 러시아로부터 유입된 사회주의 사상 그리고 서구의 자본주의가 혼재된 독특한 문화가 형성되었다.

---

6 구체적 시대 구분은 학자별로 견해가 다름에 따라 다양한 논란이 있다. 본서에서는 분기 문제에 관한 논란은 다루지 않고, 중국의 근현대를 중심으로 일반적이라고 여겨지는 분기법을 채택하여 논의를 진행하고자 한다.

표 1-1 중국의 시대별 구분 및 특징

시기	1840~1911	1911~1949	1949~1978	1978~
대표 사건	아편전쟁	신해혁명	신 중국 성립	개혁개방
시대 구분	근대	현대	당대	당대, 신시기
정치 체제	봉건제도(반봉건)	민주공화제	사회주의	사회주의
경제 체제	소농경제	초기 자본주의	계획경제	자본주의
사회	가족중심	가족, 집단주의	집단주의	개인주의
문화	유가 도덕문화	유가, 사회주의, 자본주의	사회주의 윤리	사회주의와 자본주의 윤리 혼재
주요 특징	· 반고립문화 · 자아중심 · 권위주의 · 소농의식 · 전통과 관습의 중시 · 가족중심 · 중용문화	· 사상의 혼재 · 문화의 혼재 · 계급의식의 혼재	· 이론주의 (교조주의) · 획일주의 · 평균주의 · 반유가주의	· 실용주의 · 금전만능주의 · 경쟁개념 · 개인주의 · 중화 민족주의

이후 1921년 공산당이 창당된 후 약 30년을 대륙의 패권을 두고 힘겨루기를 했던 국민당과 공산당 간의 1, 2차 국공합작과 내전의 역사라고 한다면, 1949년 중화인민공화국의 탄생은 공식적으로 기존의 자본주의 문화와 유가 문화와의 단절을 의미한다. 즉 사회주의를 유일한 사상체계로 받아들여 기존의 유가적 가족주의로 대표되는 전통문화는 공식적으로 부정되었고 평등에 기반 한 집단주의 문화가 사회의 주류 흐름으로

자리 잡게 되었다.

그러나 모두가 차별 없이 평등한 사회를 꿈꾸던 사회주의 정권도 1950년대의 삼면홍기(三面紅旗) 운동, 1960~70년대의 문화대혁명을 거치면서 평균주의와 획일화의 한계에 직면하게 되었다. 이에 1978년 덩샤오핑을 중심으로 한 실사구시(實事求是)파들이 개혁개방 정책을 주도하면서 중국은 다시 자본주의와의 동거에 들어가게 된다.

이후 21세기 중국 사회는 실용주의를 바탕으로 자본주의와 전통적 사회주의, 유가 문화를 조화롭게 포용하려는 움직임을 보이게 된다. 그리고 이는 후진타오 정부의 조화세계론(和諧世界)과 시진핑 정부의 중국의 꿈(中國夢) 형태로 나타나게 된다.

2. 중국인의 성격 특징

중국인의 성격이나 특징을 이야기할 때 빼놓을 수 없는 말은 바로 양면성과 복합성이다. 이 양면성과 복합성은 얼핏 보기에 양립하기 힘든 개념인 것 같지만 실제 중국에서는 이렇듯 모순된 개념이 수레의 두 바퀴 가운데 하나처럼 맞물려서 잘도 돌아간다. 예로부터 중국에서는 정(正)과 반(反)이 대립되는 개념이 아니라 합쳐져서 새로운 확장을 의미하는 개념으로 이해되어 왔다. 전통적으로 중국은 유가 사상과 법가 사상을 시대에 따라 주요한 통치 개념으로 삼아 왔다. 유가는 세상사에서 인간의 정리(情理)를 강조하였고 법가는 원칙에 의한 지배를 중요시해 왔다. 그러나 역사적으로 이 두 가지 요소 중 어느 하나만을 중요시했던 왕조는 분열과 실패를 피해가지 못했다. 따라서 많은 중국의 고대 왕조는 유가와 법가를 조화롭게 이용하며 국가 치도의 방법으로써 활용해 왔다. 그리고 이러한 유가와 법가의 대립적인 전통을 훌륭히 조절한 것이 바로 도가적 전통이다. 그런 것 같지만 그렇지 않는 모습, 이것도 맞고 저것도 맞을 수 있음을 생각하는 것, 되는 것도 없고 안 되는 것도 없다는 믿음, 이렇게 말하지 않고도 이해할 수 있는 소통체계가 도가적 방법론이라면 중국인의 양면성과 복합성의 이면에는 도가적 전통이 자리 잡고 있다고 할 수 있다. 때로는 우리의 고개를 갸우뚱하게 만드는 중국인의 모습은 어찌 보면 당연하다. 여기서 중요한 것은 그들 특유의 생활방식과 사고방식을 이상해 하거나 또는 이해할 수 없다고 생각하지만 말고 그들의 입장에서 생각하고 이해해 보려는 노력이 필요하다는 사실이다.

3. 중국인의 양면성

앞서 중국과 중국인을 이해하는 첫 번째 전제는 바로 중국인의 양면성을 이해하는 것이라고 하였다. 가끔씩 중국인을 정의함에 있어서 일부 전문가라고 불리는 사람들이 "중국은 무엇 무엇이다 또는 중국은 어떠어떠하다"라고 간단하고 손쉽게 정의하는 경우가 있다. 그러나 이러한 중국에 대한 해석은 오히려 중국인에 대한 오해를 키우기 십상이다. 우리가 짚고 넘어가야 할 사실은 바로 중국인이 양면성을 지니고 있다는 사실이다. 그렇기 때문에 중국인을 단순히 어떠한 명제의 정의처럼 무엇이라고 일반화한다면 또 다른 중국인의 숨은 면모를 놓치는 결과를 초래하게 된다. 그렇다면 중국인의 양면성은 과연 어떤 형태로 나타나는 것일까? 지금부터 중국인의 양면성을 구체적으로 살펴보자.

첫째, 중국은 대국 신드롬과 약소국 콤플렉스를 동시에 가진다. 주지하다시피 과거의 중국은 세계 최대의 경제 규모와 문화적 영향력을 가진 나라로서 중국인들은 중화사상으로 대표되는 우월의식과 대국으로서의 자부심을 가지고 있다. 중국 사람들과 접하다 보면 그들이 "한국처럼 작은 나라"라는 말을 아무렇지 않게 하는 것을 볼 수 있다. 이렇듯 그들의 대국의식은 생활 속 전반에 자연스럽게 자리 잡고 있다. 이에 반하여 중화민족의 찬란했던 문화적 전통과 경제적 일등국이라는 자부심은 1840년 아편전쟁이 발발하면서 참혹하게 깨어져 나갔다. 20세기 후반 비록 중국이 개혁개방 정책을 실시한 결과 21세기 G2(Great 2) 국가의 반열에 올랐다고는 하지만 아편전쟁 이래로 서구 열강에 의해 반식민지 국가로 전락한 뼈아픈 고통을 씻어내기에는 아직도 역부족인 상황이다. 이에 중국인들을 자세히 살펴보면 과거 대국으로서의 자부심과 아편전쟁 이래로 급전직하한 자국의 국제적 위상에 대한 콤플렉스가 동전의 앞뒷면처럼 동시에 자리 잡고 있음을 확인하게 된다.

둘째, 중국은 초강대국임과 동시에 개발도상국이다. 21세기 중국은 미국과 세계의 패권을 다툴 만한 초강대국의 반열에 올랐다. 따라서 많은 이들이 중국을 G2 국가로 부르는 데 주저하지 않는다. 과거 20세기를 미국에 의해 세계의 평화가 유지되는 팍스 아메리카나(Pax Americana) 시대라고 했다면, 이제 21세기는 중국에 의해 세계 평화와 질서가 유지되는 팍스 시니카(Pax Sinica) 시대가 될 것이라고 많은 이들이 이야기한다. 중국은 세계 2대 경제대국이자 세계 최대의 외환 보유국으로서 국제사회에서의 위상과 영향력은 나날이 증대되고 있다. 그런데 한 가지 재미있는 사실은 현재 전 세계적 범위에서 영향력을 발휘하고 있는 초강대국들은 하나같이 선진국이라는 사실이다. 아이러니하게도 현재 초강대국의 자리에 있으면서도 선진국 대열에 끼지 못한 유일한 나라가 바로 중국이다. 이는 중국과 다른 서방 선진국 사이에 본연적인 행동과 표현의 차이가 있을 수 있음을 보여준다.

셋째, 중국은 문화대국임과 동시에 문화가 결핍된 나라이다. 중국이 세계 문화대국이었다는 사실은 굳이 설명할 필요가 없다. 세계 4대 문명 가운데 하나인 황허(黃河) 문명의 발원지가 바로 중국이며 흔히들 4대 발명품으로 불리는 나침반, 인쇄술, 종이, 화약과 같이 인류사의 발전에 기여한 것들도 모두 중국에서 배출되었다. 이처럼 중국은 역사적으로 화려한 문화적 배경을 가진 나라이다. 그러나 아이러니컬하게도 21세기의 중국은 문화가 결핍된 나라이다. 과거 1970~80년대 우리나라가 그랬듯이 중국의 젊은이들은 자국의 대중문화보다 한류에 열광하고 미국의 인기 스타를 추종하면서 타국의 문화에 선망 어린 시선을 보낸다. 경제적으로는 세계 2대 강국의 반열에 올랐지만 그에 걸맞은 문화적 영향력을 확보하지 못하고 있는 것 역시 지금의 중국의 모습이라고 할 수 있다.

넷째, 중국은 포용력과 개방성을 보유함과 동시에 편협함과 폐쇄성을 지니고 있다. 소설《정글만리》에서도 언급된 바와 같이 중국인들은 대대로 포용성과 개방성을 가지고 있었다. 이는 과거의 중국이 한족을 중심으로 이민족과의 투쟁과 융합의 역사를 걸어왔기 때문이라고 말할 수 있다. 요, 금, 원, 청과 같이 소수민족이 나라를 지배하면서 인구의 절대다수를 차지하는 한족과 동거를 하는 상황은 중국인들에게 그들 나름의 포용성과 개방성을 요구했다고 말할 수 있다. 주변 국가들과의 관계도 마찬가지이다. 만약 주변 국가들이 중국 중심의 중화질서를 인정하고 중국에 대한 존중을 표시한다면 중국은 전통적 조공(朝貢)질서 아래 포용력을 발휘하였다. 그러나 중국인들은 자신들이 정한 원칙이나 질서에 위배된다고 느낄 시에는 바로 태도가 달라진다. 특히 국가의 주권이나 안보 이익과 관련하여 직접적으로 존엄에 타격을 받았다고 여겨지면 그 어떤 희생도 마다하지 않는 것이 바로 중국인의 모습이다. 따라서 이러한 중국인들의 행동양식을 중국인 특유의 폐쇄성이나 편협함으로 표현하는 사람들도 존재한다.

다섯째, 중국은 문화의 다양성과 획일성을 동시에 보유하고 있다. 우리가 흔히들 중화문명이라고 이야기하는 것에는 다양성에 기반 한 획일성이라는 부분이 존재한다. 중국은 한족을 비롯한 56개의 민족으로 구성되어 있다. 이러한 56개의 민족은 중화민족이라는 추상적 개념 아래 마치 하나인 것처럼 표현되고 있다. 중국은 현재 행정구역상으로 22개의 성,[7] 4개의 직할시,[8] 5개의 자치구,[9] 2개의 특별행정구[10] 체제로 구성되어

---

7 22개의 성에는 타이완성이 제외된 개념이다. 일반적으로 중국은 타이완을 23번째 성으로 간주한다. 성이라는 행정구역은 원나라 때 실시한 행성제(行省制)가 그 시작이다. 현대적 개념의 성은 중화인민공화국이 성립된 이후 1965년에 기본적인 윤곽을 갖추었으며 1988년 하이난다오가 광둥성에서 분리되어 하이난성이 된 것이 현재까지의 마지막 성이다.

8 직할시는 여러 국가의 가장 중요한 성급 행정구역을 의미한다. 현재 중국, 한국, 북한, 베트남 등 한자문화권에서 사용하고 있으며 중앙정부 관할 아래 직접 지어진 도시를 의미한다. 중국에서 직할시는 1930년 중화민국의 〈시 조직법〉에서 처음으로 직할시의 개념이 사용되었다.

9 자치구는 중국의 행정구역의 하나로서 신중국 성립 초기에 민족자치 지역을 통칭하여 자치구라고 불렀다. 1954년 중화인민공화국 헌법에 의해 민족자치 지역을 자치구와 자치주, 그리고 자치현으로 분류하였다. 자치구의 행정적 지위는 성급에 해당된다. 일반적으로 자치구는 자치권을 가지고 있는 성으로 이해되어 중국의 최고 1급 행정구역으로 분류된다.

10 특별 행정구는 간략히 특구라고도 불린다. 중화인민공화국 헌법에 따라 특수한 법률적 지위를 가지고 자본주의 제도와 자본주의 생활방식을 실행하는 지방행정구역을 말한다. 중국이 특별 행정구 제도를 마련한 것은 과거 역사적 문제로 인해 자본주의화 되었던 홍콩과 마카오 그리고 타이완

있다. 이는 소수민족의 자치권과 과거 자본주의 체제에 편입되어 있던 도시의 자율성을 인정해주는 다양성의 한 표상이라고 할 수 있다. 그러나 이러한 다양성은 바로 공산당이 영도하는 사회주의 국가 중국이라는 하나의 슬로건하에서만 가능하다. 하나의 중국을 인정한다면 모든 다양성은 포용력의 바탕 위에 찬란히 꽃을 피우겠지만, 만약 이를 부정한다면 그 대가 역시 참혹하다. 문화적 다양성과 더불어 획일성 역시 중국의 특성을 표시하는 또 다른 키워드라고 할 수 있다.

여섯째, 중국은 전통성과 현대성을 함께 가지고 있다. 중국은 과거 5,000년 동안 찬란한 문화를 일구었다. 그러나 아편전쟁 이후 급격한 몰락의 과정을 거치게 되었고 1978년 개혁개방 정책을 실시하면서 비로소 세계사의 중심으로 점진적으로 복귀하게 되었다. 근 40년이라는 짧은 기간 동안 중국은 서구 국가들이 과거 몇백 년에 걸쳐 이룬 경제발전을 한꺼번에 이루어 내었다. 이 와중에 중국의 도시 모습을 찬찬히 살펴보면 과거의 전통성과 현대적 모던함이 함께하는 모습을 곳곳에서 발견할 수 있다. 중국에는 집집마다 유선전화가 있던 시대를 뛰어넘고 PC 통신 시대를 거쳐서 바로 스마트폰으로 상품을 결재하고 소비하는 시대에 접어들었다. 수도 베이징의 뒷골목을 가보면 수레나 마차에 수박을 가득 싣고 와서 노점 가판을 열고 있는 농민이 스마트폰 QR코드 결재를 해주는 모습을 어렵지 않게 볼 수 있다. 이렇게 현대의 중국에는 전통성과 현대성이 한꺼번에 녹아 있다.

일곱째, 중국은 법과 제도를 존중함과 동시에 꽌시(關係)를 중요시한

의 지속적인 번영과 사회주의 제도와의 조화로운 통합을 이루어 내기 위해서였다.

다. 과거의 중국은 꽌시에 기반한 인치(人治)의 나라였다. 꽌시는 사람들 간의 특유한 유대 관계를 기반으로 하는 중국식 네트워크라 할 수 있다. 과거 중국에서는 인사가 만사라고 불릴 만큼 사람과의 관계가 중요했고, 꽌시를 어떻게 만드느냐의 문제는 그 어떤 문제보다도 우선하는 문제였다. 이 점은 경중의 차이가 있겠지만 지금도 여전히 유효하다. 다만 이러한 꽌시를 바탕으로 하는 인치적인 요소에 의해 여러 문제점이 노정되었기 때문에 21세기 중국의 지도부는 법과 제도에 의한 관리, 즉 제도의 시스템화를 추진하고 있다. 이에 중국을 이해할 때에는 법치와 인치가 함께 공존하고 있다는 점을 기억해야 한다.

여덟째, 중국인은 신뢰를 목숨처럼 중요시하지만 신뢰와 대비되는 개념인 짝퉁과 산자이(山寨)[11] 문화도 엄연히 존재한다는 사실이다. 전통적으로 중국인들은 신뢰를 목숨처럼 여겼다. 중국인들이 민간에서 관우를 재물신으로 극진히 모시는 것도 관우가 신뢰를 상징하는 인물이라는 맥락에서 파악할 수 있다. 그리고 앞에서 언급한 꽌시 역시 신뢰를 쌓아가는 과정으로 이해할 수 있다. 그러나 중국인들이 맹목적으로 신뢰를 목숨처럼 여긴다고 생각한다면 그건 큰 오산이다. 중국인들이 흔히 하는 말 중에 명철보신(明哲保身)이라는 말이 있다. 지혜로운 사람은 자신을 보호한다는 말이다. 신뢰가 무조건적이지 않을 수 있음을 의미하기도 한다. 지금 중국은 세계 최대의 짝퉁 대국이라는 오명도 함께 가지고 있다. 과

11 산자이(山寨)는 중국산 위조품을 의미한다. 원래 산자이는 수호전에 나오는 산적들의 소굴로써 정부의 관리 범위를 벗어난 지역을 의미하였다. 중국 정부의 통제에서 벗어난 중국산 모조품을 의미하던 중국의 산자이 제품은 점차 진화를 거듭하여 샤오미와 같은 창조적 모방품이라는 긍정적인 의미도 조금씩 추가되고 있다.

거 애플의 짝퉁 제품을 만들어 성장했던 샤오미의 성공 사례에서 알 수 있듯이 이러한 베끼기 문화에 관대한 것도 중국인들의 또 다른 습성임을 잊지 말아야 한다.

아홉째, 중국은 상도(商道)를 중요시함과 동시에 상술(商術)이 발달된 나라이다. 중국인과의 협상을 위해서 의(義)나 예를 중시하는 것은 아주 중요한 일 중 하나이다. 왜냐하면 이것은 그들의 자존심과 직접적으로 관련되어 있기 때문이다. 중국인들이 처음 상대방을 만나는 자리에서 술이나 밥을 먼저 먹고 사업 이야기를 하지 않는 이유는 낯선 사람을 가리고 최소한의 신뢰가 바탕이 되어 있지 않으면 사업을 논하지 않는 그들만의 문화적 특징에 기인한다. 그러나 사업이 일단 시작되면 목적을 달성하기 위해서 그 어떤 수단과 방법도 가리지 않는다는 점을 잊지 말자. 중국 속담에 물건을 살 때에는 세 곳 이상을 비교해 봐야 손해 보지 않는다는 말이 있다. 그만큼 상술이 발달된 나라가 바로 중국이다. 그리고 중국은 하나의 나라이지만 광활한 지역에 걸맞게 상관행도 다르기 때문에 지역별로 그에 맞는 접근 전략을 실행해야 한다는 점도 잊지 말아야 한다.

4. 중국인의 복합성

중국과 중국인을 이해하는 또 다른 전제는 중국인의 복합성을 이해하는 것이다. 이 복합성은 상호 모순적인 부분으로 언뜻 보기에 이해가 어려울 수 있으나 이러한 모습이 바로 중국인의 진면목이라는 점을 이해해야 한다. 우리는 다음을 통해서 중국인의 복합성을 살펴볼 수 있다.

1) 솔직한 동시에 완곡하다

중국인들이 평소에 특별히 중요시하는 개념으로 '체면'이라는 말이 있다. 중국인들은 체면을 유지하기 위해서 그리고 상대방의 체면을 세워주기 위해서 완곡한 표현을 쓰는 데 익숙하다. 따라서 중국인이 상대방의 요청에 직접적으로 거절하는 경우는 거의 없다. 대부분 완곡한 표현으로 거절의 의사를 대신한다. 예를 들면 "한번 생각해 봅시다"[12] 또는 "연구해 봅시다"[13] 등과 같은 표현이 그러하다. 또 다른 예를 살펴보자. 어느 한 식품 회사의 사장은 열렬한 클래식 애호가였다. 베를린 심포니 오케스트라의 베이징 공연이 있다는 소식을 접한 후 이 사장은 사방팔방 공연 티켓을 구하려고 분주히 움직였지만 결과는 좋지 못했다. 한 중국인이 자신의 사장에게 잘 보이기 위해서 밤을 새워 줄을 섰다. 그리고 천신만고 끝에 공연 티켓을 구한 뒤 자신의 사장에게 선물을 했다. 하지만 그는 자신의 체면 때문에 자신의 수고를 직접적으로 말하지 않을 것이다. 밤을 새워 표를 구한 수고로움을 이야기하는 것보다 꽌시를 통해서 얻었다고 말하는 것이 훨씬 더 자신의 입장을 두드러지게 할 것으로 믿기 때문이다.

반면에 다른 사람이 자신에게 별 쓸모없는 값싼 칫솔을 선물로 주었다고 가정해 보자. 대부분의 중국인은 속으로는 별로 탐탐치 않게 생각하겠지만 그래도 이 선물을 기쁜 척하고 받을 것이다. 왜냐하면 중국인

---

12 "想一想"

13 "研究研究"

은 체면 때문에 다른 사람의 호의를 거절하기 힘들기 때문이다.

이렇게 중국 사람들은 체면과 관련해서 자신의 본심과는 다른 완곡한 표현을 쓰는 것이 일반적이다. 그렇다고 해서 중국인들이 모두 돌려 이야기하는 사람들이라고 생각한다면 그것도 오해이다. 처음 만난 자리에서 당신에게 월급이 얼마인지? 결혼은 했는지? 나이는 어떻게 되는지? 라는 질문을 쉽게 할 수 있는 사람들이 바로 중국인이다. 중국인은 이러한 질문이 서로 간의 관심과 거리를 좁혀준다고 생각하기 때문에 스스로가 결코 무례하다고 생각하지 않는다.

2) 진실한 동시에 교활하다

일반적으로 대부분의 중국인은 진실하다. 사람과 사람 사이에 솔직함과 진심이 없이 어떻게 살아갈 수 있겠는가? 이는 중국인 역시 마찬가지이다. 그렇다면 중국인이 교활하다는 것은 무엇을 의미하는 것일까? 중국인이 교활하다는 것은 생존을 위해 상처를 받지 않기 위한 하나의 생존방식이라 할 수 있다. 교활하지 않으면 중국인으로 살아가기 어렵기 때문이다.

세상에 진실하지 않고 교활하고자 하는 사람들이 어디 있겠는가? 중국인의 특수성은 어찌 보면 교활함에 있는 것이 아니라 교활함의 특수성에 있다고 할 수 있다. 중국에서 교활하다는 의미는 머리가 빼어나게 좋거나 얼마나 총명한 것인가를 의미하는 것이 아니라 어떻게 어리석게 행동할 수 있느냐의 문제이다. 과거 5,000년 중국의 역사를 살펴보면 때로는 어리석고 뒤떨어진 사상 관념이 국가의 주요한 문화로 자리 잡아

왔음을 발견할 수 있다. 과거 봉건제도하에서 매일 아침마다 황제의 새로 바뀐 옷을 보면서 이를 찬미했던 것은 교활한 행동인가? 아니면 진실한 행동인가?

중국인은 크게 어리석은 사람과 교활하면서 어리석은 사람으로 구분 지을 수 있다. 교활하면서 어리석은 사람의 역할을 해야지 성공적인 중국인으로 살아갈 수 있다.

3) 의심이 많은 동시에 쉽게 믿는다

흔히들 중국인은 의심이 많다고 한다. 중국인은 기본적으로 순자의 성악설에 바탕을 두고 내세를 믿지 않기 때문에 현실 세계에서 최대의 만족을 누려야 한다는 의식이 뿌리 깊게 자리 잡고 있다. 이 때문에 기본적으로 상대방도 자신의 이익을 추구할 것이라고 생각하고 상대를 대하는 것이 일반적이다. 그런데 재미있는 사실은 이렇게 의심이 많은 중국인들이 동시에 사람들을 쉽게 믿는다는 사실이다.

어떻게 중국 사람들은 쉽게 속을 수 있을까? 이는 사실 중국인의 사교 문화, 교육, 그리고 사람을 평가하는 방식과 밀접한 관계가 있다. 먼저 중국인의 사교 문화를 살펴보자. 공자는 군자는 다른 사람을 칭찬하는 것을 선으로 삼고 다른 사람을 헐뜯는 것을 악으로 삼는다고 하였다. 사교의 고수는 일반적으로 온몸에 긍정적인 에너지를 가진 사람으로 지속적으로 다른 사람들을 칭찬하는 사람이다. 그러나 사실 이야기를 많이 하는 사람은 일반적으로 환영을 받기 힘들다. 이에 루쉰은 "세상에는 온통 속고 속이는 것만이 난무하다. 의식적이든 무의식적이든 속고 속이는 가운데 상대를 의심하게 되고 자신을 보호하는 의식은 부족해진다"라고 한 바 있다.

다음으로 중국인들이 잘 속는 것은 교육과 관련이 있다. 과거 중국의 교육 시스템은 주입식이고 표준화된 답을 강요하며 무조건 외워서 성적이 나오고 결과가 만족스러우면 의심하지 않고 과정을 분석하지도 않았다. 스스로 큰 손해를 보고 나서야 문제에 대해 의심하는 것을 배우게 된 것이다. 따라서 이러한 교육 시스템에서 자란 사람이라면 비록 나이가 많다고 하더라도 그 사고의 구조가 단순한 것이 일반적이다.

마지막으로 중국인이 잘 속는 것은 중국인의 사람에 대한 평가방식과 관계가 있다. 일반적으로 중국에서는 말 잘 듣는 아이들을 좋아하고 장난이 심한 아이들은 그다지 환영을 받지 못한다. 아이가 커서 회사에 가서도 마찬가지로 말 잘 듣는 직원이나 아첨을 잘하는 직원들이 성공 가도를 달리게 된다. 이렇게 말 잘 듣는 아이와 직원들의 사고 구조는 그다지 활발한 편이 못 된다. 따라서 경험을 필요로 하는 일에 부딪치게 되면 생각의 유연성이 부족하여 기본적으로 문제 해결을 못하는 경우가 많아지게 된다.

4) 무원칙한 동시에 의리가 강하다

세상 사람들은 중국 사람들이 무원칙하거나 원칙성이 뒤떨어진다고 말한다. 명철보신하는 태도는 바로 이러한 무원칙의 대표적인 표현이다. 그렇다면 중국인들은 왜 무원칙할까? 중국인들은 오랜 시간 동안 봉건제도에 익숙해져 있어서 도리를 말하기보다는 작은 이익을 탐하는 데 더욱 익숙하다. 중국인이 도리에서 벗어나 원칙성이 없는 것은 일상생활에서도 자주 볼 수 있다. 예를 들어 베이징의 할아버지 할머니들은 계란값 1원을 아끼기 위해 몇 정거장 거리의 버스를 타는 데 주저함이 없다. 왜냐하면 버스는 노인에게 무료이기 때문이다.

현재 중국 사람들이 가장 증오하는 것은 바로 부패 문제이다. 그런데 그들이 잘 모르는 사실은 자신들 역시 부패할 잠재적인 기질을 가지고 있다는 점이다. 즉 외부의 유혹이 있을 경우 쉽게 원칙을 버리는 것이 바로 중국 사람들의 특징이다. 중국의 대표적인 C2C 사이트인 타오바오의 고객 후기를 보면 이러한 일들이 비일비재하다. 구매한 물건의 품질이 나쁠 경우 고객들의 불만이 후기를 통해 게재되는 것이 두려워 많은 판매자들이 다량의 선물을 매개로 자신들에게 우호적인 상품평을 올리도록 유도하는 것도 바로 이러한 원리에서 비롯된다.

하지만 집단으로 이야기할 때 중국인은 원칙성이 강하다. 국가의 주권과 존엄에 영향을 받았을 경우나 민족의 자존심에 타격을 받았을 경우 중국인은 하나의 원칙하에 일관된 행동을 보여준다. 그러나 개인의 이익과 결부되면 이러한 원칙도 때론 소용이 없어진다.

5) 예의를 중시하는 동시에 공중도덕이 없다

중국인이 예의를 중시한다는 사실은 그들의 윗사람에 대한 예절과 식사예절을 통해서 충분히 알 수 있다. 원래 예(禮)라는 말은 과거 중국에서 먹거리가 흔치 않았던 시절에 조상에 대해 제사를 지내고 남은 음식을 아버지로부터 자식들에게까지 나눠 먹던 습관에서 생겼다. 이때 먼저 먹는 사람이 많이 먹으면 나중에 먹는 사람의 몫이 적어지기 때문에 뒷사람을 위해서 자신이 적게 먹는 배려가 바로 예라는 것이다. 이렇게 중국에는 윗사람에 대한 예절, 사람에 대한 예절, 손님에 대한 예절이 대대로 지켜져 왔다. 식사를 할 때에 손님이 앉는 자리, 음식의 종류와 내용, 음식을 먹는 방법 등이 모두 규범으로 정해져서 내려온다.

그런데 이러한 예법과는 반대로 현대의 중국인은 무질서와 공중도덕 의식이 없는 것으로도 유명하다. 얼마 전에 뉴스에 보도된 것처럼 어떤 중국인은 밥솥을 가지고 공항에서 밥을 지어 먹기도 하고 과도를 가지고 공항 대합실에서 과일을 깎아 먹는 모습도 어렵지 않게 볼 수 있다. 2008년 베이징 올림픽을 앞두고 중국 정부는 특별히 베이징 택시기사들이 웃통을 벗고 운전을 하거나 양말을 신지 않는 것 등 소위 문명적이지 못한 행동에 대해 별도로 교육을 진행하였다. 그 정도로 중국인의 공중도덕 의식은 아직까지 미흡한 편이다. 물론 이러한 시민의식은 중국의 소득수준과 교육수준이 전체적으로 올라가면서 점진적으로 개선되겠지만, 과거에 예를 섬기던 전통적인 중국의 이미지와는 맞지 않는 엄연한 현실임을 직시해야 한다.

6) 중용을 주장하는 동시에 극단으로 치닫는다

중용의 사전적 의미는 극단 혹은 충돌하는 모든 결정(決定)에 있어서 중간의 도(道)를 택하는 현명한 행동의 도를 말한다. 이는 유가 사상의 핵심으로 다년간에 걸쳐 중국을 다스리는 치국지도로써 활용되어 왔다. 일상생활에서 중국인들은 회의를 할 때 모두에 발언하는 것을 꺼린다고 한다. 왜냐하면 먼저 발언함으로써 책임을 지거나 다른 사람들과 배치되는 입장을 가지는 것을 극도로 꺼려하기 때문이다. 따라서 누군가의 발언 뒤에 자신이 발언을 하게 된다면 전체의 분위기를 읽을 수 있고 모두가 수긍할 수 있는 입장에 놓일 수 있다는 것이다.

이렇게 중용을 강조하는 중국에서도 극단적인 움직임이 때때로 심심치 않게 벌어지곤 한다. 사회주의 중국이 단기간에 서구 자본주의를 따라잡기 위해 실시하였던 1950년대의 삼면홍기[14] 운동이나 1960년대의 문화대혁명은 극단적인 집단 사회주의의 대표적인 예로 평가받는다. 이렇듯 현대 중국의 역사는 중용과 극단을 오가면서 상호 견제와 균형 그리고 조화를 추구해 왔다.

7) 절약을 강조하는 동시에 겉치레를 따진다

제자백가 사상 중에 묵가(墨家)가 중국인의 사유와 생활에 대해 미친 영향도 무시할 수 없다. 묵가는 유가의 가부장제와 비노동 지배계급의 존재에 정면 대립되는 사상으로 근검절약을 강조하는 절용주의(節用主義)를 주장하였다. 절용주의란 한마디로 백성들에게 이익이 되지 않는 재물과 노력의 소비에 대해 최대한 절제하는 것을 의미한다. 이러한 절

---

14 삼면홍기(三面紅旗) 운동은 중국이 1958년 제2차 경제개발 5개년 계획을 진행하면서 자본주의 선진국을 따라잡기 위해서 사회주의 총노선, 대약진, 인민공사 운동을 실시한 것을 의미한다. 그러나 극좌적이고 극단적인 운동의 결과 국민 경제는 더욱 피폐해졌고 이로 인해 마오쩌둥은 권좌에서 잠시 물러나게 되었다.

약의 전통은 현대 중국에도 고스란히 남아 있는데 중국의 저축률이 세계 최고 수준인 점[15]과 1980~90년대 유독 중국에서만 물의 소비가 아까워서 여름철 세탁기 판매가 떨어지는 현상을 보인 것은 그 대표적인 예이다.

이렇게 중국인은 절약을 강조하지만 동시에 겉치레를 따지기도 한다. 이는 중국인 특유의 '미엔즈(面子)', 즉 체면과 관련이 있기 때문이다. 중국에서 체면이란 누군가에 받았다면 반드시 갚아야 하는 일종의 빚과 같은 개념이다. 또한 갚아줄 때는 자신이 받았던 것보다 더욱 크게 갚아야만 이러한 인간관계가 지속적으로 커져 나갈 수 있는 원동력이기도 하다. 중국에 한 번이라도 가 본 사람들이라면 식당 앞에서 서로 자기가 밥값을 내겠다고 싸우는 모습을 어렵지 않게 볼 수 있다. 또한 세계에서 럭셔리 명품 판매가 가장 많은 나라가 중국이라는 사실을 보더라도 중국인들이 얼마나 겉치레를 따지는지 알 수 있다.

8) 늘 만족하는 동시에 하루아침에 벼락부자가 되려는 망상에 빠진다

서양 사람들이 일반적으로 성선설을 믿는다면 중국인은 대체로 성악설을 추종한다. 중국인에게는 다음 세상이 없기 때문에 지금 살고 있는 세상이 가장 중요하다. 그리고 중국인들은 자신의 삶이 기본적으로 정해져 있다는 숙명론을 믿는다. 따라서 지금 자신의 삶에 불만을 가지

15 중국 국가 저축률은 중국 국가 통계국의 자료에 따르면 개혁개방 초기 34퍼센트에서 점차 높아져서 2010년대에는 50퍼센트에 이르러 세계 최고 수준으로 평가받고 있다.

기보다는 이를 받아들이고 만족하면서 살아가려는 경향을 가진다.

그런데 이와 반대되는 모습도 심심치 않게 찾아 볼 수 있다. 중국의 부동산 투기 광풍이나 중국식 로또의 열풍 그리고 세계 곳곳의 카지노 도박장마다 큰손으로 자리 잡고 있는 중국인 관광객들의 모습은 하루아침에 벼락부자가 되기를 바라는 중국인의 또 다른 이면이며 이런 모습이 과연 현실순응적인 중국인의 모습이 맞는지 의문을 가지게 한다.

9) 운수와 점을 보는 동시에 모든 종교하고 공식적인 관계가 없다

1993년 제정된 중국의 신헌법은 중국을 '노동자 계급이 영도하는 농공연맹을 기초로 하는 인민민주 전정(專政)의 사회주의 국가'라고 정의하고 있다. 현재의 중국은 공산당이 영도하는 유일 사회주의 국가로 명목상 종교의 자유는 있을지언정 사회 전체에 걸쳐 종교를 공식적으로 인정하고 장려하지는 않는다. 이렇듯 종교와 무관한 중국이지만 그 어느 나라보다 민간 신을 많이 숭배하고 운수와 점을 믿는 나라 역시 중국이다. 중국에서는 집집마다 재물신을 모시고 각종 금기와 미신이 광범위하게 통용된다. 이렇게 중국은 과학과 비과학, 이성과 비이성적인 논리가 하나의 톱니바퀴처럼 묶여·돌아가는 나라라고 말해도 과언이 아니다.

여기서 언급한 중국인의 복합성을 설명하는 사례는 보기에 따라서 상호모순되는 상반되는 개념이라 할 수 있다. 그러나 중국을 이해하고자 하는 우리가 알아야 할 사실은 실제로 이러한 모순된 상황들이 존재하고 지속적으로 발생한다는 사실이다. 그렇기에 "중국은 이러이러하다"라고 하나의 단면만을 보고 단정하는 것은 무책임하다. 다양한 상황과 현실에 맞게 중국인은 여러 가지 모습으로 우리에게 다가오고 있고, 우리는 이러한 중국인의 면모를 객관적으로 바라볼 수 있어야 한다.

5. 중국의 문화 코드 그 분석의 어려움

요즘 유행처럼 "중국은 ○○○이다"라고 누군가 나에게 중국을 정의하라고 한다면 여러분은 어떤 단어나 표현으로 중국을 정의할 수 있는가? 막상 적확한 표현을 찾고자 하지만 마땅한 어휘를 찾기란 그리 쉽지 않다. 그 이유는 현대 중국이라는 나라가 생각보다 복잡한 정치적·경제적·역사적 배경을 지니고 있기 때문이다. 따라서 중국을 이해하기 위해 우리가 가장 먼저 해야 할 일은 중국 문화의 근간을 이루는 요소를 분석하는 일이다.

일반적으로 현대 중국의 문화는 크게 세 가지 요소의 복합적인 작용하에 움직인다. 그 세 가지 요소란 바로 전통적 문화 요소, 자본주의적 문화 요소, 그리고 사회주의적 문화 요소이다. 그럼 지금부터 각각의 요소를 보다 구체적으로 살펴보자.

첫째, 전통적 문화 요소이다. 주지하다시피 중국에서는 과거로부터 유가(儒家), 법가(法家)를 비롯한 다양한 동양적 전통 사상이 존재해 왔다. 공자·맹자를 위시한 유가 사상은 인·의·예·지를 바탕으로 중국적 전통과 질서 유지에 많은 영향을 미쳐 왔다. 신분제에 바탕을 둔 사회에서의 조화와 숙명론적 입장에서의 각자의 역할론은 5,000년 중국 역사를 지탱해 온 바탕이었다. 전통적 문화 요소는 적어도 1949년 중화인민공화국이 성립되기까지 중국 사회를 지배해 온 근간이었다.[16] 그러나 중국의 공산혁명 성공 이후 전통문화는 사회주의 문화와 필연적으로 충돌하게 된다. 특히 유가가 신분제를 인정한다는 전제하에서 사회의 조화를 추구하고 있기 때문에 궁극적으로 계급 타파를 목적으로 하는 사회주의 체제와는 양립하기 힘든 상황이었다. 이에 특히 마오쩌둥(毛澤東) 시기 그중에서도 1960~70년대의 문화대혁명 시기 중국의 전통 사상은 마땅히 배척되어야 할 구사상·구문화로 분류되었고, 이에 그 자체에 대한 부정의 과정이 반복되었다.[17] 그러나 1980년대 개혁개방이 시작되고 1990년대 사회주의 정신문명 건설과 더불어 2000년대 조화세계론을 본격적으로 추구하게 되면서 유가를 비롯한 전통 사상은 사회주의와 병존이 불가능한 것이 아닌 통합의 새로운 이념으로써 사회를 이끌어가는 근간 이념으로 재조명받게 되었다.

둘째, 사회주의 문화유산이다. 중국 사회의 문화 코드로 주목해야 할 또 다른 개념은 바로 사회주의 문화유산이다. 중국은 1919년 5·4운동[18]을 전후해서 본격적으로 사회주의 이념을 받아들이기 시작하였고, 1949년 중화인민공화국의 출범으로 공식적으로 사회주의 국가체제가

---

16 1919년 무렵의 5·4운동은 유가를 중심으로 하는 전통 봉건문화에 대해 변혁을 추구한 시민문화운동이었고 비교적 성공적이었던 것으로 평가된다. 그러나 중국 사회 전체를 관통하며 모든 중국인들에게 심대한 영향을 미친 조직적 사회변혁운동으로 보기는 어렵다.

17 문화대혁명은 4가지 옛것에 대한 부정에서 시작되었다. 이를 흔히 4구타파라고 하는데 4구타파에는 구문화·구관습·구풍속·구습관이 해당되고 여기에 전통적 유가 사상은 정면으로 부정의 대상이 되었다.

18 5·4운동은 1919년 5월 4일 베이징 대학생이 일으킨 항일운동이자 반제국주의·반봉건주의 운동이다. 이를 통해 중국의 지식인들 사이에는 자본주의를 대체하는 사회주의에 대한 관심이 보다 넓어지는 계기가 되었다.

확립되어 오늘날에까지 이르고 있다.

사회주의 신생 중국은 사회주의를 도입함으로써 희망과 절망을 동시에 맛보았다. 초기에 사회주의 체제의 도입과 재산과 생산수단의 국유화 과정을 거치면서 수천 년에 걸친 불평등 문제를 어느 정도 해결하는 성과를 내었다. 그러나 과도한 사회주의 좌경화 운동은 개인의 생산 의욕을 고취시키지 못하고 평균론적인 사고를 만연하게 함으로써 생산력 증가에 많은 문제점을 발생시켰다. 이러한 사회주의 경제체제의 폐해는 1979년부터 본격적으로 시작된 개혁개방에 의해 어느 정도 해결되었지만 중국은 정치적으로 사회주의를 고수하고 있고 사회주의의 문화적 유산이 여전히 전 사회에 걸쳐 막대한 영향을 미치고 있음을 간과할 수 없다. 과연 현재 중국의 본 모습을 무엇으로 정의할지 그 민낯을 규정하는 일은 결코 쉽지 않은 과정이다.

셋째, 자본주의 문화의 유입이다. 중국 문화를 이해하는 마지막 코드는 바로 자본주의 문화의 유입이다. 중국은 1949년 사회주의 체제를 본격적으로 도입한 이래 1950년대 삼면홍기(三面紅旗) 운동, 1960년대 문화대혁명(文化大革命)과 같은 극단적인 좌경 사회 집단주의 운동을 펼쳐왔다. 그 결과 역시 참혹하여 세계에서 경제적으로 가장 낙후된 국가 가운데 하나로 전락하고 만다.

땅에 떨어진 중화민족의 자존심을 회복하고 경제적으로 보다 나은 세상을 건설하기 위해 덩샤오핑이 내세운 새로운 정책이 바로 개혁개방이다. 개혁개방의 핵심은 정치적으로 사회주의 체제를 유지하되 인민의 생활을 개선시키기 위해서 경제적으로 자본주의 체제를 도입함을 의미한다. 이로써 중국은 전대미문의 사회주의와 자본주의가 동거하는 형식의 체제 실험을 진행하게 되었다. 결과는 대성공이었다. 근 30여 년에 걸쳐 연평균 10퍼센트를 상회하는 경제적 성장을 구가하였고, 개혁개방의 성공적인 수행을 통해 21세기 미국과 함께 글로벌 G2 국가의 대열에 당당히 올라서게 되었다. 중국에 자본주의 요소가 도입되었다는 말은 경제적으로 부의 사적인 추구와 향유가 가능함을 의미한다. 이는 정치적인 사회주의 체제와는 별도의 운행기제가 존재함을 말한다.

이렇게 현대 중국에는 전통적 문화 요소와 사회주의, 자본주의 체제의 유산이 때로는 여러 영역에 걸쳐 혼재되어 있거나 때로는 독립적인 모습으로 나타난다. 따라서 현대 중국을 이해하기 위해 가장 중요한 사실은 중국을 단편적인 문화 코드로 이해하는 것이 아닌 위의 세 가지 문화 코드의 복합적인 작용으로 이해하는 것이다.

하나의 모델로 설명할 수 없는 나라가 바로 중국이다.

지대물박(地大物博: 땅이 넓고 산물이 많다.)

중국은 크고 넓고 많다.

— 작가 조정래

제2장

중국 비즈니스의 8가지 핵심 개념과 중국인의 협상 스타일

비즈니스를 하는 사람이라면 중국인과 어떻게 협상해야 하는지에 대해 이곳저곳에서 한 번쯤 이야기를 들어 보았을 것이다. 중국인을 처음 만날 때에는 반드시 선물을 준비해야 한다든지 중국 현지의 힘 있는 사람의 소개를 받아야 한다든지 중국인들은 목숨보다 체면을 더 중요시한다든지 하는 것들이 바로 그것이다. 만약 중국인과의 거래가 원만히 성사되길 원한다면 중국인의 상 관례와 문화는 물론이거니와 중국어가 가지는 특수한 의미까지도 잘 파악해두는 것이 필요하다. 이제 중국인을 이해하기 위해 중요하다고 여겨지는 8가지 개념과 중국 특유의 문화적 배경을 살펴보고자 한다. 이에 앞서 다음의 사례를 살펴보자.

갑(甲)이라는 한국인이 있다. 갑은 IT 업체 대표로 상하이에서 사업 확장을 위하여 본인이 직접 중국 측과의 협상에 뛰어들기로 마음먹었다. 기존에 협상에 참여한 사람이 그간의 자료를 그에게 넘겨주었고, 갑 역시 중국 비즈니스와 관련된 자료를 꼼꼼히 검토하고, 다른 사람들의 조언을 세심하게 들으면서 중국 파트너와의 협상을 준비하였다.

첫째 날, 갑은 많은 사람들이 자신에게 이야기해 준 대로 중국 고객에게 거하게 저녁 식사를 대접하였다. 둘째 날, 그는 중국 고객의 사무실에 가서 어떻게 거래할 것인지에 관해 논의를 한 후 다시 저녁 식사를 대접하였다. 셋째 날, 중국 고객은 거래에 대해서 재차 물어왔다. 갑은 회사의 입장을 다시 설명했고 양측은 거래와 관련된 여러 사안에 대해서 충분히 논의하였다. 넷째 날, 갑은 다시 한 번 거래 조건에 대해 언급했고, 중국 고객은 상품주문부터 설치에 이르는 대략 반년간의 거래에 대해 동의했다. 이로써 갑은 협상이 어느 정도 성공하였다고 판단했다. 일반적인 경우라면 우리는 갑이 어느 정도 확신을 가지고 비교적 가벼운 마음으로 귀국 비행기에 올랐을 것이라고 생각할 수 있다.

그런데 갑이 귀국한 뒤에 이 중국 고객은 거래 조건에 관해 원점부터 다시 물어오기 시작하였다. 중국 고객이 거래 문제를 다시 꺼냈을 때 일반적으로 갑에게는 기대보다는 실망감이 생기는 것이 보통이다. 그는 얼굴이 붉히면서 "네? 아니, 거래에 대해 다시 이야기 하자는 말입니까?"라고 말했다. 중국 고객은 그가 화내는 것을 보고 놀라 통역에게 어떻게 된 일이냐고 물었다. 그 후 중국 고객은 아무 말도 하지 않고 그 협상을 끝내고 말았다. 두 달 후 갑은 그 중국 고객이 이미 그와 경쟁하고 있는 회사와 계약을 맺은 것을 알게 되었다. 어쩌면 갑이 막판에 화를 낸 것이 비즈니스를 실패로 이끌었을 수도 있다. 물론 틀린 말은 아니다. 그러나 문제는 더욱 복잡한 곳에서부터 출발한다. 중국인들은 물건을 살 때 세 곳 이상을 비교해봐야지 손해 보지 않는다고 믿는다. 즉 상대방이 아무리 좋은 조건을 제시한다고 해도 한 곳만을 협상의 파트너로 삼지 않는다는 것이다. 또한 중국인은 인내심이 강하다. 협상의 준비부터 과정까지 많은 것을 준비하고 인내하는 것이 바로 중국인의 협상 자세이다. 이렇게 그는 중국인과 협상할 때의 기본 원칙을 잘못 알고 있었다. 다음은 중국 비즈니스 문화를 이해하기 위해 우리가 알아야 할 8가지 기본 개념들이다. 한 가지 한 가지씩 구체적으로 살펴보도록 하자.

1. 꽌시(關係)

근래 우리에게도 익숙한 낱말이 된 꽌시(한자어로 관계)란 간단히 말해 사람들 사이의 인맥 또는 개인 간의 사회적 네트워크를 의미한다. 일반적으로 서양 사람들은 정보, 제도 등을 중시하는 반면 중국인은 친구, 친척과 같이 자신과 짝을 이룰 수 있는 사람들 간의 관계와 체면을 중요시한다. 비록 서구 비즈니스 문화의 영향으로 꽌시의 기능이 예전만 못하다고는 하지만 중국 사회에서 꽌시가 중요하다는 사실에는 변함이 없다. 즉 꽌시가 좋은 사람은 확실히 일정한 이익을 본다는 것이다.

좋은 꽌시를 맺는 것은 상호 이익을 어떻게 이끌어내느냐에 달려 있다. 이는 내가 한 발 양보하면 협상 테이블에서 당연히 상대방도 한 발 물러설 것이라는 다분히 서구적인 기대와는 다른 개념이고, 단기간에 실현될 수도 없는 것이다. 중국에서는 급하게 서두르는 것이 오히려 독이 된다. 다른 사람에게 도움을 주었으면 도움을 받은 사람은 도움을 받은 직후가 아닐지라도 언젠가는 반드시 보답해야 하는 것이 당연하다. 이렇듯 긴 시간에 걸쳐 형성된 상호 호혜의 원칙이 바로 사람 사이의 꽌시를 지속시키는 기반이 된다. 중국에서 이런 원칙을 가볍게 여기는 것은 상대방으로 하여금 좋지 못한 행위로 여겨질 수 있으며, 이러한 행위는 상대방이 오랫동안 마음에 두고 기억할 수 있다는 사실을 잊어서는 안 된다.

중국인에게는 인간관계의 친밀도를 표현하는 이런 표현이 있다. 친구(朋友) → 좋은 친구(好朋友) → 오래된 친구(老朋友) → 내 사람(自己人)이라는 것이다. 먼저 낯선 사이에서 친구 사이가 되고 친구 관계가 축적되면 좋은 친구가 되고 좋은 친구가 지속되면 오래된 친구가 되고 마침내 내 사람, 즉 자기 사람이 되는 것이다. 이렇게 중국인의 꽌시는 시간을 두고 서서히 형성되며 장기간에 걸쳐 영향을 발휘하는 것이다.

2. 중재자(中間人)

서구에서는 신뢰하지 못할 만한 특별한 경우를 제외하고 기본적으로 다른 사람을 잘 신뢰한다. 그러나 중국인이 낯선 사람과 비즈니스를 할 경우 일반적으로 신뢰보다는 의심과 불신이 앞선다. 이는 중국인과 서양 사람들의 세계관에 차이가 있기 때문이다. 일반적으로 서구 사람들은 성선설에 기반한 사고를 하기 때문에 협상의 파트너 역시 나를 최상의 파트너로 생각하고 최선을 다해 협상에 임할 것이라고 믿는다. 반면에 중국인은 대체로 순자의 성악설[19]에 기반 한 사고를 한다. 즉 상대가 자신의 이익을 위해 행동할 것이므로 이를 의심하고 회의하는 것이 그들의 사고

19 물론 중국인이 모두 다 성악설에 기반한 사고를 한다는 것은 아니다. 맹자로 대표되는 성선설 역시 중국인의 사상적 원형의 기초가 되고 있다. 그러나 일반적인 경향성을 놓고 본다면 성악설에 보다 더 무게를 둘 수 있다.

전반에 자리 잡고 있다.

비즈니스에서 신뢰는 매우 중요하다. 왜냐하면 신뢰가 밑바탕이 되어야만 비즈니스 관계가 성립될 수 있기 때문이다. 그러나 신뢰는 억지로 얻어낼 수 있는 것이 아니다. 중국에서 신뢰를 얻을 수 있는 중요한 방법 중의 하나가 바로 꽌시를 통하는 것이다. 다시 말해 당신을 신뢰하는 파트너가 그를 신뢰하는 또 다른 사업가로 하여금 당신을 신뢰할 수 있게 하는 것이 바로 꽌시이다. 중국에서 협상의 성공을 좌우하는 첫 단추는 바로 어떤 사람이든 당신의 사업과 연관된 기구, 단체, 주관부서 등과 연결을 시켜줄 수 있는 꽌시를 만드는 데 달려 있다. 바로 꽌시의 중요성이 여기에서 나온다.

이러한 꽌시는 고향, 가족, 동창 또는 이전의 사업으로 맺어진 다양한 네트워크 등을 포괄한다. 중요한 것은 이런 네트워크는 개인의 경험과 경력 위에 만들어져야 한다는 것이다. 예를 들어 이전의 동창에게 전화를 걸어 사업에 필요한 그 동창의 친구와 만날 수 있게 주선을 부탁했다고 가정하자. 이때에는 고급 식당에서 값비싼 저녁을 크게 대접하는 것이 관건이다. 자리를 주선한 친구와 자리에 나오는 친구의 체면이 모두 중요하기 때문이다. 만약 일이 순조롭게 진행된다면 그 동창의 친구는 중재자가 되길 원할 것이며 이를 계기로 당신 동창과의 꽌시도 더욱 좋아질 것이다. 이는 곧 당신의 비즈니스 파트너가 될 수 있다는 것을 의미하며, 다음에도 만날 가능성이 있다는 것을 의미하는 것이다.

중국인과의 비즈니스에서 능력 있는 중국 중재인은 반드시 필요하다. 중국인은 비즈니스 과정에서 직접적으로 속내를 드러내지 않으며, 자주 화제를 바꾸고, 갑자기 말이 없어지거나, 뜬금없이 다른 질문을 하기도 한다. 또한 不错(나쁘지 않네요. 괜찮네요.), 还好(뭐, 괜찮네요.), 还行/可以

(괜찮은 것 같아요.) 등과 같이 말하는 의도를 모호하게 표현하거나 미묘한 부정어로 확실한 긍정을 피하기도 한다.

이런 것들은 중국에서 나고 자란 중국인만이 그들의 감정과 어조, 얼굴 표정과 동작을 정확하게 읽어낼 수 있다. 따라서 중간의 다리를 놓을 수 있는 중재자가 있다면 비즈니스 협상에 진전이 있을 수 있다.

일반적으로 중국인에게 어떤 제안을 할 경우, 돌아오는 대답은 보통 "일단 좀 살펴봅시다(看看)" "생각 좀 해 봅시다(研究研究)"이다. 비록 제안이 마음에 들지 않더라도 중국인들은 이런 식으로 직접적인 대답을 회피하는 경향이 있다. 중재자는 상대방의 의도를 명확하게 파악해서 알려줄 수 있다. 중국에서 중재인은 비즈니스 쌍방의 벽을 허물고 혹시나 모를 쌍방 간의 오해의 소지를 줄여줄 수 있다.

불과 몇 년 전까지만 해도 국내 굴지의 대기업인 H사에는 중국 업무를 총괄적으로 담당하는 중국 담당 부회장이 있었다. 이 부회장은 화교출신으로 중국어와 중국 문화에 능통하고 중국 고위층 인사들과의 소통에 매우 능했던 것으로 알려져 있다. 이 회사가 다른 다국적 기업에 비해 상대적으로 뒤늦은 중국 진출에도 불구하고 중국 시장에서 단기간에 비약적인 발전을 거둔 것은 이러한 중재자의 역할을 적극적으로 활용하였기 때문이다.

3. 서열(社會等級)

중국인 사이에 존재하는 인간관계와 서열에 관한 이해는 중국 비즈니스를 원활히 하는 또 다른 필수요소이다. 미국인은 호칭에 있어서, 예를 들어 "그냥 신디(Cindy)라고 부르세요"라고 하지만 중국에서는 직급과 나이에 따라서 호칭이 아주 다양하다. 즉 중국이 사회주의 국가이기 이전에 유가 사상의 영향하에 신분제와 서열에 대한 의식이 광범위하게 자리 잡고 있음을 기억해야 한다.

한 미국 기업이 중국 사회의 서열과 관련된 예의범절의 중요성을 이해하지 못해서 생긴 일화를 살펴보자. 미국 회사는 나이가 어리고, 비교적 낮은 직급의 실무 담당직원을 중국과의 협상 자리에 내보냈다. 이를 맞이한 중국 회사의 대표는 상대의 직급과 나이를 물어보고는 미국 대표에게 "내 아들 뻘이네요"라고 이야기하고는 더 이상 대화를 이어가지 않았다고 한다. 중국 회사는 미국 측이 격에 맞지 않는 대표를 파견한 것으로 이해하고, 이에 협상에 임하려는 성의가 부족하다고 생각하여 협상을 시작도 하지 않고 끝내버렸다.

중국과의 협상에서 우리가 이해해야 하는 것은 상대의 사회적 서열과 신분에 대한 존중이 필요하다는 것이다. 이는 역으로 우리가 중국인의 이러한 심리를 이용한다면 의외의 성과를 얻을 수도 있음을 의미한다. 만약에 한국의 어떤 회사가 실무자의 선에서 충분히 처리가 가능한 사안이라고 하더라고 회사의 대표가 직접 중국 파트너에 대한 존중의 의미로 실무자와 동행을 하거나 직접 협상 장소에 방문이라도 한다면 중국 회사의 이 회사에 대한 태도는 달라질 것이 분명하다. 왜냐하면 이 한국 회사가 사장이 직접 나설 만큼 자신들을 격에 맞게 대하고 존중하고 있다고 판단할 것이기 때문이다.

실제로 중국의 고위급 사장들은 가격을 흥정하려 들지 않을뿐더러 상대에게 쉽게 설득당하지도 않는다. 이는 그들의 책임 영역이 아니다. 더 확실하게 이야기 하자면 중국인들은 상대방의 진실한 태도와 성의를 중요시한다.

4. 조화(調和)

중국의 유명한 속담에 "웃는 얼굴이 재물을 가져다 준다"[20]라는 말이 있다. 이는 비즈니스 협력자 간의 조화로운 어울림의 중요성을 말해준다. 존중과 책임이 중국 사회에서 사회 구성원 간의 상하 관계를 규정한다면 우의, 어울림과 화합은 평등한 관계를 유지시켜 준다. 서양에서는 비즈니스를 할 때 자신의 목적을 내비치며 본론을 직접적으로 꺼내는 데 걸리는 시간은 단 몇 분이면 충분하다. 그러나 중국에서는 상대의 신뢰를 얻기까지 몇 날 또는 몇 달 심지어는 몇 년에 걸친 오랜 시간이 필요하다. 상호 간의 신뢰가 싹트기 위해서는 쌍방의 가정 방문, 식사 대접 등이 기본적으로 전제된다. 또한 이러한 과정 속에서 비즈니스 외에 다양한 대화가 오고 가고 이를 통해 천천히 신뢰가 형성된다.

따라서 중국 사람들과의 식사나 술자리를 귀찮아해서는 안 된다.

---

20 '和氣生財'

이런 자리를 통해 당신의 몸은 비록 조금 더 피곤해질 수 있겠지만 상호간의 신뢰 형성과 원만한 비즈니스를 위해서는 아주 좋은 기회가 될 수 있다.

실제 사례를 한번 살펴보자. 한국의 한 회사 대표가 비즈니스를 위해 중국을 방문하였다. 다음날은 중국 측과의 중요한 비즈니스 미팅이 있어서 한국 대표의 신경은 온통 다음 날의 회의에 가 있었다. 그러나 중국 측은 이런 사실을 아는지 모르는지 한국 대표를 자사가 위치한 지역에서 가장 고급의 식당으로 초대하여 극진하게 저녁을 대접하였다. 중국 대표는 연거푸 술을 권하면서 "우리의 우정을 위하여 건배합시다. 그리고 오래오래 거래를 하도록 합시다! 만약 오늘 저녁 완전히 취하지 않으면 내일 계약은 없는 겁니다!"라고 말했다. 한국 대표는 어쩔 수 없이 계속해서 중국 대표가 주는 술 잔을 받아 마셨고, 어떻게 숙소로 돌아왔는지조차 기억이 나지 않을 정도였다. 다음 날 오전 한국 대표는 전날 과음한 탓에 몸이 좋지 않았으나 중국 대표의 훨씬 가까워진 듯한 표정과 여러 술자리에 대한 칭찬과 함께 중요한 계약을 따낼 수 있었다. 이와 같이 중국에서 비즈니스는 비즈니스 자체뿐 아니라 그 외의 절차와 과정 역시 중요하다. 그 사람이 우리와 어울릴 수 있는 인물인지 그리고 신뢰를 쌓기에 충분한 인물인지 여부가 비즈니스만큼 중요하다는 의미이다.

따라서 중국에서는 외국 회사가 최대한 빨리 사업을 진행하려고 하는 의도를 일반적으로 이해하지 못한다. 중국인은 충분한 인간관계를 맺지 않고 그저 사업상 필요한 부분만을 사무적으로 진행하는 것을 매우 무례한 행위로 여기기 때문이다. 중국에서 어울림은 비즈니스의 촉매제 역할을 한다는 사실을 명심해야 한다.

필자도 비슷한 경험을 한 적이 있다. 1998년 IMF가 한창일 때 나는 산둥성 칭다오 시에 소재한 한 한국 독자 기업 총무부서 담당자로 일한 바 있다. 당시 1000명이 넘는 중국 직원들의 노무 및 복지와 관련된 일을 처리하기 위해서는 칭다오 시 노동국과의 관계가 필수였고 노동국 관계자와의 첫 번째 만남은 당연히 식사와 술자리로 이어졌다. 당시 칭다오 시 노동국 간부들은 필자에게 연속 세 잔의 바이주(고량주)를 맥주잔으로 마시면 자신들과 친구가 될 수 있다고 하였다. 갓 중국 법인에 부임했다는 중압감과 당시에는 술을 조금 한다는 호기에 사로잡혀 나는 연속으로 세 잔의 바이주를 맥주잔으로 들이켰다. 결국 그날 밤 술 세 잔을 마신 이후로 아무런 기억이 남지 않았다. 그러나 이후 칭다오 시 정부와의 업무는 매우 순조롭게 진행되었다. 그리고 시정부 공무원들과는 호형호제하며 아주 막역하게 지내게 되었는데 그때 세 잔의 바이주는 중국인의 기준에서 내가 그들과 어울릴 수 있는 조화로운 사람인가를 확인하는 매개체였던 것이다.

중국에서 신뢰와 화합은 어떤 계약보다도 중요하다. 중국의 비즈니스맨들은 까다로운 계약서보다 깊은 신뢰를 더욱 중요하게 생각한다. 물론 중국이 WTO에 가입한 후 계약 내용과 조항이 점점 중요하게 다뤄지고 있고 법규로 강제 시행하는 부분도 적지 않다. 그러나 중국 비즈니스를 단순히 계약서가 오고 가는 사무적인 일이라고 판단하면 그것 역시 오산이다.

만약 외국인이 인간관계를 잘 조율해 나간다면 중국인은 협상이 어려움에 봉착할지라도 최대한의 배려를 해줄 것이다. 다음의 사례 역시 참고할 만하다. 한 한국 업체 부사장이 중국 측의 계약 위반을 들어 중국 회사에 소송을 제기할 테니 계약서 내용대로 이행할 것을 요구했다. 이에 중국 측은 "소송을 할 테면 한 번 해 보시오. 당신 회사가 소송에서 이

길 수 있을지는 몰라도 중국 시장에서 사업하기는 어려울 것이오"라고 말했다. 협상이 교착상태에 빠지자 이 제조사의 사장이 직접 협상 테이블에 앉았다. 그리고 쌍방은 장기적인 이익을 함께 나눌 수 있는 방법에 대해 진지하게 토론했고 결과적으로 양측의 분쟁은 해결되었다. 알고 보니 한국 측 회사 사장은 중국식 비즈니스 협상 방법을 공부한 적이 있었고 중국 사장과도 좋은 꽌시를 유지하고 있었기 때문에 가능한 문제였다. 중국 사장은 "이것이 제대로 된 방법이지요. 앞으로 최선을 다해서 계약대로 이행하겠습니다"라고 말했다고 한다.

5. 종합적 사고(綜合思考)

대체로 서양인은 일의 순서와 사적인 요소를 먼저 고려하기 때문에 복잡한 협상 내용을 가격, 수량, 품질보증, 납품과 같이 세세하게 나누려는 경향이 있다. 반면에 중국인은 문제를 종합적으로 생각하는 경향이 강하기 때문에 배경에 대해 자세하게 설명을 듣길 원하며 그와 관련하여 쉴 새 없이 질문을 던질 수 있다. 이에 중국인과 협상하기 위해서 반드시 철저한 준비를 해야 한다. 하나의 문제가 해결되지 못하면 그 이상 어떤 것도 합의점을 찾을 수 없다는 것을 명심해야 한다.

일반적으로 A라는 미국인이 중국 파트너와의 협상에서 반 정도를 이야기했다면 이를 두고 협상이 반 정도 진행되었다고 생각할 것이다. 그리고 미국인은 협상에서 문제가 모두 다루어지면 협상이 끝난 것이라고 생각한다. 그러나 중국인은 절대로 그렇게 생각하지 않는다. 사유방식의 차이는 바로 쌍방의 관시에 있어 미묘한 긴장감을 유발하는 요소라 할 수 있다. 이는 종종 중국 측이 협상에 동의했음에도 불구하고 외국 측이 불가피한 양보를 하는 결과를 낳기도 한다. 외국인이 중국에서 흥정을 할 때에는 반드시 모든 문제에 대해 협상할 준비가 되어 있어야 한다는 것을 기억해야 한다. 하나라도 부족하면 그 다음은 아무것도 없다는 것을 명심해야 한다.

그렇다면 만약 모든 협상이 이런 식으로 진행된다면 어떻게 협상의 진행 정도를 알 수 있을까? 만약 중국의 고위급 임원들이 협상 도중 구체적인 사안에 관심을 보이고 집중한다면 좋은 징조로 받아들일 수 있다. 중국인이 쉴 새 없이 어떤 사안에 대해 논의하는 것도 무언가를 결정하려는 의도를 보인 것이다. 이 밖에 보다 많은 회의를 요구하거나 중재인의 개입을 요구한다거나 해외자문센터 등에 자문을 구하는 것은 협상이 진전되고 있음을 알려주는 것이다.

6. 근검절약(勤儉節約)

중국은 아편전쟁 이후로 장기간에 걸쳐 정치, 경제적 불안정 상태에 놓여 있었다. 국가는 전쟁 패배에 대한 책임으로 막대한 배상금을 서구 자본주의 국가에 갖다 바쳤고 1949년 어렵게 탄생한 중화인민공화국도 극좌적인 노선 아래 여전히 정치, 경제적 어려움을 벗어나지 못했다. 이렇게 중국 역사에 있어 장기간의 불안정한 상황은 중국인들에게 근검절약의 중요성을 깨닫게 하였다. 즉 위기 상황에 항상 준비하고 있어야 한다는 의식을 심어주게 된 것이다. 통계에 따르면 중국인은 미국 가정 수입의 4배를 절약한다고 한다. 그리고 중국의 저축률은 세계 최고 수준을 자랑한다.[21] 이러한 중국인의 근검절약 정신은 협상 과정에서 다양한 흥정 문화를 만들어 냈다.

중국인의 협상 모습을 살펴보면 협상자는 일반적으로 처음에 가격을 지나치게 높게 제시하는 경향이 있다. 그리고 오랜 시간 동안의 협상을 통하여 마지못해 양보하는 모습을 취한다. 서양 사람들은 종종 중국인이 터무니없는 가격을 제시하거나 가격을 흥정하려고 하면 화를 내거나 이를 비웃곤 한다. 그러나 더욱 중요한 것은 중국인은 협상의 카드로 침묵 역시 전략적으로 사용한다는 사실이다. 흥정 중에 중국인은 인내와 침묵으로 무장하여 외국인의 조급함에 대응한다. 우리는 중국인의 대담한 가격 제시에 당황해서는 안 된다. 중국인은 최종적으로 쌍방이 모두 양보하는 것을 바란다. 특히 가격에 있어서 더욱 그러하다.

협상에 있어서 우리가 가져야 할 태도는 역으로 높은 가격을 제시하면서 "혹시 이 가격에 대해 이견이 있나요?"라고 중국 측에 묻는 것이다. 만약 중국 측이 경쟁사의 가격을 들먹인다면 그 회사와 어떤 제품으로 거래했으며 품질 보증과 관련한 조건은 어떠했는지 등에 관해서 자세하게 물어야 한다. 이렇게 해야지만 협상에 있어서 우위를 점할 수 있다.

실제로 중국의 재래시장에 가보면 중국 상인들이 부르는 가격에 놀라는 경우가 한두 번이 아니다. 만약 중국 상인이 부르는 가격이 300위안이라면 당황하지 말고 또한 화내지 말고 침착하게 대응하는 것이 필요

---

21 2016년 중국의 저축률은 46퍼센트로 싱가포르와 함께 세계 최고 수준을 기록하고 있다. kiep 중국지역 포탈사이트 참조. http://blog.naver.com/kiepinfo/221094228971

하다. 차분하고 논리적인 대응을 한다면 100위안 또는 그 이하의 가격으로도 충분히 물건을 살 수 있다. 중국인들이 흔히 쓰는 속담 중에 "살인자의 담량으로 가격을 후려쳐라"라는 말이 있음을 기억하자.

7. 체면(體面)

중국 비즈니스 문화 중에서 또 한 가지 중요한 점은 한 사람의 명성과 사회적 지위는 다른 사람에게 비춰지는 자신의 '체면'에 의해 결정된다는 사실이다. 만약 우리가 중국인에게 무안함을 준다면 그것이 비록 고의가 아니더라도 그 협상은 결국 막대한 손해만을 남긴 채 끝날 가능성이 크다. 중국인들이 체면을 중시하는 것은 미국인이 존엄이나 명예를 중시하는 것과 비슷하다. 체면은 한 사람의 사회적 위치를 규정하며 이는 사회적 부를 측정하는 가장 중요한 기준으로 작용한다. 체면은 재산, 권력, 지위, 사교 관계 등으로부터 나온다. 그러나 미국인은 존엄이나 명예를 매우 절대적인 항목으로 치부한다. 즉 어떤 한 사람에게 있어서 명예와 존엄은 있거나 또는 없거나 둘 중 하나인 것이다. 그러나 중국인은 체면을 수량적인 요소로 가늠한다. 체면은 얻을 수도 잃을 수도 있으며 받을 수도 줄 수도 또 빼앗길 수도 있는 것이다.

홍콩을 대표하는 사업가인 창장(長江) 그룹의 리자청 회장은 1980년대 중국의 개혁개방이 시작되던 즈음에 중국 대륙의 대학들에 도서관이나 체육관을 지어주는 공익사업을 앞장서서 진행하였다. 중국 정부의 입장에서 정부가 해야 할 일을 일개 홍콩의 사업가가 대신 해주었으니 얼마나 기쁘고 감사했겠는가? 그리고 시간이 지나 1990년대 베이징의 명동이라고 불리던 왕푸징 거리의 재개발 사업이 추진되었다. 그리고 마침내 리자청 회장의 회사가 왕푸징 거리 전체의 재개발에 관한 권리를 획득하였다. 그런데 당시 왕푸징 맥도날드는 이미 20년에 걸친 임대차 계약을 완료하였고 당시 왕푸징 맥도날드 매장이 세계 최대의 매출을 올리는 매장이라는 이유로 이미 체결된 계약서에 의거해 철거에 반대한다는 입장을 분명히 하였다. 사업의 진행 여부가 불투명한 상황에서 리자청 회장은 베이징 시 정부 지도자들을 찾아가서 자신의 체면을 세워달라는 말을 하였다고 한다. 오랜 친구의 체면을 세워주는 것보다 더 중요한 일이 중국에서 또 어디에 있다는 말인가? 이 말을 들은 베이징 시 정부 관계자들이 맥도날드의 관계자를 불러 앞으로 베이징의 왕푸징에서만 사업을 할 것인지 아니면 중국 전역에서 사업을 할 것인지 현명한 판단을 하길 바란다는 입장을 표명하였다. 맥도날드가 이내 베이징 시 정부의 입장을 수용하였음은 불문가지의 일이다.

이와는 반대로 만약 협상 과정에서 쌍방 중 일방이 약속을 어기거나 화를 내게 되면 결과는 양측 모두의 체면에 큰 타격을 주게 된다. 서양에서는 화내는 모습을 보여주는 것도 하나의 전략일 수 있다. 그러나 중국에서는 도 아니면 모와 같이 완전히 상반된 결과를 가져다준다. 협상 테이블 맞은편에 앉아 있는 중국 사업 파트너가 체면을 잃는 일은 절대로 만들지 말아야 한다. 이는 실례 수준을 넘어서 당신에게 재난으로 다가올 수 있기 때문이다.

8. 인내(忍耐)

중국의 언론 매체에서 자국민들을 '대상으로 중국인을 대표하는 특징이 무엇인가?'라는 여론 조사를 한 적이 있었다. 이에 가장 많은 수의 중국인이 중국인의 특징으로 인내와 근면을 꼽았다고 한다. 중국의 속담에 화가 날수록 웃는다는 말이 있다. 이는 중국인의 인내를 대표하는 표현이라고 할 수 있다.

중국인은 부지런히 일하는 것을 도덕적인 명성을 쌓는 과정이라고 생각하며 인내하고 또 인내하는 반면 서구 사람들은 능력을 최우선시하며 이를 성공의 핵심적인 열쇠로 여긴다. 중국인은 고통을 감내하고 더욱 열심히 노력하는 것을 중요시하며 이러한 행위가 더 가치 있고 존경할 만한 것이라고 생각한다. 이는 중국의 초등학교 학생들이 매년 251일을 학교에서 보내는 반면 미국 아이들은 180일을 학교에서 보내는 것과도 연관 지어 생각해 볼 수 있다. 중국인들은 최악의 상황에서도 부지런함을 가장 이상적인 행동으로 생각한다.

과거로 돌아가 보자. 중국의 역사 속에 중국인의 인내와 관련된 이야기는 어렵지 않게 살펴볼 수 있다. 와신상담(臥薪嘗膽)이라는 고사성어의 주인공인 오왕(吳王) 부차(夫差)와 월왕(越王) 구천(句踐)의 이야기는 아주 유명하다. 먼저 오왕 부차는 아버지가 월왕 구천에게 패하고 죽은 뒤 장작더미 위에 누워 자며 매일매일 복수를 다짐한 끝에 결국에는 원수를 갚게 되었다. 이에 이번에는 월왕 구천이 오나라로 끌려가 부차의 포로가 되었다. 구천은 부차에게 갖은 수모와 모욕을 당하였고 심지어 부차의 대변까지도 맛보는 굴욕을 겪어야만 했다. 그러나 이후 구천은 자신의 방에 곰 쓸개를 매달고 매일 이것을 핥으면서 쓴맛을 보면서 복수의 칼을 되새긴 결과 결국에는 설욕을 하게 된다. 이것이 바로 그 유명한 부차의 '와신'과 구천의 '상담' 이야기이다.

이 밖에도 사마천의《사기》〈회음후열전(淮陰侯列傳)〉에 한신(韓信)의 이야기가 나온다. 한신이 백수로 지내면서 빈둥거리고 있던 어느 날 한 아낙네가 한신의 배고픈 모습을 보고 밥을 적선하게 된다. 이 장면을 본 동내 건달은 한신에게 겁쟁이라며 용기가 있으면 내 가랑이 밑으로 기어가라고 했다. 이에 한신은 머리를 숙이고 그의 가랑이 밑을 기어갔고 사람들은 모두 한신을 겁쟁이라 비웃었다. 훗날 한신은 이때를 회고하면서 나는 힘이 장사인데 그때 나에게 모욕을 준 그 사람을 어찌 죽일 수 없었겠는가? 그렇지만 그 사람을 죽인다 하더라도 내 이름이 드러날 방법이 없었기 때문에 참고 또 참아 결국 오늘의 공을 이룬 것이라고 했다.

자치통감(資治通鑑)에는 당 나라 때 누사덕(婁師德)이라는 사람에 관한 이야기가 전해 내려온다. 당시 최고로 높은 벼슬자리에 있던 그는 자신의 친동생이 대주자사(代州刺史)로 임명되어 부임지로 떠나게 되자 동생에게 이렇게 물었다. "나는 재상의 자리에 있고 너도 대주자사가 되었으니 필히 많은 사람들이 우리를 질시할 것이다. 이에 너는 어떻게 대처할 것인가?" 이에 동생이 "사람들이 제 얼굴에 침을 뱉더라도 침을 닦기만 할 뿐 대들지 않겠습니다"라고 하였다. 이에 누사덕은 "네가 침을 닦으면 그 사람의 뜻을 거스르는 꼴이 되는 것이니 침을 뱉으면 닦지 말고 스스로 마를 때까지 기다려야 한다"라고 하였다고 한다. 중국인의 인내와 관련된 한 단면을 보여주는 이야기이다.

시선을 현대로 돌려 중국 공산당의 대장정(大長征) 때를 이야기해 보자. 중국 공산당은 국민당의 전방위에 걸친 포위망을 뚫고 1934년 10월부터 1936년 10월까지 14개 성, 18개의 산맥, 24개의 강을 건너 무려 1만 2500킬로미터를 걸어서 산시성의 옌안에 도착하였다. 훗날 사람들은 이를 대장정이라고 불렀는데 이때 공산당 군대는 매일 평지도 아닌 산악 지대를 평균 40킬로미터를 걸어서 1년 이상 쉬지 않고 행군하였다고 하니 중국인들의 인내와 부지런함이 어느 정도인지 가히 상상하고도 남음이 있다. 이렇게 모든 것을 참아내며 묵묵히 자신의 길을 걸었던 부지런함과 성실함은 바로 현대 중국인의 또 다른 표상이라고 할 수 있다.

제3장

중국인의 비즈니스 소통법과 표현으로 살펴보는 중국인의 비즈니스 마인드

1. 중국인의 소통법

중국인은 중국인 특유의 소통법을 가지고 있다. 만약 우리가 중국인의 소통법에 주의하지 않고 서구에서 강조하는 효율성에 기반 한 소통 방법만을 고집한다면 협상은 교착상태에 빠질 수밖에 없다. 특히 중국은 오랜 역사와 문화를 기반으로 동서양을 막론하고 자신만의 독특한 소통 문화를 이루어 왔다. 따라서 이런 중국 비즈니스 문화의 특징을 이해하고 적응하는 것은 협상을 순조롭게 진행할 수 있는 최고의 방법이라 할 수 있다.

먼저 중국인은 다른 사람과의 소통에 있어서 감정이나 정서의 교감을 우선시하지 이성을 소통의 근원으로 치지 않는다. 일반적으로 중국인들이 의례적인 인사를 하고 예의를 갖추는 것은 상대방을 기분 좋게 하기 위함이다. 상대의 비위를 맞춰주는 것 역시 상대방의 기분을 위해서다. 중국인은 자신의 상급자를 즐겁게 하고, 상급자가 기뻐해야만 자신의 기분이 편해진다고 생각한다. 중국인은 처음 만날 때 선물을 주는 것을 좋아한다. 선물 받은 사람이 기뻐하고 그래서 쌍방의 교류가 순조롭다면 선물이 얼마나 비싼지 여부는 그다지 중요하지 않다. 따라서 중국인이 기분이 좋지 않을 때에는 그 사람과 논쟁을 벌이거나 이성적으로 따지는 행동을 금해야 한다. 왜냐하면 이 상황에서 손해 보는 것은 본인 자신일 수밖에 없기 때문이다. 이렇게 중국인과의 소통에 있어서 가장 중요한 것은 어떻게 상대의 기분을 좋게 만드는 것이냐의 문제이다. 상대의 기분이 좋아지면 당신은 당신이 생각한 것보다 훨씬 더 많은 일을 훨씬 더 수월하게 처리할 수 있게 된다.

다음으로 중국인과의 소통에서 중요한 점은 바로 상대방의 체면을 세워주는 것이다. 중국 사람들은 본인이 상대의 체면을 세워주면 상대가 자신을 편안하게 해줄 것이라고 믿는다. 중국인은 자신이 상대에게 중요한 인물이 되었고, 충분한 체면이 있다고 판단할 경우 도리를 이야기하기 시작하고, 예의를 갖춰 사양하고 타협하게 된다. 일반적으로 중국인은 회의를 할 때 먼저 발언하지 않고 상대방의 의견을 경청하는데 이렇게 해야 상대를 중시하는 느낌을 주기 때문이다. 중국에서는 상대방의 체면을 세워주어야 상대도 나의 체면을 세워준다고 믿는다. 중국에서는 회의를 통해 어떤 사안을 결정하는 것은 매우 어렵다고 한다. 따라서 대부분 회의 후 별도의 소통방법을 통해서 문제해결을 한다. 왜냐하면 중국에서는 회의에서 말을 많이 하는 것이 상대를 존중하지 않는 것으로 비춰질 수 있기 때문이다. 그리고 중국에서 회사의 대표는 마지막에 발언하는 것이 일반적이다. 앞서 다른 직원들의 발언을 통해 찬성 혹은 반대가 어느 정도 결정된 후에 발언하면 그의 체면이 깎이는 경우가 드물기 때문이다.

중국인은 소통과정에서 자신의 뜻을 직설적으로 드러내지 않고 돌려서 의사를 표현한다. 즉, 모호함을 통해서 분명함을 드러낸다. '명철보신(名哲保身)'[22]이라는 말은 중국인에게 생존의 필살기처럼 통용되는 명언이다. 중국인은 간단한 일을 간단히 처리하는 것을 좋아하지 않는다. 그리고 그들은 상대방이 무엇이든 말할 수 있거나 반대로 무엇이든 말할 수 없다고 느끼는 것을 좋아한다. 머리가 뛰어난 중국인들은 모호한 것을 좋아한다. 그들은 항상 암시하고 에두르는 것을 좋아하며 당신 스스로 결론을 내리도록 한다. 왜냐하면 듣는 사람이 다른 누군가에 무언가를 제기한다고 하더라도 나는 부담이 없다.[23] 왜냐하면 나는 어떤 말도 하지 않았고 결론은 상대방이 내리는 것이며 나와는 상관이 없는 일이기 때문이다.

이렇게 자신에게 다양한 여지를 주고 문제가 발생할 경우 퇴로를 마련하는 것이 바로 중국인의 습성이다. 중국 공산당의 지도자들이 하는 연설이나 발언 내용을 유심히 들어보라. 중국 지도자들이 하는 말을 들어보면 그다지 중요하지도 않은 일반적이고 원칙적인 이야기만을 하는 것처럼 들리는데 이렇게 하는 것이 중국인의 사고에서는 정상적이다. 왜냐하면 중국인은 어느 한쪽에 치우친 모습을 원하지 않기 때문이다. 원론적인 이야기 위주로 하면 아무도 그들이 잘못했다고 비난하지 않는다. 중국인들은 문제에 대해서 정면으로 자신의 생각을 내비치지 않는다. 왜냐하면 직설적으로 대답하는 것이 반드시 자신에게 불리할 것이라 생각

---

22 지혜로운 사람은 자신을 보호한다.

23 사실 다소 부정적으로 말하면 중요한 일에 있어서 부담 내려놓기 즉 자신이 책임지지 않게 만들기는 중국인의 특기 중 하나이다. 중국의 근현대 외교에서도 흔히 볼 수 있는 현상이었으나 결과적으로 손해를 보는 경우도 많았다.

하기 때문이다. 이 때문에 중국인들은 자신에게 유리한 부분만 대답하여 상대방이 내가 대답한 것인지 안한 것인지를 모호하게 느끼도록 만든다. 협상에 있어서도 마찬가지이다. 예를 들어 상대가 중국인에게 가격을 물어본다면 일반적으로 대답하지 않는다. 왜냐하면 일단 대답을 하면 상대는 백퍼센트 아주 비싸다고 말할 것이라고 생각하기 때문이다. 따라서 이런 경우에는 가격이 아닌 자신에게 유리한 이야기만을 하는 것이다. 즉, 상대에게 "우리가 내부 구조를 완성하였는데 만약 당신이 이 구조에 만족하지 않는다면 사실 가격을 이야기할 필요도 없지 않습니까? 만약 당신이 구조에 만족한다면 그때 내가 당신에게 구체적인 가격을 이야기하겠소. 어떻습니까?" 이렇게 자신에게 불리한 문제를 직접적으로 대면하지 않는 것이 바로 중국인의 소통법이다.

중국인은 '투석문로(投石问路)'[24]를 좋아하고, '타초경사(打草惊蛇)'[25]를 좋아하지 않는다. 투석문로는 시기나 장소가 과연 합당한 것인지 이것이 상대방과는 잘 맞는 것인지를 살펴보는 중국식 소통의 방법이다. 중국인들은 매사에 '천시지리인화(天時地利人和)'라는 관념을 중시한다. 어떤 일을 도모하기 위해서는 하늘이 돕고 땅이 돕고 사람간의 조화로움이 있어야만 가능하다는 것이다. 중국인은 상대의 의사를 떠보는 단계에서 무언가 잘못 되었다고 생각되면 그 뒤에는 예정된 말을 모두 하지 않는다. 반대로 말을 하면 할수록 의사소통이 잘되고 즐거워진다면 계속해서 말을 할 수 있고 그때는 처음보다 협상이 훨씬 쉬워진다고 믿는다.

24 어떤 일을 위해서 상대방의 속내를 떠 봄.

25 계획을 누설하여 상대로 하여금 경계하게 함.

다음으로 중국인에게 소통은 자신에게 유리한 상황을 만들기 위한 도구이다. 소통은 단순한 언어나 말 이상의 의미가 있다. 어떤 경우에는 굳이 말이 필요 없이 문제를 해결할 수도 있다. 왜냐하면 소통 과정에서 이미 상대를 충분히 존중하고 있음을 보여주고 또한 상대가 이러한 진심을 이해한다면 불과 몇 마디 말로도 문제가 해결될 수 있는 것이다.

중국인들은 어떠한 경우에도 잘 사과하지 않는다. 따라서 우리는 이 점을 충분히 고려해야 한다. 중국인의 입장에서 사과란 본인의 입장에서 스스로의 실수나 부족함을 인정하는 것이며, 이는 자신의 권위를 상실하는 것을 의미한다. 중국인은 굳이 직접적으로 사과를 하지 않는다 하더라도 다른 방법을 통해 상대에게 유감을 전달할 수 있다고 생각한다. 중국에서는 회사나 기관의 대표들이 자신의 잘못을 공식적으로 인정하는 경우는 아주 드물다. 그들은 자신들의 잘못을 우회적인 방법을 통해 표현한다. 예를 들면 "내가 자네가 최고라는 걸 몰랐겠는가?" "다른 사람들의 반응을 보기 위함이었네" 등이 그것이다.

중국인은 매우 자주성이 강한 민족이다. 따라서 상대가 나를 대신하거나 제외하고 어떤 일을 결정할 경우 이를 매우 불쾌하게 생각한다. 반대로 자신이 결정을 한 경우에는 끝까지 책임을 지는 것이 일반적이다. 따라서 지혜로운 협상자라면 기회를 만들어서 중국인이 결정을 내리도록 해야 한다. 물건을 판매하는 데에 있어서도 상대에게 무엇을 선택할지 요구하지 말고 유도하여 스스로 결정짓도록 해야 한다. 적당한 기회를 봐서 상대에게 자문을 해준다면 상대 역시 자신의 생각을 당신에게 이야기할 것이다. 예를 들어 제품을 판매할 때 당신이 상대에게 고객의 수요에 따른 상품으로는 이런 것들이 있다고 한 뒤 각각의 특징을 설명한 후에 "선택하시겠습니까?"라고 이야기 하면 상대는 아니라고 하지 않을 것이다. 그러나 당신이 시작부터 제품에 대해 이야기한다면 상대는 제품이 적합하지 않다거나 가격이 너무 비싸다는 등의 이유로 당신의 제안을 거절할 것이다. 결국에는 가격이 너무 비싼 것도 아니고 제품이 적합하지 않은 것도 아니다. 바로 당신의 소통방법이 잘못된 것임을 깨달아야 한다.

2. 표현으로 알아보는 중국인의 비즈니스 마인드

중국인의 비즈니스 마인드는 과거의 역사, 문화와 함께 호흡하면서 개개인의 삶에 투영되어 있다. 그리고 현대의 중국인은 어느덧 자신도 모르는 사이에 스스로의 삶 속에 녹아 있는 그들 특유의 경제의식으로 무장되어 있다. 이를 우리는 중국인의 비즈니스 마인드라고 말할 수 있다. 다음은 중국인들이 생활 속에서 가장 많이 사용하는 비즈니스 관련 속담과 격언들로 중국인의 경제관념을 이해하는 데 도움이 될 것이다.

1) 먼저 정에 기대고 다음으로 상식에 기대며 마지막으로 법에 근거한다(合情合理合法)

중국인은 모든 비즈니스 사무 처리에 있어서 '合情合理合法' 원칙을 강조한다. 이 말을 굳이 해석하면 정에 따라, 이치에 따라, 또 법에 따라 문제를 해결한다는 의미이다. 그러나 엄밀히 말하면 중국인의 비즈니스에서 중요한 것은 바로 合情合理合法 이 순서라고 할 수 있다. 정→도리

→법, 법이 먼저가 아니라 상대방과의 감정상의 교류가 문제해결에 있어서 그 무엇보다도 앞선다는 것이다. 우리가 중국인의 소통방법에서 감정의 교류가 법보다 앞서 있다는 말을 한 것도 바로 이러한 合情合理合法 순서의 법칙이 작용하기 때문이다.

2) 좋은 일은 보고하고 나쁜 일은 보고하지 않는다(報喜不報憂)

중국인과 비즈니스를 하다 보면 정보가 누락되어 보고되는 경우가 비일비재하다. 한국인의 경우 사업의 맥락을 이해하기 위해 전체 과정을 속속들이 모두 다 알아야 한다고 믿는 것이 일반적이다. 그러나 중국인은 자신이 속한 기관이나 단체에 대한 충성심보다 개인 간의 꽌시나 네트워크가 더 중요하다고 믿는다. 또한 굳이 좋지 않은 소식을 전하면서까지 꽌시를 해치거나 분위기를 해칠 필요가 있을까라고 생각하는 것이 바로 중국인의 사고 구조이다. 물론 이 같은 방법이 옳다는 것을 의미하는 것은 아니나 이러한 중국인의 행동상의 특징은 반드시 이해해 두자.

3) 평소에는 염불을 하지 않다가 급해지면 부처님 다리를 붙잡고 늘어진다 (平时不烧香, 临时抱佛脚)

우리는 흔히들 중국 비즈니스에서 꽌시의 중요성을 입에 침이 마르도록 이야기한다. 그러나 꽌시란 결국 사람 간의 정에 기초해서 오랜 시간 형성된 믿음과 신뢰의 결과물이라 할 수 있다. 많은 한국 기업들이 중국에서 평소에 꽌시를 만드는 데 소홀하다가 막상 급한 일이 발생하고 난 뒤에 이리저리 꽌시를 찾는 경우가 있다. 중국 사람들은 낯선 사람들과 이야기하는 것을 싫어한다. 평소에 부처님을 찾고 공양드리는 연습부터 해야 되지 않을까? 일이 없을 때부터 자주 만나 식사하고 교류를 통해 신뢰관계를 쌓아야지 일이 생겼을 때 부탁할 수 있는 것은 인간사 불변의 법칙이라 할 수 있다.

4) 머나먼 곳에서 보내온 거위 털, 비록 선물은 가볍지만 그 뜻은 깊고도 깊다(千里送鹅毛礼轻情意重)

중국인은 처음 만나는 사람들에게 선물을 주는 것이 일반적이다. 가격에 상관없이 선물은 상대의 기분을 좋게 하고 서로 간의 경계를 허무는 데 긍정적인 역할을 한다. 흔히들 처음 만날 때 주는 선물을 '젠멘리(見面禮)'라고 하는데 말처럼 선물의 값어치보다는 그 속에 깊은 뜻이 담겨 있으므로 중국인을 처음 만날 때는 자그마한 선물이라도 정성된 선물을 준비하는 게 중요하다.

5) 긴 안목으로 전체를 바라본다(風物長宜放眼量)

중국인이 흥정을 할 때 자주 사용하는 일종의 설득 수단으로 특히 상대방이 눈앞의 이익을 고집하는 경우에 많이 사용된다. 중국인은 일반적으로 평소 교류가 없는 사람에 대해서는 강함 불신감을 가지고 있어서로 신뢰할 수 있는 관계를 형성할 때까지 충분한 시간을 들여야 한다. 이럴 경우 벽을 허무는 하나의 수단으로 '풍물장의방안량', 즉 상대방에게 먼저 장기적인 이익을 함께할 자신의 의지를 제시하여 상대방의 신뢰와 공감을 얻어 내는 것이다.

6) 지금이 아니면 기회는 없다(好得不如現得)

'호득불여현득'은 '풍물장의방안량'의 발상과는 반대되는 중국인의 현실화된 사고방식을 표현하는 말이다. 일방이 제시한 조건에 상대방이 너무 불만스러워 할 때 "이 기회를 놓치면 눈앞의 이익마저도 잃을 우려가 있다"라고 역설하는 것이다. 미래의 이익을 바라보고 줄곧 기다리기보다는 현재의 이익을 재빠르게 취하는 쪽이 낫다고 상대방에게 다그치는 셈이다. 근현대 중국 역사의 한 가지 뚜렷한 특징이 바로 급격한 사회변동인데 이런 급격한 사회변동 속에서 중국인들은 미래에 대한 정확한 예측이 불가능하였다. 따라서 이해관계에 대한 판단과 선택은 쉽게 식별이 가능한 현재에 무게 중심이 놓이게 되고 만사를 속전속결로 추진해 나가는 경향이 발생한 것이다.

7) 친형제 명산장(親兄弟, 明算帳)

친형제간이라도 계산은 분명하게 해야 한다는 의미의 중국 속담이다. 즉 아무리 가까운 사이일지라도 공과 사는 분명히 해야 한다는 중국인의 경제의식을 표현하는 대표적인 표현이다. 물론 중국인의 일반적인 사고에는 공과 사의 개념이 비교적 모호하고 개인 간의 정분에 이끌려 사업을 추진하는 경우가 비일비재하다. 따라서 이 말은 중국인의 법제화된 그리고 선진화된 의식을 표현하는 말이라고 이해하기보다는 맺고 끊는 상황하에서 중국인이 즐겨 쓰는 표현으로 이해하는 편이 더 나을 듯하다.

8) 일분전일분화(一分錢一分貨)

"싼 게 비지떡이다"라는 의미의 중국식 표현이다. 중국의 화폐단위는 원(元), 각(角), 분(分)으로 나뉘는데, 1원은 한국 돈으로 대략 160원에 해당되며, 1각은 16원, 1분은 1.6원에 해당한다. 즉 중국 돈으로 1분이라는 것은 매우 작은 화폐의 단위를 의미한다. 따라서 위의 표현을 직역하면 1분을 들여 구매한 물건은 1분의 값어치를 하게 마련이라는 것이다. 즉 무조건 값이 싸다고 좋은 것이 아닌 값어치에 맞는 구매를 강조하는 중국인의 경제의식을 대표하는 말이다.

9) 니불리재, 재불리니(你不理財, 財不理你)

"당신이 재물을 거들떠보지 않으면, 재물도 당신을 거들떠보지 않는다"라는 의미이다. 세상에 공짜는 없다. 어느 날 갑자기 하늘에서 돈이 떨어지는 경우도 없다. 중국인들은 재물을 모으는 것에 대해 적극적인 행동을 강조하였다. 당신이 재물을 거들떠보지도 않는데 하물며 재물이 저절로 당신 곁을 찾아가겠는가? 부를 창출함에 있어 개인의 적극적 노력과 관심을 강조하는 중국식 표현임을 알 수 있다.

10) 세상몰유면비적오찬(世上沒有免費的午餐)

"세상에 공짜 점심은 없다." 이 말은 아무런 노력이나 수고 없이 저절로 들어오는 복은 없다는 동서고금을 막론한 진리를 중국식으로 표현한 말이다. 중국에서는 이를 세상에 공짜 점심은 없다고 하며, 이와 유사한 표현으로 뚱뚱이는 한 입 먹어 된 것이 아니라는 뜻의 '반자불시일구흘적(胖子不是一口吃的)'이라는 표현도 있다.

11) 주향불파항자심(酒香不怕巷子深)

술맛이 좋다면 골목이 후미진 것을 두려워 마라. 물건이 좋으면 손님은 저절로 찾아온다는 뜻이다. 중국 특히 베이징은 전통적으로 체면을 중시해 왔다. 그래서 사업에 있어서도 불필요한 광고로 사람들을 홀리는 것은 군자가 행할 일이 아니라고 금기시해 왔다. 사업은 사업 본연에 충실하는 것이 가장 중요하고, 제품에 자신이 있다면 굳이 광고나 다른 활동을 할 필요가 없고 소비자들이 알아서 찾아준다는 것이다. 즉 겉으로 들어난 이미지가 아닌 실체가 중요하다는 의미의 비즈니스 표현으로 사용되는 대표적인 문구이다.

12) 화비삼가불흘휴(貨比三家不吃虧)

제품을 살 때 반드시 세 곳의 가격을 비교해야 손해를 보지 않는다는 의미이다. 중국인은 물건을 구매할 때 반드시 세 곳 이상에서 제품의 가격, 품질, 거래 조건을 비교한 후 구입해야 손해를 보지 않는다고 생각한다. 서양 사람들은 일반적으로 자신의 거래 파트너가 최선일 것을 가정하고 협상에 임하며 자신이 정해놓은 기준에 부합하면 바로 거래를 성사시킨다. 그러나 중국인은 상대가 아무리 좋은 가격을 제시한다고 하더라도 한 곳의 가격 제안만을 믿고 거래를 성사시키는 경우는 드물다. 바로 '화비삼가불흘휴'라는 격언이 존재하기 때문이다. 따라서 중국 업체와 거래할 때는 이 점을 반드시 명심하여야 한다. 중국과의 거래는 한두 번의 협상으로 쉽게 결정이 나지 않음을 직시하고 항상 상대가 다른 대안을 모색하고 있다는 가정 아래 긴 호흡으로 접근하는 태도가 필요하다.

13) 유전능사귀추모(有錢能使鬼推磨)

돈이 있으면 귀신에게 맷돌질을 시킬 수 있다. 돈만 있으면 귀신도 부릴 수 있다는 뜻이다. 돈이면 뭐든지 다 할 수 있다고 생각하는 중국인의 생각을 극단적으로 보여주는 예라고 할 수 있다. '유전능사귀추모'라는 말이 나오게 된 유래가 재미있어 특별히 다음과 같이 소개한다.

옛날에 채륜(蔡倫)이라는 사람이 종이를 발명하여 돈을 엄청나게 벌었다. 채륜의 형수 혜낭(慧娘)은 채륜이 종이로 성공한 것을 보고 남편을 설득하여 자신들도 종이를 만들어 팔자고 하였다. 하지만 그 부부가 만든 종이의 질이 너무 떨어져서 아무도 사려고 하지 않았다. 그러던 어느 날 비즈니스 마인드가 뛰어났던 혜낭은 남편을 시켜 관을 사오게 하였다. 그리고 남편에게 아침에 곡을 하라고 한 다음 자신은 스스로 관에 누워 사람들이 오기를 기다렸다. 이내 사람들이 모이자 혜낭은 관을 박차고 벌떡 일어나 모여 있던 이웃들이 깜짝 놀랐다. 이에 혜낭이 말하길 "내가 염라대왕 앞에 갔는데 염라대왕이 내게 맷돌질을 시키더라고. 그래서 한참 맷돌질을 하고 있는데 우리 남편이 태운 지전이 올라오는 게 아니겠나. 알고 보니 우리가 만든 종이가 하늘에서 돈으로 쓰이는 거야. 나야 돈이 많으니까 그 돈으로 다른 사람에게 맷돌질을 시켰지 뭐." 이 일이 발생한 후 이웃들은 그 말이 사실인 줄 알고 장례식이 있을 때마다 혜낭이 만든 종이를 사러 왔다. 죽은 사람이 하늘에서도 고생하지 않길 바라는 중국인의 마음을 읽은 혜낭은 그 후로 큰 부자가 되었고 이 속담은 돈과 관련한 중국인의 내면을 살펴볼 수 있는 대표적인 이야기가 되었다.

14) 산고황제원(山高黃帝遠)

산은 높고 황제는 멀다. 이 말은 중국이라는 나라의 특성상 땅덩어리가 워낙 크기 때문에 중앙정부의 힘이 닿지 않는 곳이 많다는 것을 의미하는 말이다. 이는 역설적으로 중국 비즈니스는 중국의 지역적 특성을 잘 고려하여 중앙정부의 정책과는 별개로 지방의 특색에 맞게 진행해야 한다는 말이다. 중국은 역사적으로 중앙정부의 권위가 지역 곳곳까지 내려가지 못하는 경우가 많았고 이는 현대에도 하나의 전통처럼 남아 있다. '상유상책, 하유하책(上有上策, 下有下策)', 즉 위에는 위의 정책이 있다면 아래에는 아래 나름의 대책이 있다는 중국의 속담처럼 중국을 통일된 중앙집권적인 국가로 보는 것은 중국을 객관적으로 보지 못하는 것이다.

15) 천시지리인화(天時地利人和)

중국 사람들은 '천시지리인화'가 비즈니스 성공의 삼대 요소라고 말한다. 즉 중국인들이 행운·조건·실력의 조화로움을 사업 성공의 으뜸으로 표현할 때 주로 쓰는 말이다. 천시지리인화란 하늘이 내려준 좋은 때가 있고, 우월한 지리적 이점이 있으며, 사람들 간에 화목하고 조화로움이 있으면 매사에 아무런 문제가 없다는 뜻이다. 중국에서 회사를 설립하거나 외국계 회사들이 중국 내수시장을 개척할 때 '천시지리인화'라는 이 세 가지 요소는 사업 진행의 기준점이 된다. 중국인은 이 세 가지 요소 중 어느 한 가지가 부족해도 사업이 성공하기 어렵다고 생각한다. "여기서 회사를 설립하고 적당한 아이템으로 경영하면 돈을 벌 수 있습니다"라고 이야기하는 사람에게 마지막으로 "천시하고, 지리하며, 인화합니까?(天時地利人和嗎)"라고 반문하는 것이 바로 중국 비즈니스 시작의 첫걸음이다.

16) 저조작인, 고조작사(低調作人, 高調作事)

직역을 하면 음조가 낮은 인간이 되고, 높은 음조로 일을 한다는 뜻이다. 즉 겸손하게 처세하고 올바른 사람이 되며, 높은 요구 조건과 기준으로 최선을 다해 일을 해야 한다는 의미이다. 중국인들이 일을 대하는 사람의 자세에 관한 비유를 할 때 많이 쓰는 표현이다. 드러나지 않는 곳에서 낮은 자세로 일을 하고 보이지 않는 곳에서 최선을 다해서 일을 하는 것은 인내를 자신들의 주요한 특징으로 삼는 중국인들의 기본적인 근로관이라고 할 수 있다.

17) 입향수속(入鄕隨俗)

어느 마을에 가면 그 마을의 풍속을 따라야 한다. 로마에 가면 로마법을 따라야 한다는 의미의 중국식 표현이다. 중국에서 지역별 문화와 전통을 이해하고 그들과 호흡을 맞추는 것은 중국 비즈니스 성공의 첫걸음이라 할 수 있다. 중국에서 사업에 성공한 사람들은 하나같이 현지인들의 문화를 이해하고 중국인들과 스스럼없이 잘 어울리며, 남의 장점을 취하고 자기의 단점을 보완하는 사람이다. 특히 중국에서 현지화 전략이 중요하다는 것은 많은 다국적 기업의 중국 진출 성공과 실패 사례에서 쉽게 알 수 있다. 따라서 로마에 가면 로마법에 따르듯이 베이징에 가면 베이징 법에 따라야 한다.

18) 선고후락(先苦後樂)

직역하면 먼저 고생하면 나중에 즐겁다는 의미이다. 우리가 잘 쓰는

'지성이면 감천이다' '고진감래'라는 말과도 의미가 통한다. 중국 사람들은 협상을 할 때 먼저 어려운 문제를 꺼내어 상대방이 지치기를 유도하는 경향이 있다. 즉 핵심 쟁점이 아닌 내용으로 협상을 지연하고 상대방이 지쳤다고 생각되면 핵심 문제를 토론하는 것이다. 이는 역설적으로 처음에는 비록 어렵지만 중국에서 사업의 기반을 잘 다져둔다면 그 이후에는 안정적인 기반에서 사업을 할 수 있다는 의미가 된다. 중국 비즈니스에는 그 어떤 지역보다도 긴 호흡이 필요하다. 고생할 각오를 하고 중국이라는 바다에 뛰어든다면 그리고 포기하지 않는다면 그 열매는 무엇보다도 달콤할 것이다.

19) 허장성세(虛張聲勢)

실속은 없으면서 큰소리치거나 허세를 부린다는 뜻으로 중국인들이 자신의 결점을 감추기 위해서 허세를 부리는 것을 말한다. 중국 사람들은 때때로 자신의 연줄을 앞세우고 정관계 거물을 동원하여 협상에 임함으로써 자신의 권위를 확보하고 사업을 원활히 하려는 시도를 하기도 한다. 흔히들 중국식 꽌시에 능한 사람들 또는 꽌시의 중요성을 인지하는 사람들이 즐겨 쓰는 비즈니스 전술이라고 할 수 있다. 중요한 것은 그 사람이 정말로 큰 소리를 칠 만큼의 꽌시나 실력을 가지고 있는 것인지 아니면 허풍에 불과한 것인지 이것을 구별할 수 있는 능력이다.

제4장

중국인의 대표 협상술 36계

중국의 대표적인 병법서인 36계는 고금을 막론하고 중국 비즈니스의 정수라 할 만한 내용으로 가득하다. 원래 36계는 병법의 전술 36가지를 여섯 가지 상황에 따라 나눈 것이다. 시기는 분명하지 않으나 5세기까지의 고사를 17세기 명말청초까지 수집하여 만들어진 것으로 알려져 있다. 여러 시대에 걸친 이야기와 교훈이 들어 있어 세계적으로 유명한 손자병법만큼 병법서로 그리고 경영전략서로 많이 인용되고 있다.

36계의 구체적 내용들은 손자병법의 이일대로(以逸待勞), 전국책(戰國策)의 원교근공(遠交近攻), 두보시(杜甫詩)의 금적금왕(擒賊擒王), 삼국지연의(三國志演義)의 고육계(苦肉計), 미인계(美人計) 등에서도 중복해서 나오는 것으로 보아 어느 한 사람이 지은 것으로 볼 수 없고, 어느 한 시대에 이루어진 것도 아님을 알 수 있다. 중국에서 예전부터 전해지는 병법의 정수를 모은 책이긴 하나 다른 병서에 비해 늦게 나오고 경서나 사서와 같이 정통으로 취급받지 못했기 때문에 정식으로 출판된 적은 없다.

중국인은 과거를 통해 현재를 재조명하는 경향이 있다. 중국 지도자들이 과거 중국의 시나 명문을 인용하여 현실 정치에 반영하는 것도 이러한 이치이고, 중국 비즈니스 또한 마찬가지이다. 현재 보편적으로 활용되고 있는 중국 비즈니스의 규율들은 36계를 비롯한 고전의 교훈을 기반으로 하고 있다. 따라서 36계를 이해하는 것은 중국인의 비즈니스 방법과 철학을 이해하는 가장 쉽고도 빠른 길이라고 할 수 있다. 다음은 36계의 의미와 해설이다.

1. 제1장 승전계(勝戰計)

: 아군이 승리할 수 있는 조건이 충분히 구비되었을 때 취하는 전략이다.

제1계 만천과해(瞞天過海): 하늘을 속여 바다를 건너다.

해설 상대방이 눈치채지 못하게 일을 도모한다. 은밀하게 내일을 준비한다.

이 경우는 중국에 진출하고자 하는 외국계 기업들이 외면의 모습만을 중요시했지 실제적인 면을 간과해서 피해를 본 경우에 많이 해당된다. 1978년 중국이 개혁개방을 실시하자 수많은 다국적 기업들이 중국 진출을 고려하였다. 중국 정부도 외국계 자본을 유치하기 위하여 다양한 방법을 활용하고 있었다. 문제는 이 과정에서 사기 사건도 많이 발생했다는 점이다. 예를 들어 보자. 외국의 한 기업이 중국 투자를 위해 중국 측 컨설팅 업체의 안내를 받아 투자 예정 지역을 방문하였다. 일정에 따라 해당 지역 시 정부 관계자들과 미팅도 하고 식사도 하고 개발 예정된 지역을 직접 둘러보기도 하였다. 직접 눈으로 보고 확인한 사실이어서 의심의 여지없이 중국 투자를 결정하였다. 그러나 후에 밝혀진 사실은 이것이 중간의 중국 소개 업체의 사기극이었다는 사실이다. 과거 개혁개방 초기 중국의 각 지방 정부는 외국 자본을 유치하기 위해 어떤 업체와의 만남도 마다하지 않았다. 특히나 개발이 예정된 지역은 누구에게도 오픈되어 있어서 정부 관계자와의 미팅 그 자체로 투자에 대한 공신력이 담보되지는 않았다. 중국 업체는 이 사실을 사전에 간파하고 마치 지방 정부가 나서서 투자를 유치하는 것처럼 일을 꾸몄던 것이고 이 외국 업체는 중국 사정을 전혀 알지 못한 채 겉모습만을 보고 중국 시 정부의 보증이 있는 것으로 판단하여 결국에는 상당한 대가를 치를 수밖에 없었다.

제2계 위위구조(圍魏救趙): 조나라를 구하기 위해 위나라를 포위한다.

해설 적의 약점을 공격해서 지배한다. 때로는 정면공격보다 우회하는 것이 승산이 높다.

이 전략은 중국 기업이 외국 기업과의 협상에 자주 사용하는 전략 가운데 하나이다. 미국의 대기업과 후난성에 본사가 있는 중국 기업이 중요한 프로젝트를 두고 협상을 시작하였다. 협상 마감을 얼마 남겨 놓지 않은 시점이었지만 쌍방은 여전히 합의점을 찾지 못하였다. 이때 중국 측은 상대방에 점심 식사를 제안하였다. 협상 장소 근처의 후난 요리 식당을 예약해 두었으니 협상은 잠시 제쳐두고 먼저 식사를 하자는 것이었다. 미국 회사는 중요 쟁점에 대해 아직 합의를 보지 못했으니 협상을 마무리하고 식사할 것을 주장하였다. 그러나 중국 측은 식사가 이미 준비되어 있고 비용도 지불했다고 하면서 재차 식사를 권유하였다. 미국 측으로서도 결례를 범하지 않기 위해서 어쩔 수 없이 식사 자리에 응하였다.

그런데 점심 식사 자리는 생각처럼 그렇게 간단하지 않았다. 온갖 음식이 풍성하게 차려지고 술과 향응이 제공되었다. 미국 측은 코스 요리에 폭식을 하고 바이주를 연거푸 몇 잔 마신 후에야 협상장으로 돌아올 수 있었다. 그들은 협상 테이블에 다시 돌아와 몽롱한 정신 상태에서 남은 문제들에 대한 자기들의 입장을 관철시켜야 했다. 그러나 중국 측은 이미 이러한 상황에 만전을 기하고 있었다. 중국 측은 돌아가면서 적당히 술을 마셨던 것이다. 협상은 다시 시작되었다. 협상의 관건이 되는 사안 앞에 중국산 독주에 취해 의사 분별력이 떨어진 미국 회사의 대표와 이 상황을 미리 대비한 중국 회사 사이의 협상 결과가 어떻게 되었는지는 불문가지이다.

제3계 차도살인(借刀殺人): 남에게 빌린 칼로 죽인다.

해설 남의 자원을 이용해서 목적한 바를 이룬다. 직접 나서는 것은 초보자의 방법이다.

중국인의 가장 큰 특징은 바로 꽌시, 즉 다른 사람과의 네트워크를 중요시한다는 것이다. 이러한 꽌시는 자신들이 믿을 수 있는 중간 소개자에 의해 끊임없이 확대 재생산된다. 내가 믿을 수 있는 사람과의 꽌시는 나의 꽌시의 영역에 포함되며, 중국인은 이 같은 자신의 꽌시를 적극적으로 활용한다. 이는 다른 사람의 자원을 활용하는 것이 더욱 효과적이고 직접적이라는 사실을 잘 알기 때문이다. 또한 직접적으로 나서서 문제를 해결할 경우 만일 여의치 않게 되면 해결방법이 만만치 않다. 따라서 중국인들은 간접적인 방식으로 문제해결을 선호하는 편이다.

제4계 이일대로(以逸待勞): 적이 지칠 때까지 편안하게 기다려라.

해설 인내를 갖고 적을 지치게 만들어라. 때가 올 때까지 기다려라.

중국인과 협상을 하게 되면 이일대로 전술에 신경을 써야 한다. 일반적으로 중국인은 외국인과의 협상을 자국에서 진행하는 것을 선호한다. 이유는 상대방에게는 출장 기간 동안 반드시 성과를 내야 하는 책임이 있는 반면에 출장은 시간적으로 제한이 있기 때문이다. 만약 어떤 사람이 3박 4일 일정에 맞추어 베이징 출장을 왔다고 가정해 보자. 중국 측은 첫째 날 둘째 날 대부분을 식사와 관광 위주로 손님을 맞이할 것이다. 이는 낯선 사람과 대화를 잘 하지 않는 중국인의 특성도 반영한 것이지만 이와 더불어 상대방이 시간에 쫓기게 된다면 자신들이 원하는 결과를 얻을 수 있다는 것을 누구보다도 잘 알고 있기 때문이다. 이를 비즈니스에 활용해 본다면, 우리도 중국인과의 협상을 우리나라에서 진행하도록 만드는 것이 어떨까 하는 생각이 든다.

제5계 진화타겁(趁火打劫): 불 난 틈을 타서 훔쳐라.

해설 적이 혼란스러울 때를 적극 이용하라. 기회가 왔을 때는 벌 떼처럼 공격하라.

이 비즈니스 전술은 홍콩 제일의 재벌인 리자청 회장의 사업 신조로 유명하다. 흔히들 세상에서 가장 재미난 구경거리가 바로 불구경이라고 한다. 많은 사람들은 주변에 불이 나면 단지 불구경에 정신이 팔릴 뿐 이것이 자신에게 어떠한 기회가 되리라고는 생각하지 못한다. 그러나 홍콩 최고의 재벌인 리자청 회장의 생각은 조금 달랐다. 그는 불이 났다는 것은 그 사람의 약점이 구체적으로 드러난 가장 위기의 순간임을 의미함으로 이 기회를 적극적으로 활용하여 사업적 기회를 포착해야 한다고 믿었다. 실제 리자청 회장은 1970년대 영국의 경제 위기 때 매물로 나온 영국 기업을 인수한 최초의 홍콩 기업가로 유명하며, 1998년 동아시아 금융위기와 2008년 글로벌 금융위기 때 공격적인 매수전략으로 사업적 기회를 확장한 것으로 유명하다.

제6계 성동격서(聲東擊西): 서쪽을 공격하기 위해 동쪽에서 속임수를 쓴다.

해설 적의 지휘 계통을 혼란스럽게 하고 적을 현혹시켜라. 상대방의 주의를 다른 곳으로 유도하라.

미국의 무역 협상 팀이 과거에 자주 썼던 협상 전략 중 대표적인 것이 바로 성동격서이다. 사실 문제의 핵심은 미국의 무역 적자 문제였지만 미국이 협상 테이블에서 꺼낸 주요 이슈는 중국에서의 미국의 지적 재산권 보호와 중국의 인권 문제였다. 미국은 타이완이나 한국에서도 지적 재산권이나 인권 문제가 존재함을 인식하였지만 중국과 협상할 때는 유독 이 문제를 핵심 이슈로 격상시켰다. 당연히 미국의 이러한 요구는 중국의 입장에서 받아들일 수 없었다. 그러나 이 상황은 미국이 중국으로부터의 수입에 제재를 가하는 구실로 사용되었다. 미국 협상 팀은 미국의 무역 적자 문제를 해결하기 위해서 협상 테이블에서 위와 같은 일련의 문제들을 제기하고 그것을 계속 밀어 붙임으로써 중국으로부터의 수입을 제한하고자 하는 본래의 목적을 달성했다. 중국의 기업들도 성동격서 전략을 아주 능숙하게 구사한다. 표면적으로 제기하는 어떠한 이유가 알고 보면 자신들의 목적을 달성하기 위한 미끼임을 깨닫는 경우가 종종 있다. 상대방을 쉽게 의심해서도 안 되지만 맹목적인 믿음의 결과는 참혹하다는 사실도 명심하여야 한다.

2. 제2장 적전계(敵戰計)

: 아군과 적군의 세력이 비슷할 때 기묘한 계략으로 적군을 미혹시켜 승리를 이끄는 작전이다.

제7계 무중생유(無中生有): 무에서 유를 창출하라.

해설 구체적이지 않은 것을 현실적인 것으로 만들어라. 없어도 있는 것처럼 보여라.

1988년 중국 정부는 하이난다오(海南島)를 광둥성(廣東省)에서 독립시켜 특별 경제 구역으로 만들었다. 그 당시 중국의 언론에는 하이난다오가 중국 내 미래 비즈니스 기회의 중심이 될 것이라는 온갖 선전으로 떠들썩했다. 실제 하이난다오는 내일의 홍콩으로 알려져 있었고 멋진 모래 해변 덕에 동양의 하와이로 통했다. 하이난다오가 성급으로 격상되어 특별 경제 구역이 된다는 선전을 워낙 크게 하다 보니 중국인들에게 과거 미국의 서부 열풍처럼 하이난다오 광풍이 몰아닥쳤다. 중국 전역에서 대학 졸업자들이 아직 있지도 않은 일자리를 찾아 하이난다오로 몰려들었다. 하이난다오를 특별 기술지구와 제조, 관광, 그리고 산업지구로 발전시킨다는 계획은 있었지만 그에 따라 인재가 몰리지 않으면 계획이 물거품이 되는 것은 자명한 도리였다. 그러나 수많은 무역업자들과 비즈니스맨들이 미래에 대한 기대와 희망에 부풀어 하이난다오로 몰려들었기에 하이난다오는 경제 개혁의 거대한 실험실이 될 수 있었다. 결과적으로 하이난다오는 비약적으로 발전했고 많은 젊은이들은 자신들이 원하는 일자리를 손에 넣을 수 있었다.

제8계　암도진창(暗渡陳倉): 한 방향으로 공격하는 척하면서 실지로는 다른 방향으로 나아간다.

(해설) 한 방향으로 공격하는 듯 적의 관심을 끌면서 적이 대비하지 못한 다른 방향을 공격한다. 허위 정보를 누설하여 역으로 이용하라.

암도진창은 문제의 핵심을 일부러 은폐 또는 기만하여 상대방의 실수를 유도하는 방법이다. 1990년대 말에 중국에서는 MS사의 오피스 프로그램의 불법 사용으로 문제가 떠들썩한 적이 있었다. 어느 날 MS사는 공식적으로 중국 정부가 불법 오피스 사용을 묵인하는 것은 아닌지에 관해 의문을 표시했다. 이에 대한 중국 정부의 반응은 MS사의 예상과는 정반대였다. 즉 앞으로 중국 국민들은 가능하면 리눅스사의 제품을 사용하라는 것이었다. 중국 정부의 의도는 중국 내 불법을 관용적으로 인정하기보다는 합법적인 테두리에서 프로그램을 사용하되 MS사처럼 노골적인 중국에 대한 요구에는 단호함을 보여주기 위함이었다. 결국 MS 사는 자신들의 중국 정책이 잘못되었음을 인정하고 정품 프로그램을 합리적인 가격대로 중국인이 수용할 수 있도록 제공함으로써 중국인과 중국 정부와의 합리적인 교감을 추구하게 되었다.

제9계 격안관화(隔岸觀火): 강 건너 불구경 하듯이 하라.

해설 상대방이 스스로 자중지란에 빠지게 하고 자신은 은밀히 관찰한다. 그리고 나중에 지친 상대방을 패배시킨다. 상대방에 내분이 일어나면 관망하라.

앞에서 언급한 진화타겁이 불난 틈을 타서 훔쳐서라도 상대방의 약점을 적극적으로 활용한 전략이라면 격안관화는 상대방의 약점을 그대로 활용해도 정치적 또는 사업적 기회를 얻을 수 있다는 이야기이다. 한국과 중국의 많은 기업들이 기업 외부의 요인이 아닌 기업 내부의 요인 때문에 위기 상황에 빠지는 경우를 종종 보게 된다. 경영권을 둘러싸고 형제간의 갈등이 심화되어 결과적으로는 상대 국가와 기업에 시장의 점유율과 기회를 제공하는 경우가 바로 그러한 예라고 할 수 있다.

제10계 소리장도(笑裏藏刀): 웃음 속에 비수를 감추어라.

해설 상대방이 마음을 놓고 당신의 적개심을 눈치채지 못하도록 친절하게 대하라. 비장의 무기는 웃음으로 감추어라.

버락 오바마 전 미국 대통령의 대북정책을 비유하면서 많이 사용된

전술이 바로 소리장도이다. 즉 대북정책에 있어서 온건한 이미지로 미소를 보여주지만 이 이면에는 칼을 감추고 있다는 의지를 비침으로써 미국이 북한의 핵개발 정책이 도발로 이어지지 않도록 하겠다는 방침이었다. 온건함을 바탕으로 대화 국면을 유도하되 상대방의 오판이 있을 경우 적극적인 개입을 하겠다는 이야기인데 결과적으로는 성공하지 못한 전술이라는 평가를 많이 받고 있다. 왜냐하면 북한의 핵개발은 지속적으로 진행이 되어 한반도의 위기 상황은 고조되었고 반면 한반도의 평화 정착은 과거에 비해 의미 있는 진전을 이루어내지 못했기 때문이다.

제11계 이대도강(李代桃僵): 배를 위해 오얏을 희생시켜라.

(해설) 더 중요한 것을 얻기 위해서 상대적으로 덜 중요한 것을 희생시켜라. 작은 손실로 결정적인 승리를 유도하라.

비즈니스에서 더 큰 것을 얻기 위해서 때때로 상대에 덜 중요한 것을 내어 줄 필요가 있다. 모든 것을 혼자 가질 수는 없다. 국가안보와 경제이익이 충돌할 때 국가안보를 지키기 위해서 경제이익을 일부 포기하는 것이 일반적이다. 흔히들 사업을 거래라고 하는 이유도 나 혼자 모든 것을 독식할 수는 없기 때문이다. 성공적인 비즈니스란 줄 때 주더라도 내가 가지고자 하는 핵심 이익을 어떻게 확보하느냐가 중요한 문제이다.

제12계 순수견양(順手牽羊): 가는 길에 양을 끌고 간다.

(해설) 기회가 왔을 때 상대방의 부주의나 무능을 최대한 이용하라. 아무리

작은 이득이라도 묵과하지 말라.

외국 비즈니스맨들이 중국과의 계약에서 흔히들 범하는 실수가 그들이 서명한 내용을 충분히 이해하지 못하면서 의향서나 계약서에 서명을 하고 돌아가는 경우이다. 가끔은 무슨 내용이 포함되었는지도 모르면서 중국어로 작성된 합의서에 서명하기도 한다. "우리는 중국 측 파트너를 믿습니다. 왜냐하면 우리는 관계가 아주 좋기 때문입니다. 그들은 우리를 수없이 많은 연회로 초대했고, 그 과정에서 우리가 단 한 번도 비용을 부담하지 못하게 했거든요." 많은 외국의 비즈니스맨들이 이런 이야기를 하곤 하는데 이것이 바로 자신들의 무능이나 부주의를 의미하는 것임을 정작 본인들은 전혀 깨닫지 못하고 있다.

3. 제3장 공전계(攻戰計)

: 자신을 알고 적을 안 다음 계책을 모의하여 적을 공격하는 전략이다.

제13계 타초경사(打草驚蛇): 풀을 두드려 뱀을 놀라게 한다.

(해설) 상대방에게 자기 측 의도나 상황에 관한 정보를 누설하지 말라. 상대방의 본심을 드러내도록 하라.

2017년 초 북한의 핵무기 개발로 인한 한반도 위기 상황에 대해 일본 정부와 언론매체들의 호들갑은 유별났다. 일본 정부는 한국 여행을 조심하고 최신 정보를 접하면서 비상연락망을 유지하라고 자국민에게

권고했다. 일본 방송들은 평양 현지를 연결해 북한 분위기를 시시각각 전하고 여당인 자민당 내에서는 한국에 거주하는 자국민의 안전대책을 마련하라는 요구까지 있었다. 그런데 일본의 이러한 움직임의 속내는 북핵 위기와 한반도 무력 충돌 가능성을 고조시켜 군비를 증강하고 제2차 세계대전 이후 묶여 있던 전쟁이 가능한 나라로의 변화를 모색하고자 하는 것이다. 타초경사는 의미 그대로 주변 풀을 두드려 뱀을 놀라게 한다는 뜻인데, 이 계책은 기본적으로 적의 속셈을 미리 알아내 대비하고자 할 때 사용한다. 일본은 여기서 한 걸음 더 나아가 국내 문제를 푸는 데에 한반도 긴장을 적극적으로 이용하고 있는 셈이다.

제14계 차시환혼(借尸還魂): 죽은 사람의 시체를 살려 일으키다.

해설 자신의 목적을 달성하기 위해 죽은 것을 이용하다. 대책 없는 모험은 피하라.

외자를 유치하거나 중국 내 합작 법인 설립을 유도하는 중국의 정책은 죽은 시체에 새로운 생명을 불어넣는 대표적인 전술이다. 이것을 통해 이익을 보게 되는 것은 바로 비효율과 낮은 품질 기준으로 악명 높은 중국의 국유기업들이다. 합작 법인은 대개 일정 기간 동안 반드시 존립하도록 되어 있는데 그 기한이 끝나면 중국 국유기업들은 투자된 자본뿐 아니라 그 투자 기간 동안 훈련된 인력, 이전된 기술과 경영 기법 등의 이익을 챙기고서 합작 법인을 떠나게 된다. 많은 외국계 기업들이 중국에 진출해서 이렇게 자신들의 자본과 기술을 잃고서야 중국 땅을 떠나게 되는 경우도 빈번하게 볼 수 있다.

第15계　조호이산(調虎離山): 호랑이가 자기 산을 떠나도록 유인하라.

(해설) 적으로 하여금 자신의 가장 강한 요소를 버리도록 유도하라. 어려운 상대는 끌어내라.

1970년대 초 미국의 키신저와 닉슨이 중미 양국 간의 국교 정상화를 위해 중국에 왔을 때의 일이다. 그들은 중국에 도착하고서도 도대체 언제쯤이나 마오쩌둥을 만나게 될지 알 수가 없었다. 키신저와 닉슨은 댜오위타이 영빈관에서 무작정 마오쩌둥의 호출을 기다리고 있었다. 그러던 와중에 갑자기 영빈관이 술렁거리면서 홍치(紅旗) 리무진이 도착하였고 키신저와 닉슨은 마오쩌둥이 즉시 그들을 만나고 싶어 한다는 통보를 받았다. 그들은 중난하이에 있는 마오쩌둥에게로 안내되었다. 마오쩌둥은 자신의 호랑이 굴에서 그들을 맞이하였다. 적진에서 협상하는 것은 언제나 불리한 법이다. 그러므로 협상을 공평한 장소에서 진행하기 위해 호랑이가 자기 산에서 나오도록 유인하는 방법을 찾아내는 것이 아주 중요하다. 중국 사람들이 왜 비즈니스 미팅을 자국에서 하려고 고집하는지 조호이산 계략을 통해 충분히 유추해 볼 수 있다.

第16계　욕금고종(欲擒故縱): 더 큰 것을 잡기 위해 일부러 놓아 주어라.

(해설) 적을 너무 궁지에 몰아 결사적으로 반격하지 않도록 하라. 상대방의 마음을 잡아라.

욕금고종은 대어를 낚으려면 짐짓 풀어줘야 한다는 뜻이다. 이 전략은 완급조절이 핵심이다. 너무 심하게 몰아붙이면 적이 반대로 달려들기 십상이다. 그래서 적이 도망가도록 만들어 그 기세를 약하게 해야 한다. 추격도 해야 하지만 적을 너무 바짝 쫓아서도 안 된다. 2000년대 연 평균 6퍼센트대 중(中)성장 단계에 접어든 중국으로서는 동북아의 맹주를 자처하기 위해서 경제력 쇠퇴를 용납할 수 없는 입장이다. 결국 시진핑 주석은 2017년 중미 정상회담 후 불과 나흘 만에 트럼프 대통령에게 전화를 통해 북핵 위기 인식을 공유했다. 대립보다는 협력을 선택하며 일정 수준의 대북압박을 강화하는 모양새를 취해 어느 쪽과도 절체절명의 갈등을 유발하지 않겠다는 뜻으로 이해된다.

제17계 포전인옥(抛磚引玉): 옥을 얻기 위해 벽돌을 던진다.

(해설) 큰 것을 얻기 위해 미끼를 사용하라. 작은 미끼로 큰 이득을 도모하라.

홍콩 재벌 리자청의 예를 살펴보자. 오랜 시간 동안 리자청은 중국에 투자하지 않았다. 그의 투자는 대부분 홍콩에서 이루어졌으며 나중에 캐나다에도 투자를 했지만 정작 중국에는 하지 않았다. 그는 중국이라는 큰 시장을 얻기 위해서 준비하고 또 준비하였다. 그의 첫 행보는 기부로부터 시작되었다. 그는 주로 학교에 기부를 했다. 많은 중국 대학의 도서관과 체육관을 자신의 기부를 통해서 진행하였다. 언제나 호의와 친선의 이름으로 장식하였고, 중국인들은 이 홍콩의 사업가를 인자한 그리고 베풀 줄 아는 따듯한 사업가로 생각하였다. 1989년 6·4 천안문 사건이 발생하자 홍콩의 다른 재벌들은 중국을 소리 높여 비난하기 바빴지만 리자청은 한마디도 하지 않았다. 중국 경제가 완전히 회복되어 1990년대에 들어와 붐이 일어나자 1989년 여름 그렇게 중국을 비난했던 기업가들이 중국에서의 사업 기회를 얻기 위해 다방면의 노력을 다하고 있을 때 리자청은 이미 중국에서 존경을 받는 위치에 서 있었다. 1994년 그는 때가 왔다고 판단했다. 유명한 창안가와 베이징의 최고의 번화가인 왕푸징을 마주 보고 있는 베이징 중심의 재개발 사업에 참여를 신청했다. 베이징 시 정부는 미국의 패스트푸드 체인점인 맥도날드가 차지하고 있는 베이징 호텔 건너편 일부 지역을 제외하고는 사업 개발권을 모두 그에게 주었다.

그러나 리자청은 자기 방식을 고집했다. 그로서는 지금까지 그렇게 많이 중국에 기부를 해왔으니 이제야말로 옥을 찾아올 때라고 판단했던 것이다. 그는 "맥도날드가 차지하고 있는 그 땅을 가질 수 없다면 중국에 한 푼도 투자할 수 없다. 그리고 친구로서 자신의 체면을 세워 달라"라고 베이징 시 정부 당국에 요청했다고 한다. 마침내 베이징 시 당국은 맥도날드를 압박하여 그들의 20년 사용 계약을 수정하기에 이르렀다. 리자청은 과거 그가 베풀었던 자선과 기부를 이용해서 모두들 불가능하다고 생각했던 것을 마침내 얻어냈다.

제18계 금적금왕(擒賊擒王): 적을 칠 때는 우두머리부터 먼저 잡아라.

해설 사람을 잡으려면 그가 탄 말을 먼저 쏴라. 승부는 최후의 일각까지 가봐야 아는 것이고 핵심을 장악하는 자가 최종적으로 승리하는 자이다.

2016~17년 한중 간의 최고의 화두는 사드 배치로 인한 양국 관계의 경색이다. 중국은 한국의 사드 배치에 대해 한국행 관광 상품의 중국 내 판매 금지 조치와 중국 내 한국 제품의 영업 환경, 마케팅 전략 등을

문제 삼아 불매운동을 유발하는 비공식적인 최고의 제재에 나섰다. 이는 할 수 있는 최고의 제재를 통해 자신들이 원하는 결과를 얻고자 하는 금적금왕 전술의 일부라고 할 수 있다. 이는 미국의 입장에서도 마찬가지이다. 도널드 트럼프 대통령은 집권 이후 대북 정책을 180도 전환했다. 취임 후 김정은 북한 노동당 위원장의 제거 작전까지 직접 언급하였다. 적을 사로잡으려면 우두머리부터 잡아야 한다는 금적금왕 전술에 방점을 찍은 셈이다. 그는 실제 항공모함 칼빈슨 호를 한반도 주변에 배치해 군사적 긴장감을 높이고 북한을 향해 오판하지 말라는 경고를 직접 날렸다. 이와 함께 중국을 압박해 시진핑 주석으로부터 대북제재 강화를 검토할 수 있다는 답을 얻어냈다. 금적금왕 전술을 통해 원하는 것을 얻은 사례라고 할 수 있다.

4. 제4장 혼전계(混戰計)
: 적이 혼란한 와중을 틈타 승기를 잡는 전략이다.

제19계 부저추신(釜底抽薪): 솥 밑의 타는 장작을 제거하라.

해설 적을 공격하기 전에 그 자원을 먼저 고갈시켜라. 근본적인 원인을 제거해서 재발을 방지하라.

비즈니스에 정해 놓은 시한이 있다는 것을 중국 측이 알게 되면 싸움의 반은 이미 끝난 것이다. 그저 시간을 끌면서 상대방을 몰면 외국 기업 스스로 자신이 정한 마지노선 때문에 자충수를 두게 된다. 일례로 어는 미국 기업이 중국 측에 언제까지 생산이 정상화되기를 바란다고 말했다. 중국 측은 바로 그때부터 계약 조건들에 한 치의 양보도 하지 않았다. 그리고는 지금 사업과는 아무 관련이 없는 표준 중국어 계약서 초안을 미국 측에 전달하였다. 미국 측이 그 서류에 대해 어떻게 된 것이냐고 묻자 중국 측은 팔짱을 낀 채 만약 미국 측이 스스로 정해 놓은 시간 계획대로 생산을 개시하기를 원한다면 그 초안을 받아들여야 한다고 하였다. 미국 측은 깜짝 놀랐지만 때는 이미 늦었고 어쩔 수 없이 중국 측의 요구를 받아들여야만 하였다.

제20계 혼수모어(混水摸漁): 물이 혼탁할 때 손을 뻗어 고기를 잡는다.

해설 혼탁한 물에서는 고기가 방향을 잃고 당황하게 된다. 따라서 쉽게 잡을 수 있다. 혼란스럽고 공포스러운 상황을 조성하라. 적은 이 상황에 대처할 만큼 정확히 사태를 파악하거나 깊이 생각할 수 없게 된다.

혼수모어는 적의 내부를 혼란시켜 전략을 약화시킨 다음 자신이 원하는 방향으로 상황을 전개시키는 전략이다. 미국의 한국 내 사드 배치에 대한 중국의 전술을 보면 혼수모어에 가깝다. 즉 중국은 한국이 군사안보 문제에서는 미국과의 동맹에 의지하고, 경제에서는 중국과의 전략적 협력이 필요하다는 사실을 훤히 꿰뚫어 보고 있다. 다시 말해 군사적 안보인가, 경제적 실리인가라는 선택의 문제로 한국 내 혼란을 야기함으로써 자신들이 원하는 방향으로 결과를 이끌어내고자 하는 것이다.

제21계 금선탈각(金蟬脫殼): 도망할 때에는 매미가 허물을 벗듯이 하라.

해설 도망할 때에는 겉으로 드러내지 말고 은밀히 해야 한다. 적이 추격하지 않도록 가짜 요새를 만든 후 껍데기만 남긴 채 조용히 철수한다. 진영을 그대로 두고 주력을 딴 곳으로 이동한다.

많은 외자기업들이 인구가 14억 명에 육박하는 중국 시장의 무한한 가능성에 주목하고 중국에 진출한다. 그러나 이러한 기대와는 달리 참담한 실패를 맛보고 중국에서 철수하는 경우도 많이 있다. 그러나 철수도 말처럼 그렇게 쉬운 일이 아니다. 막대한 손해는 차치하더라도 설비 투자부터 고용한 인력에 대한 퇴직 문제까지 중국의 규정을 준수하면서 철수하는 일은 그리 쉬운 일이 아니다. 최근에 많은 중국 진출 한국 기업들이 야반도주하듯이 중국에서 철수하고 있는데 바람직한 방법은 아니지만 이것 역시 금선탈각의 예라고 할 수 있지 않을까?

제22계 관문착적(關門捉賊): 도적을 잡기 위해서는 그 문을 꽉 닫아라.

해설 약하거나 적은 수의 적을 철저히 궤멸시키기 위해서는 도망갈 구멍을 남겨 서는 안 된다. 혹시나 적이 도망가게 놔두면 나중에 문제가 되어 다시 나타날 것이다.

중국에 진출한 기업들이 접하는 많은 문제 가운데 대표적인 문제는 바로 인적 자원 관리의 문제일 것이다. 중국식 특유의 사고체계 때문인지는 몰라도 회사의 기밀이 아무렇지도 않게 경쟁사에 유출되거나 자신과의 관계를 빌미로 유통되는 경우들이 발생한다. 그러나 이러한 상황을 중국적인 상황으로만 치부해버리고 여지를 두게 되면 계속해서 유사한 상황이 발생할 수 있다. 읍참마속의 심정으로 규칙을 정해놓고 그 누구도 예외가 없다는 것을 확인하고 증명해야지만 이런 상황을 방지하고 예방할 수 있다. 관문착적은 후환을 없애기 위해 당장의 준비에 만전을 기울여야 한다는 의미이다.

제23계 원교근공(遠交近攻): 이웃 나라는 공격하되 먼 나라와는 친선을 맺는다.

(해설) 멀리 떨어져 있는 적은 잠정적인 동맹이 될 수 있다. 너무 많은 적을 동시에 만들지 말라. 단기적인 문제를 해결하지 못하면 장기적인 문제는 말할 필요도 없다. 가까운 적부터 상대하라.

자신의 안전을 확보하고 이익을 극대화하기 위해서는 주변 관계를 잘 처리해야 한다. 그런데 일반적으로 한 국가는 국가적 이익 문제로 인해 가까운 주변 국가들과 직접적인 충돌을 빚는 경우가 많다. 전통적으로 중국은 북방의 흉노족의 침입을 어떻게 막느냐가 국가안보의 핵심 문제였다. 한나라 때 이 문제를 해결하기 위해 장건을 서역에 파견하여 화친을 맺고 북방의 흉노족에 대해 공동 대응을 모색하였다. 즉 원교근공을 통해 국가의 안보 이익을 확보하고자 하였다. 결과적으로 한나라의 이러한 제안은 대월지의 거부로 이루어지지 않았지만 이를 계기로 역사적인 비단길이 형성되었다.

제24계　가도벌괵(假途伐虢): 괵 나라를 정복하기 위해 안전 통로를 빌려라.

(해설) 약자가 위협적이지 않으면 약자를 도와 그들의 지원을 얻어라. 말로만 이 아니라 행동으로 도와야 한다. 약한 상대는 명분만으로 취할 수 있다.

제2차 세계 대전이 끝난 후 얼마 지나지 않아 북한이 전쟁을 도발했을 때 중국은 엄청난 손해를 무릅쓰고 북한을 도왔다. 당시 상황에서 형제 사회주의 국가를 도와야 한다는 명분이 있었고 이는 그 이후 중국의 주요 정책 기조가 되었다. 북한에 대한 중국의 원조는 순망치한(脣亡齒寒)이라는 사자성어를 통해서도 알 수 있듯이 북한으로 하여금 중국의 전략적 완충지 역할을 할 수 있게 하였다. 중국은 북한에 대한 원조를 통해서 각종 명분과 실리를 동시에 얻게 되었다.

5.　제5장 병전계(併戰計)

: 상황의 추이에 따라 언제든지 적이 될 수 있는 우군을 배반하고 이용하는 전략이다.

제25계　투량환주(偸梁換柱): 보와 기둥을 몰래 썩은 나무로 바꾼다.

(해설) 적의 중요 자원을 제거함으로써 적을 무력화한다. 고의로 패하게 하여 자신의 세력으로 흡수한다.

영국은 인도, 피지, 말레이시아 및 싱가포르가 자국으로부터 독립하기 전 재정을 고갈시키는 전술, 즉 투량환주 전술을 적극적으로 채택하였다. 홍콩 반환 직전에도 마찬가지였다. 예를 들면 영국 정부는 중국과 홍콩 반환 협상을 하면서 동시에 신공항을 건설하였다. 홍콩 시내에서 멀리 떨어진 바다 한 가운데에 신공항이 위치한 관계로 연결 도로와 철도를 건설하는 데 엄청난 투자가 필요했다. 중국이 보기에는 기존의 홍콩 공항이 있고 마카오, 선전, 주하이, 광저우에 이미 국제공항이 있기 때문에 신공항이 필요한지 의문스러운 상황이었다. 그러나 영국은 신공항 프로젝트를 추진했다. 그 의도는 신공항 건설 공사를 영국 건설회사에게 맡겨 홍콩의 잔여 외화를 소진하려는 것이었다.

제26계 지상매괴(指桑罵槐): 뽕나무를 가리키면서 회나무를 꾸짖는다.

해설 반대를 나타내기 위한 구실로 어떤 대상을 사용한다. 우회적인 방법으로 겁을 주어라.

중국은 대외협상에서 전통적으로 지상매괴 전술을 많이 써왔다. 직접 충돌하지 않고 경고하거나 우회적으로 겁을 주는 방법으로 상황을 통제해 온 것이다. 한반도 사드 배치와 관련해서 중국 내 여행 단체 상품 판매를 금지하고 한국 마트에 소방 점검을 빌미로 영업을 정지시키면서 경제적인 압박을 가한 것도 이에 해당한다. 전통적인 중국인의 행동방식 역시 간접적이고 우회적인 방법을 선호하는 것인데 이의 대표적인 표현이 바로 지상매괴라고 할 수 있다.

제27계　가치부전(假痴不癲): 일부러 바보인 척하라.

(해설) 적으로 하여금 당신의 능력을 과소평가하게 하라. 어리석은 행동으로 상대를 안심시켜라.

외국 사람들이 중국에서 협상하면서 저지르는 실수 중 대표적인 사례는 겉모습을 보고 상대방을 평가하는 것이다. 특히 서구 사람들은 상대방의 외모를 보고 평가하는 경우가 종종 있다. 예를 들어보자. 1988년 홍콩 비즈니스 사절단이 상하이를 방문했다. 그들은 상하이 시 부시장이 허름한 운동화를 신고 구겨진 셔츠를 입고 회의장에 입장하는 모습을 보았다. 이에 그들은 노골적으로 그를 무시하는 행동과 발언을 쏟아내었다. 그런데 그들이 폄훼하였던 당시 상하이 부시장 주룽지는 훗날 중국의 총리가 되어 중국 역사상 가장 진보적인 금융 개혁을 단행한 금융 황제가 되었다. 중국에서는 특히나 외모를 가지고 그 사람의 지위나 위치를 파악하기가 힘들다는 점을 기억하자.

제28계　상옥추제(上屋抽梯): 올라간 다음에 사다리를 치운다.

(해설) 적을 함정으로 유인한 후 퇴로를 차단한다. 비행기를 태우고 미사일을 쏜다.

흔히들 중국에서는 될 일도 안 되고 안 될 일도 된다고 한다. 많은 외국 기업들이 중국 진출을 위해 중국의 지방 정부를 방문하고 협상을 해보면 모든 것이 완벽하다는 생각을 하게 될 때가 있다. 웬만해서는 투자 단계에서 중국 측의 "NO"라는 이야기를 듣기란 쉬운 일이 아니다. 중국 사람들은 외국 기업들이 중국에 투자를 하는 것 자체가 중요하다고 생각한다. 그래서 중국에 대해 투자는 쉽게 그러나 철수는 어렵게 하는 전술을 택하는 게 일반적이다. 따라서 외국 기업이 중국에 진출할 때에는 투자의 메리트도 중요하지만 혹시나 철수할 경우를 대비하여 여러 사항을 꼼꼼하게 확인해 볼 필요가 있다.

제29계 수상개화(樹上開花): 가짜 꽃으로 나무를 장식해라.

해설 적으로 하여금 당신이 아주 강력하다고 믿도록 과장해라. 허풍도 때에 따라서는 큰 힘이 된다.

중국에는 지역별로 독특한 특징들이 있다. 그중 베이징에 사는 사람들은 과거로부터 수도 시민으로서의 자부심과 정치 도시로서의 자부심이 다른 지역에 비해 훨씬 강하다. 그리고 정부 요직에 있는 사람과의 관계를 중요시하고 대의를 이야기하는 것이 관례처럼 자리 잡고 있다. 만약 당신이 베이징 사람과 비즈니스를 한다면 그들의 말을 100퍼센트 믿지 마라. 그러나 그들과의 사업에서 때로는 약간의 과장과 허풍이 필요함도 기억하라.

제30계 반객위주(反客爲主): 손님의 위치에서 주인이 되다. 손님으로 갔다가 주인 행세를 하다.

해설 장소, 위치를 바꾸어라. 상황을 반전시켜라. 굴러온 돌이 박힌 돌을 뽑아낸다.

반객위주는 굴러온 돌이 박힌 돌을 빼낸다는 말과 일맥상통한다. 흔히들 주객이 전도되었다는 말로도 이해된다. 때로는 상황의 변화로 인해 위기의 상황이 기회의 상황으로 변하도 한다. 중국에 진출한 일부 한국 기업의 경우 철수를 결심하고 이를 실행에 옮기기까지 많은 시간과 비용이 든다고 한다. 그런데 중국 내 한국에 대한 반한 감정은 어떤 면에서 보면 중국 철수를 고려하는 한국 기업에게는 하나의 기회이기도 하다. 상황은 좋은 면이 있으면 안 좋은 면이 있는 것이고 이러한 환경을 어떻게 활용할 것인가가 중요한 것이다.

6. 제6장 패전계(敗戰計)

: 상황이 가장 불리한 경우 열세를 우세로 바꾸어 패배를 승리로 이끄는 전략이다.

제31계 미인계(美人計): 미인을 써서 유혹하라.

해설 적이 다른 일에 빠져들게 해서 의욕을 잃게 한다. 미모를 겸비한 여인을 앞세워 현혹시키고 판단을 흐리게 한다.

미인계는 역사가 아주 오래된 계책이다. 협상을 하다 보면 때때로 미모가 빼어난 인물이 회의 당사자나 통역으로 나오는 것을 볼 수 있다. 이는 때때로 상대방 회의 참가자들의 마음을 여는 계기가 된다. 이 계책은 또한 상대방의 책임자가 마음에 들지 않을 때 그를 위협하기 위한 수단으로도 사용된다. 사회주의 중국에서는 매춘과 도박, 마약을 중범죄로 취급한다. 외국인이 중국에서 여자와 관련된 문제로 말썽이 벌어지는 경우는 의외로 많다. 중국에서 매음하다 걸리면 경찰은 호색한이라고 여권의 한 면에 스탬프를 찍어서 추방한다는 사실도 명심해야 한다. 많은 한국 기업들 역시 중국 주재원으로 결혼하지 않은 사람들은 파견하지 않는다고 하니 이것 역시 나름의 근거가 있는 주장이다.

제32계 공성계(空城計): 텅 빈 성의 성문을 열다.

(해설) 적의 방심을 유도한다. 적으로 하여금 당신의 능력을 과대평가하도록 한다.

비즈니스 협상에서 서구 기업가는 열심히 설명하고 맞은편의 중국인은 만면에 웃음을 띤 체 고개를 끄덕이는 장면을 가끔씩 볼 수 있다. 중국 비즈니스에서 주의해야 할 점은 중국 측이 동의했다고 생각한 계약조항 어느 부분에 대해서도 향후 중국 측은 동의한 적이 없다고 주장할 수 있다는 것이다. 회의에서의 중국 측의 태도 여부로 계약의 성사 여부를 확신하지 말라는 얘기이다. 앞서 언급한 바와 같이 중국 측의 예(Yes)라는 말은 다양한 답변 중의 하나일 뿐이다. 실제는 "예, 한번 생각해 보겠습니다"라는 의미이거나 "괜찮은 것 같군요" 정도의 의미이지 그 이상도 그 이하도 아닌 경우가 많다.

제33계 반간계(反間計): 적의 첩자를 이용해서 상대 진영의 분란을 도모한다.

(해설) 역 정보를 흘려라. 상대방 진영에 불신과 분란을 조장하라. 상대의 인원을 역 이용해서 적진에 불화와 알력을 조성하라.

2017년 4월 미국 트럼프 대통령이 미중 정상회담에서 중국 시진핑 주석으로부터 한국은 과거 중국의 속국이었다는 발언을 들었다고 말해서 온 나라가 한바탕 시끌벅적했었다. 과연 시진평 주석이 그런 말을 했는지는 공식적으로 확인할 길이 없다. 다만 시진핑 주석이 2014년 7월 방한했을 때는 한국의 자존에 대한 나름대로의 존중하는 태도를 표명했다는 것이다. 당시 서울대 강연에서는 임진왜란과 정유재란 당시 조선에 와서 싸운 진린에 대해 이야기했고, 중국에서 큰 족적을 남긴 김교각 스님을 비롯해 최치원, 김구, 정율성 등도 언급했다. 그렇다면 중국의 역사인식 문제는 중국과 한국 사이의 간극을 바라는 트럼프의 정교한 계산에 의한 반간계일까? 아니면 시진핑 주석이 최근 2~3년 사이에 변한 역사관의 발로일까? 중국인의 교만한 패권주의적 중화사상의 일단일까? 진실이 어디에 있는지 한 번쯤 생각해 볼 만한 문제이다.

제34계　고육계(苦肉計): 적진에 들어가 적의 신임을 얻기 위해 자기 자신에게 고통을 주다.

(해설) 적의 신뢰를 얻기 위해 손해를 감수하라. 적의 신임을 얻기 위해 자신에게 상처를 입혀라. 죽는 것보다 팔 하나 없는 것이 낫다.

세상을 살다 보면 아프고 고통스럽지만 자신의 가장 소중한 부분을 포기해야 할 때가 있다. 생존을 위해서는 이를 감내해야 한다. 때로는 고통이 기쁨이 될 수도 있다. 기업들이 구조조정을 위해 자신의 기업을 매각하는 경우 단순히 매출 실적이 좋지 않은 기업을 처분해서는 원하는 결과를 가지고 올 수 없다. 자신에게 매력적이지 않는 자산이 상대방에게 매력적일 것이라는 생각은 지나친 자기중심적인 생각이다.

제35계 연환계(連環計): 적이 자기 전함을 서로 연결해 묶도록 하라.

(해설) 적의 강점을 약점으로 만들어 자만에 빠지도록 해라. 상대방의 족쇄를 채우고 공격하라.

연환계란 말 그대로 고리를 잇는 계략이라는 뜻이다. 삼국지 적벽대전에서 조조가 수상전에 약한 병사들을 안심시키기 위해 전선을 쇠사슬로 엮는 전략에서 비롯된 표현이다. 즉 연환계는 적의 숨은 약점을 포착하고 그 약점을 매개로 움직이지 못하게 한 뒤 공격하는 계책이다. 우리나라는 1996년 12월 OECD에 가입하였다. 1997년의 외환위기는 OECD 가입 후의 외환 관리라는 고리를 매개로 이를 공격한 국제 투기자본의 연환계라는 이야기도 들려온다. 비즈니스에서 모든 요구 사항을 줄줄이 엮어 통 크게 합의에 이를 경우 체감효과를 극대화할 수 있기 때문에 연환계가 활용되기도 하지만 1997년 외환위기 때처럼 약점이 매개가 되어 전체적 재난을 피하기 어려울 수 있다는 사실도 주지해야 한다.

제36계 주위상계(走爲上計): 물러서는 것이 상책이다.

(해설) 가능성이 없으면 철수해라. 가만히 앉아서 문제가 해결되지는 않는

다. 끝까지 해보고도 방법이 없다면 그때는 도망가는 것이 최선의 방책이다.

2017년 4월 이마트는 중국 진출 20년 되는 시점에 중국 사업 철수를 발표했다. 1997년 상하이에 1호점을 오픈한 이후 한때 중국 내 매장을 27개까지 늘리며 사업을 확장했지만 현지화 실패, 높은 점포 임차료 부담, 입지 선정 실패, 중국 경기 둔화 등 시장에 대한 준비 부족 그리고 2017년 사드 배치에 따른 중국 내 반한감정 등으로 고전해 왔다. 이마트는 매년 매장수를 줄여 영업 적자 폭을 지난 2014년 440억 원, 2015년 351억 원, 2016년 216억 원으로 해마다 줄이긴 했지만 최근 3년 간 누적 적자만 1000억 원에 달하였다. 가만히 앉아서 중국 시장이 크다는 이유만으로 버티기보다는 사업의 실패를 인정하고 과감하게 철수하는 주위상계 역시 하나의 비즈니스 전략이라고 할 만하다.

제5장

중국인의 비즈니스 마인드의 시초와 중국의 재물신

현대 중국인의 비즈니스 마인드에 영향을 주고 있는 사상적 기초는 무엇일까? 사실 중국인의 비즈니스 마인드의 근원을 간단히 설명하기는 쉽지 않다. 중국인의 비즈니스 마인드는 과거 수천 년에 걸쳐 중국인의 생활에 지대한 영향을 미쳤던 유학을 비롯한 각종 제자백가 사상과 각 시대별 대내외적 환경, 역사적 사건, 민간 의식 등이 총체적으로 결합된 복합적인 산물이라 할 수 있다.

이 중 공자, 맹자, 순자를 중심으로 하는 유학은 중국인의 경제의식뿐 아니라 삶의 전반을 지배해온 핵심 사상이다. 사람들은 흔히들 유학에서 이익의 추구나 부의 축적을 정당화하거나 인정하는 이론적 기초를 찾기 어렵다고 말한다. 유학에서 상업적 이익의 추구는 사리사욕으로 비판받았으며 군자가 잠시도 마음에 두어서는 안 될 도덕적 금기 사항으로 여겨졌기 때문이다. 그러나 우리는 유학이 경제활동과 이익 추구를 무조건적으로 배척한 것은 아니라는 사실에 주목해야 한다. 예로부터 "백성들은 먹을 것을 하늘로 여긴다. '민이식위천(民以食爲天)'라는 말은 중국이라는 사회가 어떠한 사상적 가치보다 먹고사는 문제를 중요시하고 있음을 나타내고 있다. 공자 역시 백성을 널리 구제하는 것은 성인의 충분조건이라 하여 민생을 중요시하였고, 맹자도 '무항산무항심(無恒産無恒心)', 즉 생활이 안정되지 않으면 일정한 마음을 견지하기 어렵다고 하여 생산과 경제활동을 중요시하였다. 이렇게 유가 사상은 민생을 안정시키기 위한 국가와 지도자의 생산 활동을 긍정적으로 평가하였고, 각각의 개인이 도리를 추구하는 범위 내에서의 상업 활동을 장려하였다.

1. 공자의 비즈니스 마인드

앞서 언급한 바와 같이 유가 사상은 경제활동을 일방적으로 부정하지 않는다. 다만 접근방법에 있어 부의 축적 과정과 의미를 강조한다. 공자가 강조하고 있는 "견리사의(見利思義, 이로움을 보면 의를 생각하라)"라는 말은 합리적인 부의 축적과 이의 정의로운 분배를 강조하는 말이라 할 수 있다. 공자는《논어》〈이인편(里仁篇)〉에서 부를 대하는 자신의 입장을 이렇게 표현하였다. "부귀는 모든 사람이 바라는 것이지만 올바른 도리로 얻은 것이 아니라면 머물지(누리지) 않아야 한다. 빈천은 모든 사람이 싫어하는 것이지만 도로서 얻은 것이 아닐지라도 버리지 아니한다."[26]

26 정당한 방법으로 얻은 부가 아니면 취하지 말고 비록 가난하고 천하게 되었을지라도 빈천을 버리지 않고 편안하게 여기는 것이 군자의 태도라는 의미. "子曰 富與貴, 是人之所欲也, 不以其道得之, 不處也. 貧與賤, 是人之所惡也, 不以其道得之, 不去也."

여기서 알 수 있듯이 공자는 부 자체를 부정한 것이 아니라 부를 어떻게 이루느냐는 축재 과정과 방법이 중요한 문제라고 생각하였다. 공자는 서로 간에 다툼을 통하여 부를 축적하는 행위는 부정하였지만 백성들의 삶을 윤택하게 하기 위한 경제 행위는 인정하였고 부의 공정한 재분배를 강조하는 경제관을 적극적으로 피력하였다. 실제 근현대 중국을 대표하는 상인과 기업가들 대부분이 유학의 정신에 기반 한 유상(儒商)이라는 점은 유학이 경제적인 면을 무조건 도외시하지 않았으며, 동시에 도덕적 가치관에 기반 한 유학의 경제 사상적 뿌리가 중국의 상업과 기업가 활동에 광범위하게 영향을 주고 있음을 역설적으로 보여주고 있다.

이렇게 공자의 경제관은 중국인의 비즈니스 마인드 형성에 직간접적인 영향을 주고 있다. 실제로 논어에는 공자의 경제관을 살펴볼 수 있는 몇 가지 사례가 언급되고 있다. 그 사례를 살펴보면 다음과 같다.

첫째, 공자는 백성을 구제하는 것이 인(仁)을 실천하는 가장 가치 있는 일이라고 생각하였다. 이는 공자가 무조건 경제활동을 거부한 것이 아니라, 재부(財富)의 사용방법이 옳고 범위가 바르다면 경제활동을 충분히 격려할 수 있음을 나타낸다. 그 예로 공자의 제자 중 가장 많은 재물을 모은 자로 자공(子貢)이라는 인물이 있었는데, 어느 날 자공이 공자에게 백성들에게 널리 베풀어 대중을 구제하는 '박시제중(博施濟衆)'을 들어 "이 정도면 인하다고 할 수 있겠습니까?"라고 물었다. 이전에 단 한 번도 그 정도면 인이라 할 만하다고 말한 적이 없던 공자는 "만약 그런 사람이 있다면 인한 정도가 아니라 틀림없이 성인일 것이다"라고 대답하였다. 이는 공자가 생각하는 가장 위대한 일은 백성들을 구제하는 것이라는 것을 명시적으로 보여주는 예라고 할 수 있다.

둘째, 공자는 부를 얻는 데 있어 도리가 정당하다면 직업의 귀천을 가릴 필요가 없다고 생각하였다. 다음은 공자의 치부관(致富觀)을 보여주는 단적인 예이다. 공자는《논어》〈술이편(述而篇)〉에서 "만약 부를 구할 수 있다면 그것이 비록 채찍 잡는 마부라도 하겠지만, 그것을 얻을 수 없다면 내가 좋아하는 것을 얻겠다"라고 하였다.[27] 이는 돈을 버는 데 귀천이 있는 것이 아니며, 정당한 방법을 통해서 도리에 벗어나지 않는다면 그것이 비록 남들이 천히 여기는 일이라 하더라도 상관할 바 없다는 공자의 생각을 보여주고 있다.

셋째, 공자는 마음이 수반된 예를 갖춘 부자가 진정한 부자라는 생각을 하였다.《논어》〈학이편(學而篇)〉을 보면 자공이 공자에게 이렇게 묻는다. "가난하되 아첨하는 일이 없고 부유하되 교만함이 없으면 어떻습니까?" 이에 공자는 "좋은 말이나 가난하지만 도를 즐기고, 부유하지만 예를 좋아하는 것만 못하다"라고 대답하였다.[28] 공자는 부귀에 상관없이 진정한 예를 갖추는 것이 인간의 가장 중요한 덕목이라고 본 것이다. 즉 부유한 자가 예를 갖추는 것이 가장 이상적인 모습의 하나라는 것이다.

예(禮)라는 것은 과거에 먹을 것이 흔하지 않던 시대에 가족이 조상에 제사를 지내고 제물을 함께 나누어 먹는 데에서 시작한 나눔의 한 형식이다. 제사를 지내고 남은 한 그릇의 밥과 국을 온 가족이 서로를 배려하면서 먹은 것이 예의 시작이다. 일상생활에서 밥을 크게 뜨거나 국을 넘치게 마시는 것이 실례가 되는 것은 이렇게 하면 다른 사람의 몫이 줄어들기 때문이다. 공자가 생각하는 진정한 부자는 아마도 자기를 제어하

27 "子曰: 富而可求也, 雖執鞭之士, 吾亦爲之. 如不可求, 從吾所好."

28 "子貢曰: 貧而無諂, 富而無驕, 何如? 子曰: 可也, 未若貧而樂, 富而好禮者也."

고 상대방에 예를 다하는 사람이라는 것을 알 수 있다.

사람들은 막연히 공자가 경제나 상업 활동과는 전혀 무관한 삶을 살았을 거라 생각하지만 실제 공자는 개인적으로도 상업에 조예가 깊은 집안 배경이 있었다. 공자의 집안은 장사에 밝았던 상(商)나라의 유민 출신이고 자신도 민생과 관련된 일을 적지 않게 하였다. 사마천(史馬遷)의 《사기(史記)》〈공자세가(孔子世家)〉편을 살펴보면 공자는 양곡창고를 관리하는 위리(委吏)로서 회계를 잘 처리했고, 사직리(司職吏)라는 가축을 번식시키는 일의 책임자로도 그 능력이 출중하였다고 한다. 유가경전인 사서삼경(四書三經)의 풍부한 경제관념은 공자의 이러한 배경과 경험을 반영한 것으로 볼 수 있다. 그러므로 공자가 인간의 재부에 대한 욕망을 인정하고 부의 축적에 대해 긍정적 사고를 가졌다고 해서 이를 이상하게 생각할 필요는 없다.《논어》〈선진편(先進篇)〉에는 공자가 제자인 자공의 시장가격변동 예측을 통한 재산증식을 칭찬하는 장면이 나온다. 또한 공자는 재화의 생산과 소비, 수요 공급과 시장가격에 대한 인식도 분명했다. 그는《대학(大學)》에서 부족함이 없는 재화를 위해 소비자보다 많은 생산자, 소비보다 빠른 생산 속도의 유지를 논했고,《논어》〈자한편(子罕篇)〉에서는 값진 재화가 있으면 당연히 제값에 팔아야 한다고 주장하고, 자신은 가격을 아는 사람을 기다릴 줄 안다고도 하였다. 이것은 그가 재화의 수요 공급과 시장가격에 따라 이루어지는 상거래를 통한 이재(理財)에 통달하고 있었음을 말해준다.

공자는 국민경제에 대한 사상도 뚜렷했다.《논어》〈학이편(學而篇)〉과 〈자한편(子罕篇)〉에서 공자는 국민들의 신용과 비용 절약의 정신을 강조하는가 하면, 〈자로편(子路篇)〉에서는 국가가 국민을 위해 해야 할 첫 번째 일은 국민을 부유하게 만들어야 한다는 선부민론(先富民論)을 주장했다. 이것은 춘추전국시대 대표적인 중상(重商)주의자요 개방론자였던 관중(管仲)의 '치국지도 필선부민(治國之道, 必先富民)' 주장과도 같다. 또한 공자는 국가의 가난과 부족함보다 불평등과 불안정을 더 걱정한 철저한 균형과 안정 중시자였다. 이것은 재화공급의 균형론으로서 그의 유통경제 사상을 잘 보여준다. 공자는 또 부익부빈익빈을 조장하는 불공평 과세에 대해서 매우 단호한 반대 입장을 취했다.

2. 맹자의 비즈니스 마인드

공자와 더불어 유학을 대표하는 맹자 역시 부와 이익 추구에 대한 자신의 긍정적인 의견을 피력하였다. 여기서 주목해야 할 점은 공자나 맹자가 강조한 점은 부나 이익의 추구를 부정하느냐의 문제가 아니라 이익만을 위해 경제활동을 하였는지 아니면 인(仁)과 의(義)에 가치를 두고 생산 활동을 한 자연스러운 결과로 부가 따라오는 것인가 하는 문제이다.

생산을 통해 백성의 마음을 잡는 항산론(恒産論)과 농업에 의한 백성의 먹는 문제 해결책인 무농론(務農論)은 맹자의 핵심적 경제사상이다. 그는 백성의 착한 마음은 항구적 산업에서 비롯된다고 보고 하(夏) · 은(殷) · 주(周) 대의 제도를 예시하였다. 이는 물론 공자의 선부민론(先富民論)을 계승한 것이기도 하다. 《맹자》〈등문공상편(藤文公上篇)〉에 따르면 중국의 고대 왕조들은 모두 성인 남자에게 특정한 토지조세제도를 실시하였다. 하(夏)는 전조(田租)의 형태로, 은(殷)은 공전노역(公田勞役)으로, 주(周)는 생산량의 1할 증세 등의 방식으로 각각의 명칭은 달랐지만 그것으로 백성들이 항구적 생산을 유지할 수 있게 했다는 것이다. 맹자는 또한 공평과세와 감세가 경제활동의 활성화에 매우 중요하다는 점 역시 역설하였다. 상인에게 부과되는 세금이 과중하지 않아야 시장에서의 재화 공급과 거래가 원활해지고, 공전(公田)에서 일한 농민에게 사전(私田)에 대한 세금을 면제한다면 자기 밭에서 더욱 열심히 일할 것이라고 하였다. 맹자는 또 재정이 부족하지 않은데도 세율을 높이는 것은 야만적이며 산업을 망치는 처사라고 극구 반대했다. 이와 같이 맹자는 공자의 공평과세론을 조세의 생산 인센티브 효과로까지 구체화시켰다. 맹자의 경제관은 다음의 사례를 통해서 보다 구체적으로 알 수 있다.

첫째, 맹자는 경제활동에 있어 국가가 먼저 이익을 좇아서는 안 된다는 입장을 견지하였다. 그는 인의(仁義)가 있다는 전제하에 자연스러운 이익을 인정하는 입장을 취하고 있다.《맹자》의 초반부에 맹자가 양혜왕(梁惠王)을 만나는 이야기가 나온다. 여기서 양혜왕은 맹자에게 나라를 이롭게 할 방법이 무엇인지 물어 본다. 이에 대해 맹자는 다음과 같이 대답한다. "왕께서는 어찌 이익을 말씀하십니까? 오직 인의가 있을 뿐입니다. 왕이 우리나라를 이롭게 할 것만을 생각하면, 대부는 자기 집을 이롭게 할 것만 생각할 것이고, 개인은 자신을 이롭게 할 것만 생각할 것입니다. 이렇게 모두 자신의 이익만을 생각하면 나라가 위태로워집니다. 만약 이익을 앞세우고 의리를 뒤로 돌린다면 만족하지 못하게 될 것입니다." 이렇게 맹자는 이익 추구에 기반을 둔 부국강병은 사사로운 이익의 기반 때문에 국가가 위태로워지지만 반대로 인의를 우선시하면 이익은 저절로 따라온다고 보았다.

둘째, 맹자는 민생을 위한 부의 가치를 긍정하였다.《맹자》〈등문공(滕文公)〉 상편에 "부를 추구하게 되면 인을 실천할 수 없게 되고, 인을 실천하게 되면 부를 쌓을 수 없다"라고 맹자가 양호(陽虎)의 말을 빌려 인(仁)과 부(富)의 모순을 이야기하는 장면이 나온다. 이는 언뜻 보면 맹자가 부의 가치를 전면적으로 부정하는 것으로 보이지만 실상은 인을 실천하는 과정에서 부를 쌓으려는 마음이 방해가 될 것을 우려해서 한 말로 이해하는 것이 더 적절하다고 생각된다. 왜냐하면 맹자는 한 나라가 곡식을 이루 다 먹을 수 없고, 재목을 이루 다 쓸 수 없게 될 정도로 부를 이룬 뒤에야 왕도에 이를 수 있다고 믿었기 때문에 민생을 위한 부의 축적을 일방적으로 부정했다고 볼 수 없기 때문이다. 맹자는 백성들의 굶주림을 해결하는 것이 바로 왕도정치(王道政治), 즉 민본주의에 입각한 어진 정치[29]라고 생각하였다. 5묘의 택지에 뽕나무를 심으면 50세 된 노인이 비단 옷을 입을 수 있고, 닭과 돼지를 때에 맞춰 잘 기르면 70세 노인이 고기를 먹을 수 있고, 100묘의 농토를 잘 살피면 여덟 식구가 굶주리지 않게 된다. 사회적 약자를 배려해서 같이 더불어 살 수 있는 것이 바로 맹자의 왕도정치이다. 이렇게 맹자는 백성을 배부르게 하기 위한 경제활동은 언제든지 인정받고 장려할 사안으로 보았다.

셋째, 맹자는 인의(仁義) 정치는 공정한 분배와 나눔으로부터 시작한다고 보았다. 〈등문공〉 상편에서 맹자는 인정은 반드시 토지의 경계를 바로 잡는 것에서부터 시작해야 한다고 하였다. 이는 토지의 경계를 바로 잡아야 생산물을 공정하고 균등하게 배분할 수 있다고 보았기 때문이다. 즉 경제활동의 시작이 공정해야 하고 결과가 평등해야 함을 강조하였다.

이렇게 공자, 맹자로 대표되는 유가의 경제사상은 현대의 경제논리

29 仁義의 정치, 仁政.

와 크게 다르지 않으며 대대로 중국인의 삶 속에서 깊은 영향을 미치며 발전해 왔다. 《대학(大學)》에 나오는 유가의 덕본재말(德本財末)[30] 사상 역시 경제활동을 가볍게 본 것이라기보다 가치적인 면에서 도덕적 삶을 경제적 삶보다 우선순위에 둔 것으로 이해할 수 있다. 이는 공자의 선부후교(先富後教)나 맹자의 무농흥학(務農興學)과 항산항심(恒産恒心)과 같이 실천적인 면에서 경제적인 삶을 우선시하고 있는 데에서도 충분히 입증되고 있다.

3. 중국 재물신의 유래

중국인의 최대 명절은 우리나라의 구정에 해당되는 음력 1월 1일인 춘제(春節)이다. 새해가 되면 중국인들은 "신넨콰이러, 꽁시파차이(新年快樂, 恭喜發財)"[31]라고 서로에게 인사말을 건넨다. 여기서 우리는 중국인의 가장 큰 덕담은 바로 돈을 많이 벌라는 말임을 알 수 있다. 이렇듯 중국인들은 새해 첫날을 금전에 관한 덕담으로 시작하고 이내 자신들이 모시는 재물신에게 정성껏 소원을 빌기 시작한다.

중국인들은 음력 정월 초닷새를 포우(破五)라고 부른다. 포우는 5를 깨트린다는 의미인데 이러한 낱말을 사용하는 것은 음력 정월 초하루부

30 덕이 가장 중요하고 재물은 부차적임.

31 "새해 복 많이 받으세요. 돈 많이 버세요."

터 지키던 금기를 초닷새에 깨트리기 때문이다. 중국인들은 해마다 연초가 되면 빗자루로 먼지를 쓸지 않고, 여자들이 바느질을 하지 않으며, 이발을 하지 않는 등 몇몇 금기 사항을 지킨다. 이런 전통은 특히 중국의 남부 지역에서 잘 지켜져 오고 있는데 상점들도 대부분 정월 초닷새가 지난 다음에야 문을 연다고 한다. 이 포우의 전통은 가난을 보내고 재물신을 맞이한다는 의미를 갖는다. 음력 정월 초닷샛날은 중국인이 섬기는 재물신의 생일이다. 중국인은 매년 정월 초닷샛날과 음력 7월 22일이 되면 재물신에 제사를 드리는데 이날을 특별히 재신절(財神節, 차이선제) 또는 재물신에 제사를 지낸다는 의미에서 배재신(拜財神, 바이차이선)이라고 부른다. 민간에서는 이날 집집마다 초롱을 걸고 폭죽을 터뜨리는 것으로 그 해의 풍년을 기원한다.

재신절의 유래는 여러 가지가 있지만 그중 한 가지를 소개하면 다음과 같다. 청나라 때 산둥성 지모(卽墨)라는 지역에서 비단 장사를 하는 주(周) 씨 성을 가진 상인이 있었다. 7월 21일 저녁 여느 때처럼 장사를 마치고 잠이 든 그는 밤새 같은 꿈을 3번이나 꾸게 되었다. 꿈에서 그는 장사를 하고 있었는데 가게 문밖에 남루한 옷차림에 산발인 노인이 나타나 "내일이 내 생일인데…… 생일상을 받아 본 지 오래됐구나. 누가 생일상을 차려준다면 장사가 잘 되게 해주겠는데……"라는 말만을 되풀이했다. 이튿날 주 씨는 혹시나 하는 마음에 아침 일찍 일어나 간밤에 꿈에서 본 노인을 위해 제사상을 준비하고 폭죽을 터트렸다. 그랬더니 신기하게도 이때부터 구경꾼들이 몰려들기 시작했으며 제사가 끝나자 앞다투어 가게에서 비단을 사갔다고 한다. 그 후 주 씨의 이야기가 마을에 전해지면서 매년 음력 7월 22일이면 지모의 가게마다 제사를 지내고 폭죽을 터트렸다. 이것이 재신절 풍습이 되어 오늘날까지 전해져 내려오고 있다.

4. 중국의 재물신

재물신은 중국의 민간에서 가장 널리 숭배하는 신이다. 재물신을 맞이하는 전통은 명청(明淸) 시대부터 시작되어 오늘날까지 이어지고 있다. 재물신은 도교의 속세신으로 민간에서 받들어 모시는 재물을 불러오는 신령이다. 재물신은 문(文) 재물신과 무(武) 재물신으로 나뉘는데 문을 대표하는 재물신으로는 비간(比干)과 범려(范蠡)가, 무를 대표하는 재물신으로는 도교의 신 조공명과 삼국지의 덕장 관우가 추앙받는다.

평범한 중국인들은 매일 사오샹(燒香, 향불 피우기)을 생활화하고 있다. 사오샹(燒香)이란 신이나 부처님 앞에 향불을 피워 올리고 소원을 비는 것을 말한다. 중국 대륙 사람들은 물론 타이완이나 홍콩 사람들도 마찬가지이다. 특히 사업을 하는 사람들은 가정의 경제를 보호하는 재물신을 모셔 놓고 연중무휴 향불을 피우며 지극정성으로 재물신을 모신다.

5. 문을 대표하는 재물신 비간과 범려

문을 대표하는 재물신으로는 비간(比干), 범려(范蠡) 등 충신으로 일컬어지는 의인이 신앙의 대상이 되고 있다. 비간과 범려 외에도 관중(管仲), 포청천(包靑天) 등을 문재신으로 숭배하는 이들도 있다. 최근에는 알리바바의 창업자인 마윈을 재물신으로 모시는 등 민간에서 모시는 중국인의 재물신은 많고도 다양하다.

이 중 비간은 상(商)나라 때 세 명의 현인 중의 한 사람이다. 그는 중국 역사상 가장 포악한 왕으로 알려진 주왕(紂王)의 숙부로서 세 현인 중 하나인 기자(箕子)가 왕에게 간하다가 천민이 되었다는 말을 듣고도 계속 왕에게 간언을 하다가 죽음을 당했다. 주왕은 비간의 충정에 오히려 대노하며 성인은 간에 일곱 개의 구멍이 있다는데 한번 확인해 보자며 삼촌인 비간의 간을 도려내 죽였다고 전한다.

범려는 월(越)나라 사람으로 중국 4대 미인 중의 하나인 서시(西施)를 내세워 3일 만에 국가 재정에 쓸 자금을 모은 인물이다. 그는 월왕 구천의 책사로 당시 3000명의 군사로 대국 오나라를 멸망시킨 정치가였다. 역사적으로 유명한 와신상담(臥薪嘗膽)의 배경이기도 했던 월왕 구천(句踐)과 오왕 부차(夫差) 간의 패권 다툼은 범려의 재간에 의해 월나라의 승리로 귀결되었다. 오나라를 멸망시킨 후 범려는 공이 많으면 화(禍)가 뒤따른다며 모든 재산을 정리하고 월나라를 떠났다. 범려는 월나라를 떠나면서 월왕 구천은 목이 길고 입이 새처럼 뾰족하여 고난은 함께하여도 즐거움은 함께할 수 없다는 그 유명한 토사구팽(兎死狗烹) 이야기를 남겼다. 이후 제나라에 도착한 범려는 스스로를 치이자피(鴟夷子皮), 즉 술고래라 칭하면서 농사를 짓고 장사를 하여 부자가 되었다. 그러나 제나라 평공(平公)이 자신을 재상으로 삼으려 하자 또다시 제나라를 떠나 상업의 중심지인 정도(定陶)로 이주하였다. 이때 그는 스스로를 도주공(陶朱公)이라 칭하고 상업에 전념하여 막대한 부를 쌓았다. 범려는 상업을 국정을 살피는 것과 동일시하여 번성할 때는 행동을 자제하여 쇠퇴를 막고 반대로 쇠락할 시에도 낙담하지 않고 기회를 만들어 내야 한다고 생각하였다. 실제로 그는 이 원칙을 적용하여 가격이 낮을 때 구매하여 보관한 후 가격이 높을 때 되팔아 엄청난 부를 창출하였다. 사마천은《사기》〈화식열전(貨殖列傳)〉에서 그를 부의 축적에만 몰두하지 않고 가난한 백성을 구제하고 경제적으로 어려운 사람들을 보살핀 의인으로 칭송하고 가장 이상적인 부자로 손꼽았다. 범려는 지금도 상성(商聖)으로 칭송되며 중국에서 깨끗한 부자의 모범으로 회자되고 있다.

6. 무를 대표하는 재물신 관우와 조공명

관우는 중국 역사상 충성심 있고 절개가 있으며, 믿음과 신의를 대표하는 정의로운 인물로 추앙되고 있다. 관성제군(關聖帝君)으로 일컬어지며 도교의 호법사수(護法四帥) 가운데 하나로 받들어진다. 도교에서는 관우의 직분을 다음과 같이 정의한다. "병을 치료하고 재난을 제거하며, 사악한 귀신을 몰아내고, 반역자를 처단하며 저승을 순찰한다." "록을 관장하고 상인을 비호하며 재물과 보화를 불러온다."

관우는 또한 충성스럽고 의롭고 신의를 중시하였으므로 충의재신(忠義財神)으로도 불린다. 이렇듯 관우는 항상 만능신으로 간주되고 있다. 역사적으로 관우는 충의로써 유명하여 줄곧 유학으로 나라를 다스리는 제왕들에게 모범으로 존중되었다. 이러한 기풍은 송대에 이르러 더욱 강렬해졌다. 실제 관우에게 왕이라는 작위가 붙기 시작한 것은 송나라 때이다. 1102년 송 휘종은 관우를 충혜공으로, 1108년에는 무안왕으로 봉하였으며, 원 문종은 1328년에 관우를 현령무안제왕으로 봉했다. 관우가 신으로 추앙받게 된 계기 역시 송나라 때 있었다. 송나라는 문(文)을 지나치게 숭상하는 국가 기풍으로 군사력이 낙후되어 북방 이민족이 세운 요나라에게 군사적 위협을 받게 되었다. 난세의 영웅이 필요했던 상황에서 당시 대표적 정치가이자 역사가인 사마광(司馬光)은 자치통감(資治通鑑)을 통해 관우를 전쟁의 신 또는 무신으로 신격화하였다.

명대에 들어서도 관우의 신격화 작업은 계속된다. 명 영락제(永樂帝)는 1402년 정변을 통해 황제가 된 자신의 행동을 정당화하기 위하여 관우의 영험한 도움을 받아 황제가 되었다고 말하면서 관우를 황제로 높여 부르기 시작하였다. 이후 1594년 명 신종은 관우를 제(帝)에 봉하게 된다. 일반적으로 관우의 묘를 관제묘(關帝廟) 또는 관림(關林)으로 부르는데 중국 역사상 림(林)자가 붙는 무덤은 공자의 무덤인 공림(孔林)과 관우의 무덤인 관림뿐이다. 현재 관우는 공자와 더불어 문무이성(文武二聖)으로 불린다.

중국의 관우에 대한 신격화는 명나라 신종 때 최고조에 달하였고, 우리나라는 정유재란(丁酉再亂) 때 조선에 파견된 명나라 장수의 요청으로 전국 곳곳에 관우를 모시는 묘가 세워졌다. 이 중 가장 대표적인 곳이 현재 동대문구 숭인동에 소재한 동묘(東廟)이다. 청대에 이르러 공자를 모시는 사당은 3000개였지만 관우를 모시는 사당은 30만 개에 달했다. 관우는 훗날 제왕으로 봉해져 역대 중국 황제 188명의 위패를 모시는 사당 안에 별도로 모셔져 황제를 보호하는 역할로도 존경을 받고 있다. 중국에서는 춘제를 포함해 일상적으로 관우 화상을 벽에 붙여 놓고 예를 올린다. 중국인들은 관우 화상을 살 때 절대 산다(마이, 買)라고 말하지 않고 청하여 모셔온다(칭, 請)라고 말할 정도로 관우를 숭배하고 있다.

조선의 사신들 역시 중국 방문 뒤 관제묘와 관련된 많은 기록을 남겼다. 김창업(金昌業)은 《노가재연행일기(老稼齋燕行日記)》에서 "집집마다 관제화상을 받들어 모시고, 이른 아침부터 저녁까지 향을 피운다"라고 적었다. 박지원(朴趾源)은 《열하일기(熱河日記)》에 "천하 어디를 가나 관제

묘가 있다. 궁핍한 변방과 몇 가구뿐인 작은 마을에도 아름다운 관제묘가 세워져 있다"라고 기록하고 있다.

그렇다면 관우가 중국인에게 재신으로 추앙받는 이유는 무엇일까? 관우가 재물신으로 받들어지는 이유는 크게 네 가지로 정리할 수 있다.

첫째, 관우는 생전에 이재에 매우 밝고 회계 업무에 뛰어났으며, 일청부(日淸簿)라는 회계장부를 발명하였다. 일청부에는 매일매일의 금전 출납을 원(原), 수(收), 출(出), 존(存)의 네 가지 항목으로 나누어 기록하였다. 이에 후대의 상인들은 관우를 회계의 전문가로 인정하고 상업의 신으로 받들었다.

둘째, 중국의 상인들은 장사할 때 의리와 신용을 매우 중요시하는데, 관우는 신의를 대표하는 인물로 상인들이 관우를 삶의 표상으로 받들기 시작했다. 시간의 흐름 속에서도 변치 않는 신뢰야말로 상인들에게는 필요 불가결한 요소라고 할 수 있다.

셋째, 전설에 따르면 관우는 죽은 뒤에 진신(眞神)으로 돌아와 전쟁을 도와 최종적인 승리를 얻게 하였다고 한다. 이에 상인들은 언젠가 자신들의 사업이 좌절되었을 때에도 관우처럼 재기하여 최후의 성공을 얻기를 희망하였다. 이러한 믿음은 청대에 여러 업종에 걸쳐 받아들여졌고 이에 관우에 대한 숭배가 성행하였다. 근래에도 가로회(哥老會)와 청홍방(靑紅幇) 등에서 특별히 관제를 받들어 제사를 지내며, 결의를 맺을 때에도 관제 앞에서 절을 하고 향을 살라 신의를 지킬 것을 맹세하곤 한다.

넷째, 중세 중국을 대표하는 상인집단인 산시상인(山西商人)들의 경우 관우의 고향인 윈청(運城) 부근의 소금호수인 제츠(解池)에서 생산된 소금을 매매하면서 부를 확대해 나갔다. 과거 중국 소금 생산량의 70퍼센트는 바로 제츠에서 생산되었다. 이에 산시상인들이 소금을 통해 재물을 축적하면서 해당 지역이 고향인 관우를 자신들의 보호신으로 숭배하기 시작하였고 이로부터 관우가 재신으로 승격되었다. 이후 주변의 산시(陝西), 간쑤(甘肅) 상인들까지 재물의 신으로 관우를 모시기 시작하면서 전국적으로 관우를 재물의 신으로 모시게 되었다.

조공명은 이름은 낭(朗), 자는 공명(公明)이라 하며, 흔히 조현단(趙玄壇), 조공원수(趙公元帥)라 불린다. 상나라 때의 인물로 재물을 모으는 능력이 뛰어나 큰 부를 이루었다고 한다. 이런 연유로 그를 문무재신(文武財神) 중에서 대표적인 무재신(武財神)의 한 명으로 받들고 있다.

조공명은 현재 중국의 일반 가정에서 가장 영향력이 큰 재신이다. 신령 조공명은 오로지 인간의 재부만을 담당하여 일반 상점과 주택마다 목판으로 인쇄한 그의 신상을 붙이고 재운을 빈다. 민간에서 조공명에 대한 전설은 역사가 유구하다. 간보(干寶)의 《수신기(搜神記)》에서 조공명은 전문적으로 사람의 목숨을 빼앗는 저승사자였다. 도홍경(陶弘景)의 《진고(眞誥)》에서는 질병으로 사람의 목숨을 빼앗는 온역신이었다. 수당 시기의 《삼교원류수신대전(三教源流搜神大全)》에는 조공명이 천상에서는 귀신이 되었다가 인간 세상에서는 오방의 온역을 주관하는 오방역사(五方力士)의 하나로서, 가을의 온역을 담당하는 온신으로 기록되어 있다.

조공명에 관한 이야기는 명나라 때 간행된 신마소설(神魔小說) 《봉신연의(封神演義)》에 주로 나온다. 봉신연의 속의 조공명은 아미산(峨眉山)의 도사로 흑호(黑虎)를 타고 은편(銀鞭) 혹은 철편(鐵鞭)을 들고 다니며, 검은 얼굴을 하고, 쇠로 된 관을 쓰고 있었다고 한다. 소설 속에서 당시 신선계는 주나라의 편을 드는 천교(天敎)와 상나라의 편을 드는 절교(絶敎)로 나누어져 있었는데, 그는 상나라의 태사(太史) 문중(聞仲)의 친구였기 때문에 절교의 편이었다고 한다. 그는 결국 상나라를 위해 싸우다가 전사했고, 이후 수당 시대까지만 해도 사람의 목숨을 거두는 귀신 또는 다섯 방위의 역귀(疫鬼) 중 하나로 모셔졌다. 인쇄술의 보급과 민간의 공연을 통해《봉신연의》가 널리 소개되면서 조공명은 비로소 사람들에게 재신으로 인정되었다.[32] 이러한 과정을 통해 조공명은 천하의 재부를 관장하는 재신이 되었다고 한다.

민간에서 받드는 조공명은 투구를 쓰고 전포를 걸치고 채찍을 들었으며 검은 얼굴에 수염이 덥수룩한 위압적이고 용맹한 모습이다. 그의 주변에는 항상 취보분(聚寶盆), 대원보(大元寶), 보주(寶珠), 산호 등의 보물이 있어 재원(財源)이 끝이 없음을 보여준다. 전설에 따르면 조공명은 두 눈을 잃어 세력과 이익을 살피는 눈으로 사람을 볼 수가 없었으므로 오히려 공평하게 재부를 분배하였다고 하여 공정재신으로도 불린다.

명대에는 서아시아의 상인들이 중국에 와서 무역을 하였는데 당시 중국에서는 이들을 회회(回回)라고 불렀다. 이들 대부분이 이슬람교를 신봉하였기 때문이다. 이들은 중국에 들어온 뒤에 뛰어난 상술로 유명하여 조공명이 회족이라는 전설이 발생하였고, 이에 조공명에 대한 제사에는 돼지고기를 사용하지 않고 소고기만을 사용한다고 한다.

32 강태공이 원시천존(元始天尊)의 명으로 조공명을 금룡여의정일용호현단진군(金龍如意正一龍虎玄壇眞君)으로 책봉하여 금은재보를 담당하고 길상과 복을 불러들이도록 하였다는 설도 있다.

제6장

중국의 지역별 비즈니스 스타일

중국인은 마음속에 열두 개의 주머니를 지니고 있다는 말이 있다. 그만큼 중국인을 상대로 사업을 한다는 것은 결코 만만한 일이 아니라는 이야기일 것이다. 들어갈 때는 웃으면서 들어가지만 나올 때는 울면서 나온다는 말은 중국에서 비즈니스를 성공으로 이끄는 것이 얼마나 어려운지를 보여주는 하나의 단적인 예라고 할 만하다. 이 때문에 중국의 지역별 상인들의 특징과 관행을 이해하는 것은 중국 비즈니스를 위해서는 무엇보다도 선행되어야 할 가장 중요한 첫걸음이다.

이제 우리는 중국을 대표하는 일선 도시들인 베이징과 상하이, 광저우 지역의 비즈니스 스타일을 알아보고자 한다. 각 지역별 비즈니스 스타일을 이해하기 위해서는 지역마다의 역사와 특징 등을 알아야 한다. 비즈니스를 성공적으로 이끌기 위해서는 반드시 숙지해야 하고, 이를 알면 알수록 많은 도움이 될 것이다. 나라가 큰 만큼 지역적 특색 또한 확연히 구분되는 점에 특별히 주의할 필요가 있다.

1. 베이징인의 성격과 비즈니스 스타일

1) 베이징의 비즈니스 역사

흔히들 베이징은 정치의 도시라고 말한다. 전국시대 강력한 제후국이었던 연(燕)나라는 계(薊)라고 하는 도읍을 지금의 베이징에 세웠는데 이것이 최초의 수도로써의 베이징이었다. 이후 1,000여 년 전 요나라 수도로 다시 출발한 베이징은 대략 700여 년간 수도로써의 면모뿐 아니라 대대로 정치도시이자 군사도시의 역할을 해왔다. 청대 베이징은 대운하를 통해 전국 각지에서 올라오는 물자에 의지하는 만주 귀족과 관료들의 거대한 소비도시로 변모했다. 과거 유학을 숭상하는 정치와 문화의 도시였던 베이징에서 상인과 상업 활동이 아주 활성화되지 못한 것은 어쩌면 당연한 결과였다. 결국 명, 청대 중국 경제를 주름잡던 10대 상방(商幇)에 베이징 상인은 이름을 올리지 못했다.

1949년 중화인민공화국의 수도로 베이징이 정해졌을 때 베이징은 제조업 기반이 전무하였다. 거대한 정치가와 관료집단의 아성인 베이징에서 상인의 존재가 부각되기 시작한 것은 1978년 말 개혁개방이 시작되면서 신경상(新京商)[33]으로 불리는 일련의 기업가 집단이 출현하면서부터이다. 신경상은 과거의 베이징 상인과 완전히 다른 새로운 의미를 갖고 있다. 현재의 신경상은 기본적으로 유상(儒商),[34] 관상(官商),[35] 기상(技

---

33 새로운 베이징 상인이라는 의미

34 유가적 소양을 갖춘 상인

35 관료 출신 상인

商)[36]의 결합체이다. 베이징이라는 도시는 수도의 특성상 정부기관이 밀집해 있고 정부와의 관계를 활용한 사업가가 많이 존재한다. 또한 베이징대, 칭화대를 비롯한 많은 대학과 연구기관이 몰려 있으며, 중국의 실리콘밸리로 불리는 중관춘(中關村)은 기술에 바탕을 둔 IT기업의 메카가 되기 충분하다. 또한 과거로부터 지켜온 정치도시의 면모는 유학이라는 사상적 뿌리에 기반하고 있다.

2) 베이징 상인의 특징

일반적으로 베이징 상인은 다음과 같은 특징을 가지고 있다.

첫째, 정치의식이 강하다. 베이징 상인들은 관료 출신 기업가가 많으며, 다른 지역에 비해 정치적·사회적 이슈에 대한 관심이 높다. 《중국의 기업문화》 저자인 리우젠화(劉建華)는 "어떤 베이징 사람들을 보더라도 그들의 정치적 수준은 다른 지역 정치 간부의 수준을 능가할 정도이며, 베이징 사람은 입만 열었다 하면 이념에 대한 이야기이고, 광둥 사람은 말을 했다 하면 비즈니스에 관한 이야기뿐이다"라고 하였다. 이런 맥락에서 본다면 베이징 사람들은 정치적 시각과 국제 정세 등을 기본으로 거시적 마인드로 비즈니스에 종사한다고 할 수 있다. 또한 유명인사와 찍은 사진을 걸어놓거나 그들을 직접 모임에 데리고 나와서 자신의 인맥을 과시하려는 경향이 있는데 그에 따라 정경유착이나 부정부패의 문제에 노

36 기술적 소양을 갖춘 상인

출될 위험이 항시 존재한다. 베이징에서는 왁자지껄한 식당 풍경을 보는 게 낯설지 않다. 이는 얼핏 보면 싸우는 것 같지만 사실은 진지하게 논쟁하는 베이징 사람들의 일반적인 모습이다. 그들은 논쟁에서 지는 것을 싫어하므로 우리는 사업상 이야기를 경청해 주는 자세가 필요하다. 베이징 사람들은 권력도 하나의 경영이라고 생각하여 대부분의 상인들이 관료층과 관계를 가지고 있거나 관료층과 관계를 만들기 위해 노력한다.

또한 베이징 상인들은 사적인 관계를 바탕으로 빠른 정보망을 가지고 사업을 벌이면 사업을 성공할 수 있다고 생각한다. 재상이 부리면 하인도 7품 관리라는 말은 베이징 사람들이 얼마나 정치적인가를 대변하는 대표적인 표현이다. 베이징의 경영자는 말 그대로 벼슬아치 상인이라고 불릴 만큼 관료형의 사람이 다른 지역에 비하여 많고, 그들의 언행에는 관본위적인 발상과 행동양식이 짙게 남아 있다. 이들은 정치 상황에 민감하고 정치와 비즈니스를 밀착시키는 태도를 취한다. 그들은 민족의식, 국가의식이 강하고 국익을 지키는 자세를 취하며, 한편으로는 권력자의 힘을 교묘하게 이용하여 협상에 임하는 경향도 지니고 있다.

둘째, 베이징 상인은 인정을 중요시하며 사소하게 따지는 것을 좋아하지 않는다. 이는 중국의 전통인 쓰허위안(四合院)[37] 가족문화와도 연관이 있다. 전통적으로 베이징에는 친인척 관계가 없는 사람들이라 하더라도 함께 모여 살면서 음식을 나눠 먹고, 육아도 도와주는 문화가 있었는

37 수도 베이징에서 가장 특색이 있는 거주형식이다. 여기서 "사"는 동서남북 네 가지 방향을 상징하며, "합"은 동서남북 네 면의 건물이 모여 입구(口)자를 형성함을 말한다. 쓰허위안(四合院)은 스허방(四合房)이라고도하며, 한족 전통 합원식 건축 양식의 하나이다. 소위 '쓰허위안(四合院)'이라 함은 그 가옥 형태가 북방(正房), 남방(倒座房), 그리고 동서의 상방(厢房)이 사면을 둘러싸면서 네모형을 형성하고, 그 중간에 정원을 두는 형태로, 이러한 원락을 쓰허위안이라 부른다(출처: 베이징 관광국).

데 비즈니스에도 인정을 중요시하는 전통이 존재한다. 베이징 사람들은 지나치게 계산적인 태도는 인간관계를 해치고, 함께 큰일을 하기 어렵다고 판단하며, 너무 꼼꼼하게 따지면 자신을 믿지 않는다고 간주한다. 술 문화만 보아도 베이징과 상하이는 판이하게 다르다는 것을 알 수 있다. 베이징에서는 진정한 친구나 특별한 손님에게는 집에서 술을 대접하는 경향이 있으나 상하이에서는 최고급 식당에서 손님을 대접하는 것이 일반적이다. 이를 통해서도 인정을 중요시하는 베이징 사람들의 특징을 쉽게 알 수 있다.

베이징 사람들이 비즈니스 파트너를 선택하는 방법은 철저한 비즈니스상의 판단이라기보다는 오히려 상대에 대한 호감도에 따른 주관적인 판단에 의지하는 경향이 강하다. 상대와 마음이 맞는지 또는 상대에게 큰 기개가 있는지와 같은 점을 중시한다. 그리고 상대방이 자신과 의기투합된다고 생각되면 곧바로 사업을 결정하는 일도 종종 있다. 전반적으로 개인적인 감정이 우선하는 경향이다.

셋째, 체면을 중요시하는 경향이 있다. 베이징 사람들은 체면을 표현할 때에도 물질적인 것으로써 자신의 대범함과 호의를 표현한다. 그래서 식당에서 서로 돈을 내겠다고 몸싸움하는 장면을 어디서든 쉽게 볼 수 있다. 과거에 한국의 모 대기업과 중국의 호텔 사이에 숙박비 관련 소송이 벌어졌을 때 중국의 담당 판사는 상대적으로 규모가 월등히 큰 한국의 대기업이 돈 몇 푼 때문에 중국의 작은 호텔을 상대로 소송을 제기하는 것을 이해하지 못하겠다고 말한 사례가 있었다. 즉 큰 회사가 체면 없이 작은 호텔과 싸운다고 생각한 것인데 이는 체면을 중시하는 베이징 사람의 사고의 단면을 이해할 수 있는 한 장면이다. 베이징 사람들은 사업을 하면서 친구와 거래를 하게 되면 비록 자기가 손해를 보는 한이 있어도 친구가 손해를 보게 하지 않는다. 또한 남을 돕는 일을 기쁨으로 생각하며 친구를 위해 작고 세심한 부분까지 배려하지만 이에 대한 보답을 노골적으로 원하지는 않는다. 그리고 베이징 사람들은 광고를 중시하지 않는다. 좋은 물건은 유난을 떨지 않는다는 전통적인 관념이 자리 잡고 있기 때문이다.

넷째, 타 지역 상인에 비해 전문지식과 문화적 소양을 갖춘 경우가 많다. 베이징은 중국 최고의 인재와 최고 수준의 대학 및 연구기관이 집중되어 있는 곳이다. 따라서 베이징 상인 중에는 현대적 경영관리 지식을 갖춘 사람이 의외로 많다. 이들은 전문지식에 정통하면서도 예술적 소양을 함께 갖추고 있다. 베이징 사람들은 문화나 예술에 관심이 많기 때문에 문화계 인사들과도 관계를 유지한다. 외국에 대한 이해도 역시 높아 일정 수준의 외국어 실력을 갖춘 사람들도 많다. 이렇듯 사업을 중시하면서도 문화적인 생활을 추구하는 것이 바로 베이징 상인의 또 다른 특징이다.

다섯째, 베이징 사람들에게는 크다(大)라는 말이 중요하다. 베이징인의 처세법은 포용성에 있다. 우선 인간관계에서 상대방의 약점이나 신중하지 못한 점은 너그럽게 용서하고 결코 화를 내거나 문제 삼지 않는다. 대범한 성격으로 세세한 일에 신경을 쓰지 않는 것이 베이징 사람들의 특징이다. 그들은 '큰 사업을 하는 전략가 타입'이라고 자평하는 데 주저하지 않는다. 이런 성격 때문에 베이징인이 비즈니스에 임하는 경우 큰돈을 벌 수 없는 사업이나 돈을 버는 데 시간이 오래 걸리는 사업에는 관심이 없고, 스케일이 큰 프로젝트나 목돈을 주무르는 비즈니스가 눈에 띄면 설령 자신에게 그만한 능력이 없다고 해도 일단 관심을 보이며 흥미진진해 할 수 있다.

여섯째, 베이징 사람들은 협상에서 느끼는 쾌감을 중요시한다. 베이징인은 두서없이 세상사를 이야기하는 것을 매우 좋아한다. 남성적 언변은 베이징인이 가진 매력의 하나로 평가된다. 언변의 달인인 베이징인은 시간에 관해서는 무감각하므로 협상 스케일, 각 의제의 시간 배분 등을 확인하고 협상 진행 방향과 시간을 잘 조절하는 것이 중요하다. 더불어 베이징인들의 장황한 발언 중에서 대체 어디까지가 진심이고 어디까지가 인사치레인지 파악할 필요가 있다. 그리고 이야기 가운데 사실 여부를 주의 깊게 판단하고 경우에 따라 의문부호를 찍으면서 들을 필요도 있다. 말주변이 없고 고지식한 사람은 일반적으로 베이징과의 협상에는 적합하지 않다고 생각하는 것이 좋다.

3) 베이징 비즈니스 팁

전통과 현대가 공존하는 베이징에서 사업에 성공하고자 한다면 다음의 비즈니스 팁을 참고해 볼 만하다.

첫째, 베이징에서 사업을 한다면 먼저 친구가 되고 그 다음 사업을 논하는 것이 필수이다. 친구로서 신뢰를 쌓고 다방면에 걸친 지식을 함께 즐기며 나누는 자세가 베이징 사람들과의 비즈니스에서 필연적으로 요구된다.

둘째, 베이징 상인의 몸에서는 좀처럼 상인의 냄새를 맡기가 어렵다. 따라서 베이징 상인들과의 거래에는 관료의 냄새를 풍기거나 정치 지도자와의 막역한 관계를 과시하는 것도 비즈니스 방법으로 고려해 볼 만하다.

셋째, 베이징에서의 비즈니스는 회사의 대표나 그룹의 회장이 직접 나서는 것이 다른 지역과의 비즈니스에 비해 훨씬 바람직하다. 전통과 격식을 중시하는 베이징 사회에서 이러한 모습은 자신에 대한 존중의 의미로 다가와 베이징 상인들의 협상에 대한 태도를 진지하게 변화시킬 수 있다.

넷째, 베이징에서는 중국의 애국심과 역사를 존중할 필요가 있다. 사업적 명분도 국가와 민족까지 확대하여 말할 수 있다면 어느 지역보다도 더 큰 호응을 받을 수 있는 곳이 바로 베이징이다.

2. 상하이인의 성격과 비즈니스 스타일

1) 상하이의 비즈니스 역사

"가난은 비웃어도 몸 파는 창기(娼妓)는 비웃지 않는다." 상하이 상인의 특징을 표현하는 대표적인 말이다. 아편전쟁 이후 중국의 경제 중심지로 부상한 상하이는 현재 자타 공인 중국 경제의 수도이다. 그러나 과거 상하이의 존재는 그야말로 미미하기 그지없었다. 춘추시대 때까지만 해도 상하이는 초(楚)나라 춘신군(春申君)의 봉읍지에 불과했고, 진(晋)나라 때에는 상하이를 고기 잡는 도구라는 뜻의 후(扈)와 도랑이라는 뜻의 두(瀆)를 합쳐 후두라고 불렀다. 말 그대로 고기잡이나 하는 변방의 한 어촌이었다는 이야기이다. 현재 상하이의 약칭인 호(沪)는 여기에서 유래되었다.

역사적으로 상하이가 본격적으로 발전하게 된 계기는 아편전쟁이다. 아편전쟁 결과 중국 정부는 영국과 난징(南京)조약을 체결하고 5개 항구를 개방하게 되는데 이 중 하나가 상하이였다. 1843년 11월 17일, 상하이가 개항되자 서구 열강들은 이곳을 통해 중국의 황금과 은을 약탈해갔다. 동시에 서양의 각종 문물이 쏟아져 들어오면서 상하이의 상업도 번창하기 시작했다. 증기선이 제조되고, 담배와 철광석, 석유의 수출입이 성행했다. 철도가 놓이기 시작하면서 무역이 급속도로 발전했고, 금융업도 덩달아 발전했다. 상하이의 십리양장(十里洋場)[38]은 동서양의 결합으로 만들어진 독특한 형태였다. 이때부터 상하이는 중국의 가장 중요한 상업 중심지로 자리 잡기 시작하였다. 그리고 점차 양쯔강과 바다의 연결통로라는 명성을 얻게 되었고 이후 1940년대 초까지 영국의 런던, 미국의 뉴욕과 더불어 세계 3대 경제 중심도시로 대접받았다.

아편전쟁 이후 중국에서 가장 먼저 서양과의 교류를 시작한 상하이는 서양문화와 동양문화가 절묘하게 어우러진 대도시이다. 중국인은 상하이라는 창문을 통해 서양을 바라보게 되었고, 서양 사람들은 상하이를 통해 중국을 체험하고 인식하였다. 이 때문에 상하이 상인들은 경쟁의 개념을 제일 먼저 체득한 비즈니스의 기질을 가지고 있으며 경쟁과 관련한 다양한 방법과 기술을 구사한다. 그들은 경쟁하지 않으면 정체되는 것이며, 경쟁이 없으면 발전도 없다는 사실을 잘 알고 있다.

중국의 저명한 학자인 이중톈(易中天)은 상하이 사람을 가리켜 "자기에게 이롭되 타인에게 손해를 입히지 않는다(利己不損人)" "작은 꾀를

38 상하이에 십리에 걸쳐 서양 상점이 늘어서 있다는 의미

부리되 큰 해악은 없다(小奸無大惡)"라고 표현한 바 있다. 이 말은 상하이 상인의 경제관과 처세관을 압축적으로 설명해 준다. 상하이에서 돈 앞에 만인은 평등한 도시이며, 상하이 사람은 합리적이고 계산에 철저하며, 실용적인 생활철학을 가지고 있다.

2) 상하이 상인의 특징

역사, 문화적 관점에서 상하이 상인을 분석해 보면 다음과 같은 특징을 발견할 수 있다.

첫째, 상하이 상인들은 사업할 때 조그만 문제도 쉽게 넘기지 않는 경향이 있으며, 누구보다도 규칙을 중요시한다. 이런 성향 덕택에 상하이 사람들은 손해를 보는 일이 드물다. 상하이 상인들과 사업할 때에는 충분한 인내심이 요구된다는 말도 여기에서 나왔다. 상하이는 원래 외지에서 온 이민들로 구성된 사회이다. 외지인은 상하이에 처음 와서 기댈 만한 줄이나 연고가 없기 때문에 오로지 자신의 실력으로 먹고 살아야만 했다. 따라서 생존을 위해서는 규칙을 지켜야 했다. 이 같은 행동이 지속되면서 합리성, 평등 그리고 규범을 추구하는 상하이만의 관념과 관습을 갖게 됐다. 이런 배경 때문에 상하이는 이성적인 도시로 성장하게 되었다. 상하이 상인과 장사를 할 때는 이런 특징에 따라 법규와 절차를 지켜야 한다. 상하이 사람은 위법적인 사업을 잘 하지 않는다. 준법정신은 상하이 상인들이 가지고 있는 대표적인 특징이다. 그들은 계약에 이르기까지는 끝도 없이 양보 없는 전쟁을 하지만 계약을 마치면 계약 내용에 따라 일을 일사천리로 진행한다. 그들은 오랫동안 서양의 비즈니스 노하우를 체득한 결과 계약의 중요성을 알고 있기 때문이다.

둘째, 상하이 상인은 이국문화에 대한 문화적 포용력이 강하다. 상하이는 대외개방의 과정을 거쳐서 현재의 위치까지 발전해 왔다. 따라서 상하이 상인은 중국 전통문화에 서구적 요소를 융합하는 시도를 가장 많이 해 왔다. 그들은 서양의 생활방식이나 생산기술, 관리 노하우들을 빠르게 흡수해 새로운 생활환경과 비즈니스 환경을 만들어 냈다.

셋째, 상하이 상인은 모험심이 강하고 업무 처리가 과감하다. 20세기 상하이는 각지의 엘리트들이 벌 떼처럼 몰려들어 황금의 땅으로 변모했다. 치열한 주도권 다툼이 벌어지는 가운데 조금만 우물쭈물해도 기회를 놓쳤기 때문에 과감한 결단력이 없으면 승세를 장악할 수 없었다. 이런 상황에서 과감한 의사결정은 상하이인의 특징으로 굳어졌다. 또한 상하이 상인은 과감성과 동시에 돈을 벌기 위한 수단과 속도에도 민감하다. 상하이 상인들이 입버릇처럼 하는 말 중에 '빠펀(扒分)'이라는 말이 있다. 돈을 버는 것은 흙 속의 금을 캐내는 것과 같다는 뜻이다. 흙 속에서 금을 캐냈다고 하면 모두들 소문을 듣고 와서 흙을 팔 것인데 상하이 상인의 돈 버는 방식도 이와 비슷해서 타고난 장점을 이용해 최대한 이익을 얻기 위해 달려들고, 다른 사람들에게 뒤처지지 않으려고 노력한다. 그렇지 않으면 다 잡은 먹이도 방심하는 사이 경쟁자들에게 빼앗긴다는 것을 잘 알고 있기 때문이다.

넷째, 상하이 사람들은 흔히들 대도시의 소시민이라고 불린다. 베이징인의 크다는 특징과는 대조적으로 상하이인은 작다는 말이 잘 어울린다. 흔히들 상하이 사람들을 '눈치 빠르고 약삭빠르다' '큰 이익을 보지 못한다' '매우 소시민적인 면이 엿보인다'라고 하는데 이는 어느 정도 상하인 사람들의 특징을 대변하는 말들이다.

다섯째, 상하이 사람들은 철저한 금전감각으로 무장한 사람들이다. 상하이 사람들은 비즈니스에서 감정적인 요소를 배제하고 각 사업에 관해서 합리적이고 냉정하게 처리하는 타입이다. 그들은 냉철한 계산을 기반으로 이익을 산출하고 상대방의 어떠한 기만, 사기 행위도 간과하지 않도록 단련되어 있다. '나는 나, 남은 남'이라는 사고가 철저하여 인정이나 굴레에 얽매이는 일이 절대로 없다. 예를 들어 상하이의 젊은 여성들은 쇼핑을 할 때 남자친구를 가게 밖에서 기다리게 하는 경우가 있다고 한다. 까닭을 물었더니 쇼핑을 위해 상점의 점원과 가격 흥정을 할 때 남자친구가 옆에 있으면 방해가 되기 때문이라고 한다. 물론 우스갯소리이긴 하지만 상하이 사람들의 일면을 살펴볼 수 있는 대목이라고 할 수 있다.

3) 상하이와 베이징 사람의 비교

상하이 사람과 베이징 사람은 여러 가지 면에서 대조적이다. 베이징이 명, 청 시대의 수도였던 만큼 베이징 사람은 정치적 본능과 의식을 가지고 있으며, 유가 사상에 기반 한 사농공상(士農工商)의 구별의식이 철저하였다. 그들의 유일한 관심사는 과거급제를 통한 권력과 재산의 획득이었다. 당연히 손톱만큼의 이익을 얻기 위해 싸우는 상인은 멸시의 대상이었다.

베이징 사람들은 외지에 가면 공직자는 공직자 무리로 학자는 학자 무리로 자기 계층의 울타리에 스며든다. 반면 상하이 사람들은 우선 상하이 사람에게 가서 상하이 문화를 함께 전파하며 그곳을 '샤오상하이

(小上海)'[39]로 변화시킨다. 상하이 사람에게는 상하이 사람인지 아닌지는 중요한 문제이다. 이들은 상대와의 대화에서도 아무런 거리낌 없이 자신이 상하이 사람이라는 말을 꺼내기 좋아한다. 이런 이유로 중국 어디를 가더라도 샤오상하이(小上海)는 있지만 샤오베이징(小北京)은 없다.

3. 광둥인의 성격과 비즈니스 스타일

1) 광둥의 비즈니스 역사

"돈만 있으면 귀신에게도 맷돌을 돌리게 할 수 있다"라는 속담은 중국에서 돈이 얼마나 중요한 의미로 이해되는지를 보여주는 대표적인 예이다. 이렇게 중국인들의 돈에 대한 집착은 유별난데 그중에서도 우리에게 신이 있다면 그것은 바로 돈이라고 외칠 정도로 돈을 숭상하는 대표적인 지역 상인이 바로 광둥 상인이다. 광둥 상인을 비유하는 다른 말로는 "돈이 된다면 하늘에 구멍이라도 뚫는다" "과감하게 기선을 제압하는 것이 부자가 되는 비결이다" 등이 있다. 모두 비즈니스 마인드가 철저함을 나타내는 표현들이다.

중국에서는 광둥 상인을 약칭으로 월상(粵商)이라고 부른다. 광둥 지방은 예로부터 중국을 대표하는 상업 지역이었다. 한(漢)대부터 광저

39 작은 상하이.

우는 중국 남부의 진주, 과일, 작물의 집산지였으며, 당(唐)대 광저우 항은 중국 최대의 항구 도시였다. 하루 평균 광저우 항에 입항하는 외국 선박이 11척, 한 해 평균 4000여 척이었으며, 연인원 80만 명이 광저우에서 상업에 종사하였다고 한다. 비록 명, 청대에 해외무역이 금지됨에 따라 광둥 상인은 일시적으로 타격을 받았지만, 1786년 청 황실이 13명의 유력 상인들에게 서양 상인들과의 독점거래를 허가하고 대신 관세 징수를 맡김으로써 화려하게 부활하였다. 소위 '광저우13행(廣州十三行)'으로 불린 광저우의 독점 상인들은 승승장구하였다. 1805년 청나라 가경제(嘉慶帝) 10년에 청나라 전체 재정 수입이 800만 냥 이었는데 이 중 광저우 지역에서 납부한 관세가 164만 냥을 차지할 정도로 광둥 상인의 영향력은 막강하였다.

이후 광둥 지역은 중국의 역사적 굴곡에 따라 침체하였지만, 1978년 개혁개방이 시작되면서 다시 과거의 영예를 회복하기 시작한다. 1980년 5월 경제특별구역 1호로 지정된 인구 3만의 작은 도시 선전(深圳)을 기점으로 둥관(東莞), 휘저우(惠州), 주하이(珠海) 등에 외국자본이 본격적으로 투자를 시작하게 되면서 광둥성은 세계의 공장으로서 새로운 변신을 하게 되었다. 현재 광둥성은 중국 전체 수출의 3분의 1을 담당할 정도로 중국 경제의 중심축으로 자리 잡고 있다.

2) 광둥 상인의 특징

상업의 중심지답게 광둥 상인은 비즈니스에서 다른 지역 상인과 구별되는 몇 가지 특징을 가지고 있다.

첫째, 광둥 상인들은 '상인종(商人種)'이라 불릴 만큼 돈을 중요시하는데 그들의 배금주의는 중국인 가운데서도 으뜸이다. 광둥 사람들은 "돈 있는 자는 살고, 돈 없는 자는 죽는다"라는 말을 당연시 여긴다. 그들은 돈이 없는 것을 모든 악의 근원으로 여긴다. 재미있는 것은 광둥 상인이 가장 숭상하는 신이 바로 재물신이라는 사실이다. 그들은 돈을 벌기 위해 부지런히 움직이고, 돈벌이를 최고의 즐거움으로 삼는다. 돈을 벌겠다는 뚜렷한 목적이 있으므로 흔들림이 없고, 그래서 맹목적으로 행동하는 법이 없으며, 쉽게 동요하지 않고 강직하게 돈을 벌고자 한다. 또한 광둥 상인은 자신의 경제력을 과시하기를 좋아하는데 핸드백과 손목시계도 값비싼 명품을 선호하고, 자동차도 고급 승용차를 타며, 사무실도 호화롭게 꾸미는 경향이 있다. 그리고 광고가 적은 투자에 비해 고수익을 보장하는 사업이라고 생각하여 광고에 과감하게 투자하는 경향이 있다.

둘째, 광둥 상인은 속도를 중요시한다. 광둥 상인에게는 중국인 특유의 '천천히' 즉 '만만디(慢慢的)' 문화가 없다. 1987년 완공된 선전 세계무역센터는 건설 당시 3일에 한 층씩 올라가 '선전속도'라는 신조어를 만들어냈다. 광둥 상인들이 가장 선호하는 좌우명은 바로 "요발재(要發財) 망기래(忙起來)"이다. "돈을 벌려면 바빠지라"라는 뜻이다. 광둥에서는 모든 사람들이 바쁘게 움직인다. 생계를 이어가고, 돈을 벌기 위해서이다. 이곳에서는 조금만 멈춰 서도 다른 사람에게 뒤처지고, 시대에 뒤떨어진 삶을 살게 된다. 그래서 광둥 상인은 기회를 놓쳐서는 안 된다는 생각과 시간은 나를 기다리지 않는다는 관념이 강하다. 그들은 동분서주하며 단 한 푼이라도 이익을 남기기 위해 애쓰고, 다른 사람들보다 사업적 기회를 한 발 먼저 차지하기 위해 노력한다.

셋째, 광둥 상인들은 신뢰를 바탕으로 과감함과 용기를 강조한다. 광둥성은 화교 상인의 고향으로 불린다. 전 세계에 분포한 화상(華商) 중 절반이 광둥성 출신이다. 이들은 중국 근대화와 개혁개방 과정에서 신의를 앞세워 민족자본을 형성하고, 민족혼을 고양시킨 선각자 역할을 했다.

장사의 달인으로 불리는 광둥 상인이 내세우는 제1의 비즈니스 원칙은 바로 신의이다. 일찍부터 서양과 교역을 해온 광둥 상인들은 신의를 무기 삼아 서양 상인들을 사로잡았다. 그리고 신의와 더불어 부자가 되기 위해서 먼저 선(先)과 감행할 감(敢) 두 글자를 특별히 강조하였다. 그들은 새로운 것에 대해 과감하게 도전하며 창조정신이 강하다. 새로운 것에 도전한다는 것은 경쟁 상대가 없어 독점적으로 이윤을 취할 수 있다는 생각 때문에 광둥 사람은 기발한 아이디어와 새로운 아이템으로 장사하기를 좋아한다. 더불어 광둥 상인에게 볼 수 있는 특별한 점은 결정적 시기에 모험을 한다는 사실이다. 그들은 창업 초기에 과감한 방법을 사용한다. 가진 게 없는 사람은 실패를 두려워할 필요가 없기 때문이다. 그러나 일단 기반이 잡히면 그들은 경영방식을 다시 설정한다. 안전한 방법을 채택하고, 확고한 기반을 다진 후 다시 새로운 발전을 도모한다. 이런 의미에서 광둥 상인들은 전원 공격, 전원 수비형 상인이라고 할 수 있다. 그들은 창업을 할 때 눈앞의 이익에 연연하지 않지만 수성을 할 때에는 안전을 최우선으로 한다.

광둥의 부모들은 자식을 학자나 관리로 만들기보다 장사를 시킨다고 한다. 베이징 사람들이 외지인을 자기 부하로 여기고, 상하이 사람들은 시골 촌뜨기로 여기며 깔보지만, 광둥 사람들은 그들을 소비자로 대우한다고 할 만큼 광둥 상인의 비즈니스 의식은 특별하다.

3) 광둥인의 비즈니스 스타일

첫째, 비즈니스에서 상대방에게 일정한 이익을 주지 않으면 협상이 원활하게 이루어지지 않는다는 신념을 갖고 있다. 가령 상품을 구입하러 온 상대가 가격인하를 요청하였다면 그들은 자신뿐만 아니라 상대에게도 손해가 되지 않는 판매방식을 찾아내려고 노력한다. 그들에게 비즈니스란 바로 상호 호혜적인 것이다.

둘째, 새로운 거래의 호기에 민감하고 커다란 위험도 두려워하지 않으며 신속하게 움직인다. 이런 광둥인의 도전정신은 젊은 경영자를 육성하는 사회적인 토대가 되는 동시에 시장 형성이라는 의미에서도 커다란 역할을 수행하고 있다.

셋째, 광둥 사람들은 시간은 곧 돈이라는 생각으로 1분이라도 쪼개서 쓴다. 광둥인이 경영하는 회사의 대부분은 사업의 지속성을 그다지 중요하게 여기지 않는다. 그래서 타사와의 승부를 누가 먼저 시작하느냐 하는 시간차에 초점을 맞추는 경우가 많다. 이러한 광둥인의 비즈니스 스타일 때문에 그들은 시간은 곧 돈이라고 인식하는 경향이 강하다. 그래서 협상장에서 논리적인 이유를 이것저것 늘어놓는 것을 싫어하고 단도직입적인 협상을 반긴다. 광둥인은 비즈니스 기회를 잡는 가장 중요한 요소를 납품 기일로 간주하므로 상대의 납품 기일에 대해서는 엄격하게 조건을 다는 경우가 많다.

넷째, 광둥 사람들은 차계생단(借鷄生蛋)[40]에 능한 사람들이다. 대체

40 남의 닭을 빌려 알을 낳게 한다.

로 광둥인은 타 지역 사람들과 비교하여 주민 전체의 교육수준이 상대적으로 낮은 편이다. 이러한 단점을 보충하기 위하여 비즈니스를 수행할 때 타인의 기술이나 노하우를 신속하게 받아들이고 빠른 속도로 제품화하는 방법을 사용한다. 외국과 비즈니스 협상을 할 때는 상대측의 기술이나 노하우, 관련 설비 등에 대단한 관심을 기울이며, 일단 황금알을 낳는 닭이라고 판단되면 협력처로 확실하게 확보해 두고자 한다. 그러나 외국 기업과의 비즈니스 협상은 경우에 따라 기술정보를 입수하기 위한 수단으로만 이용하는 일도 적지 않기 때문에 충분히 주의를 기울여야 한다.

지역별 중국 상인의 특징을 재미있게 표현한 말이 있다. "베이징 사람들은 국수를 한 그릇 먹을 때 체면에 맞는지를 먼저 생각하지만, 상하이 사람들은 이 국수를 전시회에 가져다 어떻게 외국인들에게 자랑할 수 있는지를 생각한다. 허난(河南) 사람들은 국수의 양이 많은가 적은가, 배부르게 먹을 수 있는가를 중요시하는 반면 광둥 사람들은 국수 한 그릇으로 열 그릇을 만들 수 있는가 아니면 다른 사업을 할 수 있는가, 천하를 살 수 있는가를 고민한다." 이 말처럼 광둥 상인들은 어떤 경우에도 사업적인 기회를 탐색한다. 그들은 그 무엇으로도 장사를 할 수 있으며, 세상은 넓어서 사업을 할 수 있는 공간도 무궁무진하다고 생각한다. 그들의 사업 분야는 항상 새로운 것들이다.

이 밖에 베이징·상하이·광저우 상인들과 비교해서 전혀 손색이 없는 지역 상인들이 있다. 바로 저장성 원저우(溫州) 상인들이다. 원저우 상인은 '중국의 유대인'이라고 불릴 정도로 비즈니스 정신이 투철하다. "시장이 있는 곳에 원저우 상인이 있다"라는 말이 있을 정도로 세계 각지를 무대로 활약하고 있다. 특히 직업에 귀천이 없다고 여기며, 오직 돈을 얼마나 버느냐를 중시한다. 남의 시선을 크게 의식하지 않고 상대와의 마찰을 피하지 않으며 부를 추구한다. 소규모 가내 수공업이나 도소매업으로 부를 일군 상인들이 많은 것도 원저우 상인들의 특징이라 할 수 있다.

제7장

중국의 집단주의 유가 문화와 꽌시, 예절문화

1. 중국의 집단주의 문화

사회주의 체제에서 자란 중국인은 사회질서에 의문을 표하거나 이를 바꾸려는 시도를 생각조차 하지 못하는 경향이 있다. 그들은 어린 시절부터 그렇게 교육 받았기에 어른이 되어서도 이에 크게 반감을 느끼지 못하는 것이다. 그들은 권위에 기꺼이 그리고 비교적 절대적으로 복종한다. 개혁개방이 본격화되고 한 가구 한 자녀 정책의 결과 개인을 중시하는 사고의 비중이 높아지고는 있으나 일반적으로 중국인들은 개인보다는 집단이 훨씬 중요하다고 생각한다.

그런데 중국인의 집단의식이 사회체제나 지도자들의 권위에만 기반하여 생겨난 것은 아니다. 중국인은 본질적으로 협의를 중요하게 생각하는 사람들이다. 그리고 이러한 협의과정을 통해 집단의식이 자연스럽게 형성된다. 중국인은 행동을 결정하는 과정에서 생겨난 문제들에 대해 합의에 이를 때까지 장시간의 토론도 불사한다. 중국 정치 지도자들의 의

사합의 과정인 민주집중제[41]가 그 대표적인 예이다. 물론 지도자의 결정이 곧 최종적인 결론으로 매듭지어지는 경우가 많지만 최종적인 합의에 이르기까지 다양한 구성원들이 논의에 참가한다. 그리고 결론이 나면 집단의 개인 구성원은 개인적 의견에 상관없이 이를 받아들이고 따른다. 이러한 전통 때문에 오랜 기간 동안 중국인이 조직과 일치하지 않는 견해를 공개적으로 언급하거나 불손하게 여겨질 언행을 하는 것을 찾아보기란 쉽지 않다. 그들에게는 집단의 결정에 따르는 것이 중요하고 당의 명령은 여전히 강력하기에 엄격하게 실행될 수 있었다.

본질적으로 중국인은 그들의 집단과 일종의 협상을 맺는다고 생각한다. 복종과 충성의 대가로 보호와 지원을 기대하고, 전체로서의 행복이 개인의 행복보다 우선시된다는 것에 대한 믿음을 갖고 있다. 어느 집단이나 그렇듯이 집단의식은 규율을 요구한다. 따라서 중국인과 사업을 매개로 협상을 한다면 당신이 전체를 대표한다는 믿음을 상대방에게 반드시 심어줘야 한다. 당신이 개인을 위해서가 아닌 당신 회사의 이익을 위해 최선을 다하고 있음도 보여주어야 한다. 물론 중국인 협상 파트너에게 그들이 속한 집단을 위해 우리와의 거래가 큰 이익이 될 것이라는 점을 주지시키는 일은 기본적인 협상전략이 될 것이다. 만일 당신이 상대를 대표하는 관리자와 만날 기회가 있다면 특히 귀를 기울여 그의 말을 경청해야 한다. 그들의 언행은 집단을 대표하는 권위를 인정받기 때문이다.

---

41 민주집중제(民主集中制, Democratic centralism)는 프롤레타리아 독재를 전제로 마르크스-레닌주의 정당이 채택하는 조직 원칙에서 민주주의와 중앙 집권제의 원칙을 일부 혼합한 제도이다. 공산주의나, 사회주의 국가에서 민주집중제는 특정 이념 틀 안에서 민주적으로 정책을 결정하되, 결정된 정책에 반대하는 소수의 의견은 무시되는 다수결의 원칙을 따른다. 독재 가능성에 무방비하다는 단점을 보완하고자 집단 지도제라는 노동 계급이 참여하는 대중적 준직접민주제가 존재한다.

1) 중국식 유가 문화

유가는 중국 문화에 지속적이고도 강력한 영향력을 행사해 왔다. 중국인에게 유가는 윤리와 도덕에 관한 체계를 의미한다. 또한 인간관계에 대한 기능을 의미하며 타인에 대한 의무를 규정한다. 일반적으로 유가는 의무, 충성, 효심, 성실, 존경이라는 키워드로 설명이 가능하다. 사회주의 체제하의 중국에서 유가는 시대에 따라 부침이 있긴 했지만 사회를 존속시키는 핵심 개념으로서의 역할을 지속적으로 다해 왔다. 유가 사상의 특징은 권위에 대한 복종, 서열의식, 겸손, 절제, 관대, 그리고 직접적인 대립을 피한다는 점이다. 이는 계급과 서열이 엄격하게 구분되고 상명하달되는 결정체계로 개인에게 높은 충성심을 요구하는 중국식 관료주의를 낳게 되었다.

2. 꽌시

1) 꽌시(關係)란?

앞서 언급한 중국 비즈니스 핵심 개념 8가지 가운데 꽌시는 중국인의 생활 기저에 자리하는 중국인 특유의 정서이자 문화이다. 중국인의 인간관계를 규정짓는 가장 중요한 개념인 꽌시와 예절을 함께 살펴보자.

일반적으로 꽌시란 혈연, 학교 직장 등 연고, 지역 등에 기초하여 맺어진 인맥을 의미한다. 이는 서구의 커넥션(connection) 혹은 릴레이션십

(relationship)과 비슷한 개념이지만 사업상 혹은 공식적인 관계와는 달리 비공식적이며 호혜적인 친분의 교환을 전제로 한다는 점에서 상이하다. 꽌시는 구성원들의 친밀한 관계를 이어주는 사회적 역할뿐 아니라 구성원 간의 실질적인 비즈니스를 연결하는 경제적 역할까지 담당한다. 중국 비즈니스는 무한하고 복잡한 꽌시에 의해 영향을 받으며, 이러한 네트워크는 중국 사회 전반에 뿌리를 내리고 있다. 꽌시란 호의를 교환하거나 개인적인 목표를 달성하는 데 사용하는 일종의 시스템이다. 꽌시에는 상호의무와 신뢰, 서로에 대한 이해가 암묵적으로 내포되어 있다. 중국인들은 일반적으로 외국인들 역시 자신들의 꽌시 문화를 이해하고 자신들의 규율대로 행동해주기를 기대한다.

2) 꽌시의 구성요소

간칭(감정, 感情)

간칭 즉 감정이란 상대방에 대한 친밀함을 말하는 것으로 꽌시의 깊이를 측정할 수 있는 척도이다. 간칭은 일상생활 또는 업무 중에 발생하는 자연스러운 상호작용을 통해 형성된다. 간칭은 꽌시의 밑바탕이 된다. 즉 간칭이 부족한 꽌시는 네트워크의 결속도가 굳건하지 못하다. 따라서 상대방 가족의 대소사를 챙기는 등 상대와의 친밀한 감정을 유지하기 위한 노력을 게을리 해서는 안 된다.

상호 호혜성

누군가에게 받은 호의는 언젠가는 보답해야 할 일종의 채무이다. 이는 꽌시가 지속적으로 유지될 수 있게 해준다. 만약 A가 B에게 어떤 혜택을 받았다면 A는 B에게 암묵적인 채무를 지게 된다. 채무자는 언젠가는 반드시 빚을 갚아야 하며 이 과정을 통해서만 꽌시가 지속적으로 유지된다. 그리고 상대에게 혜택을 입었다면 그보다 더 큰 보답을 준비해야 한다. 이것이 꽌시의 운영법칙이다. 중국의 꽌시는 이렇게 사회적 관계뿐 아니라 경제적 관계를 포함하는 것이 일반적이다.

미엔즈(面子)

미엔즈란 체면을 뜻하는 말이며 중국인은 미엔즈를 관리하는 것을 곧 자신의 존엄성을 관리하는 것으로 여긴다. 특히 여러 사람이 모인 장소에서 상대방의 미엔즈를 최대한 과시하도록 해줄 수 있다면 매우 이상적이다. 중국인에게는 미엔즈, 즉 체면을 살려주는 것은 생명과도 같은 개념이다. 꽌시 구축에 있어서 미엔즈는 반드시 전제되어야 할 필수 항목이다. 중국인에게 미엔즈를 잃어버렸다는 말은 자신의 대내외적 존엄을 잃어버린 것과 같기 때문에 공식적 비공식적으로 상대의 미엔즈를 살리는 것이 중국 비즈니스의 핵심 개념이다.

신뢰

꽌시의 완성은 바로 신뢰에 있다. 상대방과의 오랜 관계 속에서 좋은 감정을 유지하고, 서로 혜택을 주고받으며, 체면을 살려주었을 경우 비로소 신뢰가 형성된다. 즉 앞에서 언급한 간칭, 상호 호혜성, 미엔즈 이렇게 세 가지 요소가 지속적으로 관리되었을 경우 쌍방 간에 신뢰가 자리 잡게 된다.

꽌시의 힘

꽌시는 사회생활을 용이하게 할 수 있는 도구이자 기본적인 욕구 충족, 개인의 필요에 의한 요구이며 나아가서는 공공서비스 영역이나 개인의 정치 및 행정적 지위를 개선하기 위해서도 활용된다.

꽌시의 특징

첫째, 꽌시는 상호 간의 의무적인 성격이 강하여 일단 꽌시가 구축되면 상대방으로부터 언제든 호의적인 행동을 기대할 수 있다. 꽌시가 지속되기 위해서는 서로에 대한 의무에 충실해야 한다. 만약 상대방의 호의를 받았다면 기한이 정해지지 않은 채무를 진 것으로 이해하면 된다.

둘째, 꽌시는 두 사람 간의 관계에 제한되지 않고 제삼자로 확대될 수 있다. 예를 들어 A가 B에게 호의를 베풀었고 또 B가 C에게 호의를 베풀었다면 A, B, C는 모두 동일한 꽌시 범주 안에 속한다고 볼 수 있다.

표 7-1 서양의 릴레이션십과 중국의 꽌시와의 차이점

릴레이션십(Relationship)	꽌시
1. 합리적 공식적인 의사결정 시스템이다.	1. 접대는 공식적인 기업 활동의 하나로 간주된다.
2. 사회적 관계와 비즈니스 관계가 동일선상에서 존재이다.	2. 사회적 관계는 비즈니스 관계에 선행하는 조건이다.
3. 경제적 속성의 약속이자 신뢰이다.	3. 물질적, 비물질적 성격을 모두 포함한다.
4. 약속이 이행되어야 하는 명확한 시점이 존재한다.	4. 특정 시점을 정해두지 않는다.
5. 경쟁적인 측면이 협력적인 측면보다 강하다.	5. 협력이 경쟁 측면보다 강하다.

셋째, 꽌시 네트워크는 원칙적으로 개인 대 개인으로 맺어지는 것이지 조직 대 조직으로 형성되는 것이 아니다. 따라서 어떤 개인이 다른 조직으로 옮겨갈 경우 꽌시도 그 개인을 쫓아서 이동하게 된다.

넷째, 상대방의 조직 내 지위에 따라 꽌시의 가치도 달라진다. 일반적으로 기업의 고위 임원과 꽌시를 구축할 경우 그 부하 직원과의 꽌시도 보장받을 수 있다. 하지만 반대의 경우는 쉽게 발생하지 않는다.

다섯째, 일반적으로 꽌시는 사회적인 면과 경제적인 면을 다 포함하지만 일반적으로 사회적인 관계가 비즈니스 관계에 선행되는 경우가 많다. 먼저 개인적인 차원에서 꽌시가 구축되면 비즈니스가 원활해지는 경우가 대부분이다.

이와 같은 특징에 기반 하여 꽌시의 원칙을 다음과 같이 정리해 볼 수 있다.

① 꽌시는 양도가 가능하다.
② 꽌시는 상호 호혜적이다.
③ 꽌시는 무형적인 것이다.
④ 꽌시는 일반적으로 정서적인 것을 추구하기보다는 이익을 얻기 위한 것이다.
⑤ 꽌시는 동일한 행동을 하더라도 상황에 따라 다르게 해석될 수 있다.
⑥ 꽌시는 장기적인 관계를 지향한다.
⑦ 꽌시는 개인적이다.

3. 예절

예절은 보통 에티켓 또는 매너로 해석된다. 그러나 중국인에게 예절은 개인의 마음에서 우러나오는 실질적인 내용보다는 스스로 예절을 지키고 있다는 형식적인 면에 치중한다. 예를 들어 중국인은 손님이 방문을 하면 차를 원하는지, 원한다면 무슨 차를 원하는지도 중요하지만 그들의 예법에 맞게 형식적으로 차를 내오는 것이 더욱 중요하다. 이러한 행동은 손님의 요구에 따라 하는 행동이 아니라 손님을 편안하게 하기 위함이다. 이렇게 형식적인 면을 강조하는 것이 중국 예절의 목적이다.

1) 형식적 조화

형식적 조화에 대한 이해는 중국의 예절을 이해하기 위한 관건이다. 중국 사회에서 모든 사람은 예의 바르게 행동하기를 기대하고 스스로 역시 예의 바르게 행동해야 한다. 여기서 말하는 예의 바른 행동이란 타인에게 무안함과 불편함을 야기하지 않는 것을 말한다. 이로써 형식적인 조화를 유지하는 것이다. 이는 공자가 말한 군자의 모습과도 관련이 있다. 공자는 중용을 통한 조화를 중시하였다. 예를 들어 중국인은 다수와 함께 있을 때 다수의 의견에 따라 개인의 의견을 조정한다. 될 수 있는 한 개인의 감정을 표출하지 않는 것이다. 이는 서양 사람의 입장에서 이해하기 힘든 부분일 수 있다. 그러나 중국인은 표면적인 조화를 유지하기 위해 기꺼이 스스로를 대중에 맞춘다. 따라서 회의 등 공식적인 장소에서 중국인은 비교적 조용히 있는 경향이 있으며 만약 새로운 제안이나 반대의견이 있다면 회의 종료 후 조용히 상사에게 별도로 이야기를 하는 편이다. 또한 비판이나 거절을 할 때에도 상대방의 면전에서 직접적으로 하지 않고 중개인을 이용하는 방법을 사용한다. 이러한 모든 행동은 형식적이고 표면적인 조화를 잃지 않기 위해서이다.

단체 활동에 참석해 보면 중국인 특유의 조화를 느낄 수 있다. 중국 사람들은 좀처럼 자신의 의견을 드러내지 않는다. 그렇다고 의견이 없는 것도 아니다. 다만 그들은 자신의 의견을 주장하기보다는 타인과의 조화에 노력한다. 중국인이 흔히 하는 속담에 "사람 보면 사람 말을 귀신 보면 귀신 말을 한다"[42]라는 말이 있다. 이는 중국식의 적응과 조화를 의미한다. 물론 이러다보니 때로 언행이 일치하지 않는 경우도 있다. 우리는 이것을 '구시심비(口是心非)'라고 한다. 입과 마음이 따로 논다는 뜻이다. 우리가 생각하기에 음흉할 수도 있지만 이로써 오는 폐단보다는 남과 조화하지 않는 데에서 오는 불화를 중국인은 더 경계한다.

2) 중국인의 동심원적 사고 구조

동심원적 사고 구조는 중국인이 그들의 사회관계를 관리하는 방법 중의 하나이다. 중국인의 사고에는 두 개의 원이 있다. 하나는 바깥쪽으로 둘러싼 큰 원이고 다른 하나는 안쪽으로 형성된 작은 원이다. 안쪽 원은 꽌시의 형태를 갖춘 관계, 즉 친지, 친구, 이웃, 동료, 학우 및 이들과 소

---

42 "見人說人語, 見鬼說鬼語."

개를 주고받은 사람들과의 관계이다. 이들은 서로 의무를 참는 관계라고도 표현할 수 있는데 예를 들면 가족에게 선물을 주는 것도 마음에서 우러나왔을 수도 있지만 기본적으로 형식적인 측면이 크게 작용한다는 것이다. 이 안쪽 원은 다시 자기 사람(自己人)과 익숙한 사람(熟人)으로 구분할 수 있다. 자기 사람이란 자기 자신과 같이 아끼는 사람, 즉 가족과 같은 사람을 가리킨다. 익숙한 사람은 안쪽 원에서 자기 사람을 뺀 나머지 사람, 즉 흔히 말하는 아는 사람 정도라고 생각하면 된다. 비즈니스에서의 관계는 대부분 아는 사람과의 관계이다. 이는 우리나라 사람들이 쉽게 이해하지 못하는 부분이다.

비즈니스 협상에서 이익을 철저하게 따지는 건 중국인에게 당연한 이치이다. 오죽하면 "먼저 이익에 밝은 소인이 되고, 후에 의를 찾는 군자가 되라"[43]라는 말이 나오겠는가? 한국의 비즈니스맨들은 반대로 좋은 게 좋은 식으로 대충 협상을 끝내고 나중에 문제가 생기면 얼굴을 붉히는 "선군자후소인(先君子後小人)"의 경향을 보인다. 이는 우리가 중국인과의 협상에서 밀리는 한 가지 요인이라고 할 수 있다.

바깥쪽 원에는 외인(外人)이라는 중국인 자신이 모르는 사람들이 자리 잡고 있다. 외인이란 자신과 어떠한 의무 관계도 없는 사람들이다. 중국인은 바깥쪽 원에 속하는 사람은 아예 존재하지 않는 것처럼 취급한다. 이는 교통사고에 대한 중국인의 태도를 보면 쉽게 이해할 수 있다. 중국인은 눈앞에서 교통사고가 발생하여도 자기 자신에게 손해를 끼치지 않았다면 누가 다쳤는지, 얼마나 큰 사고가 났는지 등에 크게 신경 쓰

43 "先小人後君子."

지 않는다. 길에서 구걸하는 거지들 역시 중국인에게 구걸하지 않는다. 외국인에게 구걸한다. 중국인들은 거지들에게 도움을 주는 것은 정부의 책임일 뿐 자신은 어떠한 책임도 질 의무가 없다고 생각한다. 최근에 중국 대도시 한복판에서 어린 아이가 교통사고를 당했는데 무려 십여 차례 차에 치이는 동안 어느 누구도 도움의 손길을 주지 않아 가엾은 목숨을 앗아간 사건이 발생하였다. 자신과 무관한 원에 속하는 사람에 대한 중국인의 태도가 어떠한지를 극명하게 보여주는 사례라고 하겠다.

3) 계층 구별

중국 사회에서 평등은 의미가 이중적이다. 사회주의의 기본은 평등이다. 그러나 흔히 말하는 중국 특색의 사회주의에는 평등과 불평등이 혼재되어 있다. 공산당 일당 중심의 중국은 2016년 12월 기준으로 약 8944만 명에 이르는 공산당원이 있으며,[44] 공산당원들은 이미 중국 사회 내에서 상당한 권력을 가진 특권층이 되었다. 이에 많은 사람들이 자신들의 정치적인 입지와 경제적인 이해관계를 바탕으로 공산당 입당을 서로 원하는 상황이 발생하였다. 그리고 자본주의 시장경제의 도입은 새로운 빈부의 격차라는 결과로 이어져 계층 및 계급의식이 날이 갈수록 심

44 2016년 12월 31일 신화사 기사에 따르면 전체 중국 공산당원은 8944만 명으로 전년 대비 165만 명 증가한 것으로 나타났다. 당원 가운데 여성은 2167만 2000명으로 전체의 24.7퍼센트, 소수민족은 605만 1000명으로 6.9퍼센트를 각각 차지하였고, 전문대 이상 학력자는 전체의 43퍼센트, 35세 이하의 당원은 25.6퍼센트를 차지했다.

각해지고 있는 것 또한 현실이다. 이렇게 평등을 내세우는 사회주의 중국에서 중국인들의 계급의식은 이미 상당 부분 진행되어 있다. 이에 과거와 달리 중국에서 가정부나 운전기사, 일반 직원들은 집주인이나 직장상사와 동급의 계층이 되기를 원하지 않는다.

4) 비언어적인 의사와 예의표현

중국인의 습관 중에는 우리가 이해하기 힘든 몇 가지 것들이 있다. 중국은 높은 인구 밀도로 사람들 사이에 적절한 사회적 공간에 대한 개념이 다른 나라보다 좁다. 전통적으로 중국인은 공적인 장소에서 다른 성별의 사람에게 표현하는 것을 즐기지 않는다. 심지어 남편과 아내도 거리를 걸을 때는 서로 간의 신체적 접촉을 피한다. 중국인들은 악수를 제외한 다른 형태의 신체 접촉을 즐기지 않으며 만약 이런 행위를 하면 다른 사람의 오해를 살 수 있다.

물론 최근 베이징, 상하이 등 대도시에서 생활하는 중국인의 의식에는 많은 변화가 일어나고 있다. 1960년대 문화대혁명을 겪으면서 전통 사상이 일부 붕괴되어 유가 사상의 영향이 많이 남아 있는 한국에 비해 중국 사람들은 오히려 개방적인 편이다. 실제로 중국에서 젊은 층의 공공장소에서의 과도한 애정 표현은 흔히 볼 수 있는 광경이 되었다. 하지만 전통적인 중국인은 신체 접촉에 대해 그리 관대하지 않으므로 주의해야 한다. 나아가 우리나라와 마찬가지로 나이가 자신보다 많거나 직급이 높은 사람에게 신체적인 접촉을 시도해서는 안 된다. 자세 또한 중요하다. 의자에 느슨히 앉거나 중국인과 미팅 중에 탁자에 발을 올려놓아서는 안 된다. 아주 무례한 행동으로 간주될 수 있다. 또한 절대로 어떤 사물을 머리나 발로 가리키지 말아야 한다. 손을 제외한 다른 신체 부위를 사용하는 것은 좋은 방법이 될 수 없다. 물건을 전할 때는 두 손을 사용하는 것이 존경의 신호이다.

많은 중국인이 흡연을 하고, 간접흡연이 비흡연자들의 건강을 위협한다는 시각은 여전히 찾기 힘들다. 최근 많은 공공장소에서 흡연이 금지되기 시작했지만 아직까지 중국에서는 흡연에 대해 비교적 관대한 편이다. 기차 내부 혹은 거리 곳곳, 택시 안 심지어는 학교 내부 복도에서 흡연이 가능할 정도로 공공장소에서의 흡연에 대한 거부감은 우리나라에 비해 옅은 편이다. 담배를 권하고 피우는 것은 과거로부터 중국인의 중요한 예절 중의 하나였기 때문이다. 중국인에게 담배는 인정을 느끼게 해주는 윤활유일 뿐 아니라 담배를 돌려 피움으로서 공유감과 소속감을 느끼기도 한다. 한국인이 중국에서 겪는 가장 큰 문화적 충격은 바로 손아랫사람이 손윗사람과 맞담배를 피우는 것이다. 중국인들은 나이와 상관없이 아무런 거리낌 없이 담배를 권하며 이를 거절하는 것이 오히려 실례가 될 수 있다. 계약 내용이나 업무 내용보다 술자리에서 담배를 주고받거나 술을 함께 마실 수 있는 능력 혹은 사람과의 친밀도로 인해 계약의 성사 여부가 결정될 수도 있다.

중국인 역시 몸짓을 사용한다. 그러나 우리가 일반적으로 사용하는 것과는 의미상 다른 것도 많이 있으니 주의해야 한다. 대표적으로 주의해야 하는 몸짓 중 하나가 가까이 혹은 이쪽으로 오라는 표현이다. 중국의 경우 손등을 보이게 하는 경우가 사람을 부를 때 쓰는 표현이고, 손바닥을 보이는 경우에는 개를 부를 때 혹은 그와 비슷하게 사람을 놀릴 때 사용되는 표현이다.

중국인은 침묵을 즐긴다. 중국인에게 침묵은 미덕이다. 침묵은 예의 바름의 신호이며 중국인의 완전한 관심을 받았다는 신호이다. 하지만 이는 시간을 벌기 위한 중국 협상가의 방법이자 상대방의 진의를 알아내기 위한 수단이기도 하다. 중국인은 상대방의 의견을 먼저 들은 후 결정을 내린다. 중국인의 침묵은 심사숙고하기 위해 말하지 않는 것과 다른 사람의 대답을 기다리는 것 그리고 방금 전의 대화에 동의하지 않음을 표현한다.

5) 아니라고 말하지 않은 중국인

중국인은 거절에 약하다. 손님의 요구를 거절하는 것은 중국에서는 용납될 수 없다. 체면을 중시하는 중국인은 면전에서 거절당하는 것을 체면을 구기는 것이라 여긴다. 중국인은 거절당하는 것뿐 아니라 거절하는 것 역시 싫어한다. 심지어 "아니오"라는 대답을 하지 않기 위해 선의의 거짓말을 하기도 한다. "기다리세요" "조금 더 생각해 볼게요" "며칠 후에 연락드릴게요" 등은 중국인이 거절하기 난처할 때 흔히 쓰는 표현 중에 하나이다.

중국인의 말 중국인과의 비즈니스에 있어서 특히 계약 관계에서 "아무 문제없어요"라는 언급을 듣더라도 쉽게 안심해서는 안 된다. 오히려 "한 번 해봅시다" 또는 "최선을 다하겠습니다"라고 하는 경우 신뢰성이 더 있을 수도 있다.

제8장

중국인의 만남과 인사 문화

1. 첫 만남

중국인은 잘 모르는 사람에게는 공식적으로 소개되는 것을 선호한다. 낯선 사람과 대화하기를 꺼려하는 중국인 특유의 습성 때문이다. 만약 당신이 어떤 사람을 우연히 만난다면 그 사람에 대하여 알 수 있는 방법이 없다. 그 사람이 어디 출신이고 어떤 직업을 가지고 있는지 알 방법이 없으며 심지어 그 사람을 알아두는 것이 도움이 될지 해가 될지조차도 알기 어렵다. 반면에 만약 한 친구가 당신을 다른 중국인에게 소개한다면 그 사람은 친구를 매개로 자연스럽게 신뢰할 수 있으며 이를 통해 친목을 나눌 가치가 있는 사람으로 생각하게 된다. 이것은 역으로 중국에서는 낯선 사람에게 신경 쓸 필요가 없음을 의미한다. 반면 공식적으로 소개를 주고받은 사람들과는 우호적인 관계가 되도록 노력할 의무가 있음을 의미한다.

소개에 있어서는 자신이 스스로를 직접 소개하는 것보다 누군가가 당신을 소개하도록 하는 것이 가장 좋다. 그러나 때로는 자신을 스스로 소개할 수도 있다. 만약 피치 못할 사정으로 스스로 소개하게 된다면 상대방도 알고 당신도 알고 있는 친구를 언급하면 좋다. 당신이 누군가에 의해 소개될 때 또는 스스로 소개할 때에는 자리에서 일어나야 한다. 그리고 소개하는 동안 허리를 쭉 펴고 바르게 서 있어야 한다. 당신의 이름을 말하고 당신 회사 또는 소속 단체의 명칭을 말한다. 말을 할 때는 천천히 분명히 하는 것이 좋다.

악수는 중국에서 인사의 대표적인 형식이다. 당신이 어떤 그룹에 소개될 때 만약 당신이 중국인이라면 그룹의 모든 사람들과 악수하기를 기대한다. 그리고 중국인들이 서로 소개하고 악수를 나누는 모습을 보면 머리를 살짝 숙이는 것을 볼 수 있다. 그러나 중국인은 허리를 굽혀서 인사하지는 않는다.

명함은 충분히 가지고 다니는 것이 좋다. 명함을 전달할 때에는 양손을 모두 사용하여 명함의 양쪽 귀퉁이를 잡고 건네준다. 명함을 받는 사람이 바로 읽을 수 있도록 건네주는 것이 예의이다. 만약 두 가지 언어로 된 명함이라면 당신 나라의 언어로 쓰인 면이 위로 오도록 건네준다. 당신이 누군가의 명함을 받을 때에는 그 명함을 몇 초 동안 읽어라. 이것은 당신이 그 사람의 이름을 기억하는 데 도움이 된다. 이뿐만 아니라 그 사람에 대한 존경의 표시가 되기도 한다. 명함을 보지도 않고 바로 주머니에 넣는 것은 정중하지 않은 것이다. 왜냐하면 상대방의 품격을 떨어뜨리는 것으로 보이기 때문이다. 만약 좌석에 앉아 회의를 하고 있다면 그 명함을 탁자 위에 두어라.

1) 명함 교환 에티켓 재점검

무엇보다 공손한 자세가 중요하다. 상대방(특히 윗사람인 경우)의 명함을 먼저 받는 편이 좋다. 두 손으로 받고 잠시 시선을 집중하는데, 특히 이름을 정확히 확인한다. 본인의 명함을 건넬 때에는 명함 케이스 또는 윗주머니에서 꺼내어 두 손으로 상대방이 글자를 읽을 수 있는 방향으로 건넨다. 이때 상대의 눈을 바라보며 본인의 소속과 이름을 소개하는 것이 바람직하다. 아울러 명함 교환 후 앉아서 미팅을 하게 되는 경우에는 테이블에 가지런히 올려놓은 후 이야기를 나누고, 미팅이 끝나면 잘 정리하여 보관한다. 처음 중국인을 만나면 보통 다음 질문 중에서 한 가지 이상의 질문을 받게 된다.

- 어느 나라에서 왔나요?
- 중국에 온 지 얼마나 되었나요?
- 예전에 중국을 방문한 적이 있나요?
- 중국어를 말할 수 있나요?
- 중국에 대해 어떻게 생각하나요?
- 직업이 무엇인가요?
- 중국 어디를 가보셨나요?
- 중국 음식에는 익숙한가요?
- 결혼은 했나요?
- 슬하에 자녀가 있나요?

중국인이 이런 질문을 하는 것은 대부분 상호 간의 공통점을 찾으려는 시도라는 것을 명심하라. 만약 당신이 어느 나라에서 왔는지 알게 되면 중국인은 당신 나라에 대해 듣기 좋은 말을 해줄 것이다. 예를 들어 "한국인은 아주 친절합니다" 또는 "한국은 우리 중국과 아주 가까운 관계입니다"와 같은 말을 할 것이다. 이 밖에 그 나라를 방문했거나 유학을 간 친구나 친척에 대해 언급하거나 개인적으로 여행을 갔던 이야기를 할 수도 있다.

처음 만난 중국인이 당신에게 매우 개인적인 질문을 하더라도 놀랄 필요 없다. 사실 한국도 비슷하지만 그것은 단지 서구와는 다른 문화적 차이일 뿐이다. 예를 들어 중국인은 당신이 한 달에 돈을 얼마나 버는지 물을 수도 있다. 왜냐하면 과거 사회주의 체제의 중국에서는 급여가 비밀이 아니었기 때문이다. 또 당신의 나이나 당신이 가지고 있는 것 또는 입고 있는 옷의 가격을 물을 수도 있다. 만약 독신이라면 왜 결혼을 하지 않았느냐고 단도직입적으로 물을 수도 있다. 그리고 당신에게 자녀가 없다면 중국인은 왜 자녀가 없는지 궁금해 하고 이상하게 여길 것이다. 또한 중국인들은 보통 서양인들이 대화에서 일반적으로 언급하지 않는 개인의 신체적 특징들, 즉 체중, 키, 대머리 등과 같은 것에 대해 직접적으로 묻기도 한다. 이러한 중국인의 개인적인 질문에 대해서 가능하다면 할 수 있는 최선을 다하는 것이 좋다. 만약 이런 질문에 대답을 거부한다면 이것은 그들을 무시하는 것과 같다. 적어도 상당한 거리감이 생기게 된다. 만약 이런 개인적 질문에 답하기를 거절한다면 대부분의 중국인들은 더 이상 이에 대해 언급하지 않을 것이다. 그러나 우리가 기억할 점은 중국인이 개인적인 질문을 한 것이 마치 뭔가 중대한 잘못을 한 것처럼 대하지 않도록 주의해야 한다는 사실이다.

중국인은 노골적으로 칭찬을 받는 것은 좋은 예의가 아니라고 생각한다. 그래서 중국인들은 자신이 칭찬받을 만하지 않다는 척을 잘한다. 예를 들어 중국인에게 한국어를 매우 잘한다고 칭찬을 하면 중국인은 "전혀 아닙니다" 또는 "정말로 잘하지는 않아요"와 같은 대답을 할 것이다. 중국인들이 칭찬받을 때에 가장 흔하게 쓰는 말은 "천만에요. 별거 아닙니다"라는 뜻의 "哪里(나리. nali)"이다.

2) 호칭의 형식

다음으로 중국인의 호칭에 관해서 알아보자. 우리가 중국인 왕젠궈(王建國)라는 사람을 만난다고 가정해 보자. 서양에서처럼 그의 이름을 직접 젠궈(建國)라고 부르면 실례가 된다. 중국 사람들은 보통 이 사람을 왕 선생으로 부른다. 서양에서는 처음의 만남 이후 성(姓)을 생략하고 그 사람의 이름만 부르기도 한다. 그러나 서양과는 달리 중국에서는 아주 친한 친척이거나 매우 친한 친구인 경우를 제외하고는 이름만 따로 떼어 부르지 않는다. 중국에서는 어느 정도 관계가 돈독해졌을 때 자기보다 나이가 많은 사람의 성 앞에 노(老)를 붙여서 예를 들어 그 사람의 성이 김이라면 라오진(老金)이라 부르고 자신과 나이가 적거나 비슷한 연배라면 그 사람의 성 앞에 소(小)를 붙여서 샤오진(小金)이라고 부른다.

전통적으로 중국에서는 태어난 순서로 사람을 부르는 호칭으로 사용한다. 예를 들어 4명의 자녀 중에서 가장 나이 어린 남자 아이는 샤오디(xiaodi)로 부르고, 그 남동생은 위의 세 명의 누나들을 나이 순서대로 다제(dajie, 큰 누나), 얼제(erjie, 둘째 누나), 산제(sanjie, 셋째 누나)라고 부른다. 또 삼 형제인 집에서는 라오다(laoda, 큰 아들), 라오얼(lao'er, 둘째 아들), 라오산(laosan, 셋째 아들) 또는 라오야오(laoyao, 막내)라고 부른다.

당신이 친한 중국인 친구를 이름으로만 부르고자 한다면 그 친구의 가족에 속했을 경우를 가정하여 나이 순서에 따라 해당되는 가족관계로 그 친구를 호칭하면 된다. 이 호칭 앞에 그 친구의 성(姓)을 붙여서 부르면 된다. 예를 들어 당신보다 나이가 조금 많고, 매우 친한 남자 동성 친구 진(陳) 씨는 천다거(Chen dage)로 부르면 된다. 이렇게 부르는 것은 매우 친밀하고 정중한 표현으로 통한다. 그런데 친구의 가족을 부를 때에는 특별히 조심해야 한다. 친구의 부모를 시엔셩(先生, xiansheng), 타이타이(太太, taitai), 또는 푸런(夫人, furen)과 같은 말로 호칭하는 것은 부적당하다. 이런 호칭이 부적합한 또 하나의 이유는 이런 용어들이 매우 사무적이고 공식적이기 때문이다. 친구의 가족을 호칭할 때에는 그들이 당신의 가족인 것처럼 생각하면 된다. 당신의 나이와 당신 부모의 나이 그리고 친구와 당신의 관계를 고려해야 한다. 예를 들면 큰아버지, 삼촌을 뜻하는 보푸(伯父, bofu) 또는 큰어머니, 숙모를 뜻하는 보무(伯母, bomu)라는 호칭을 선택할 수 있다. 실제 가족도 아니면서 이런 호칭을 사용하는 것이 무례하게 보이지 않을까 두려워하지 않아도 된다. 중국인들은 오히려 이런 호칭을 매우 정중하고 친근감 있게 생각한다. 이렇게 삼촌, 숙모라고 부르는 것은 친밀함을 상징하고 동시에 세대의 사회적 서열을 표현하기도 한다.

사업상 사람을 만날 때에는 중국인의 성(姓) 뒤에 직책이나 서열을 붙여서 부르는 것이 일반적이다. 예를 들어 한국의 사장에 해당하는 총경리를 부를 때는 그 사람의 성 뒤에 직책을 붙여서 성이 김 씨인 사장의 경우 진종(金總, Jin Zong)이라고 부르면 되고, 부사장이나 부국장처럼 부가 들어가는 직책일 경우에는 일반적으로 부(副) 자를 빼고 부르면 된다.

이는 상대방의 체면을 높여주는 의미이다. 특별히 한 자리에 사장과 부사장이 같이 있어서 두 사람을 구별할 필요가 있는 경우를 제외하고는 그 사람의 조직 서열을 구체적으로 의미하는 호칭을 쓰지 않는 것이 더 정중한 것으로 통하기 때문이기도 하다.

그리고 베이징에서 서비스업에 종사하는 사람은 일반적으로 스푸(師傅, Shifu)라고 호칭하는 것이 좋다. 이 말은 본래 전문가를 의미하며 품위 있는 존칭이다. 그러나 상하이와 그 밖의 다른 곳에서는 서비스업 종사자들에게 이런 호칭 대신 시엔셩(Xiansheng, 先生, 선생님), 샤오제(Xiao-jie, 小姐, 아가씨)라는 말을 많이 쓴다. 그러나 중국의 서부 지역 또는 일부 연안 지역에서는 샤오제가 일반적인 미혼의 아가씨를 의미하는 것이 아닌 유흥업소 여성 종업원을 표현하기도 하므로 주의해서 사용해야 한다.

성(姓)을 붙이지 않고 호칭만을 부르는 것은 훨씬 더 정중한 표현이다. 예를 들어 성이 이씨인 부장을 이 부장이라고 하지 않고 부장(部長, Buzhang)이라고만 부르는 것이다. 실제로 이렇게 같이 말하고 있는 사람을 삼인칭의 형태로 부르면 더 정중하게 들린다.

3) 공식적인 환영과 송별

중국 정부 관료의 미국 방문을 두고 중미 양국 사이에 협의를 하는 경우를 가정해 보자. 협상에 참석한 인원은 양국의 미국 방문 실무 담당 책임자이다. 이 두 사람이 미국 방문에 대한 이야기를 시작했다. 사전 미팅에서 중국 담당자는 중국 정부 각료가 미국 공항에 도착했을 때 충분히 지위가 높은 미국 관계자가 워싱턴 공항에 마중 나와야 한다고 강조할 것이다. 미국은 공항에 마중 가는 사람이 누구인지 큰 의미를 두지 않지만 중국의 입장에서는 격에 맞지 않는 대우를 받을 경우 생기는 문제를 미연에 방지하고 싶기 때문이다.

공식적인 송별 의식 역시 중국 측 입장에서 비교적 중요하다. 우리는 중국의 지도자가 해외 방문을 할 때 다른 고위 관료들이 서열에 따라 한 줄로 나란히 서서 그와 악수하는 장면을 쉽게 볼 수 있다. 중국에서 전통적으로 정중하다는 의미는 가능한 멀리까지 그들을 바래다주는 것이다. 중국인의 방식대로 공항에서 손님맞이를 하는 것은 뭔가 확실한 이익을 준다. 중국인들은 고위 간부가 직접 마중 나와 준 것을 감사히 여기고, 당신에게 높은 점수를 줄 것이다. 중국에서 정부의 고위급 장관이 어떤 회사를 방문하는 것은 마치 그 회사 사장을 만나기 위해 산을 옮기는 것과 같이 매우 어려운 과정을 의미한다. 그 장관이 편하게 이동하도록 신경을 쓰고, 꽃을 준비하며, 레드 카펫을 깔아야 하며, 리무진을 준비해야 한다. 만약 당신 회사를 방문하는 중국인 고위 인사에게 강한 인상을 주려면 이런 준비가 매우 힘들고 귀찮겠지만 그만큼의 가치가 있다.

4) 전화예절

중국인과의 사업은 거의 대부분 면대면(面對面)으로 이루어진다. 그러나 종종 전화로 약속을 하게 되는 경우들이 생긴다. 중국인은 전화를 받을 때 보통 웨이(喂, wei)라고 한다. 이 말은 기본적으로 안녕하세요라는 의미이다. 그런데 대화 상황에 따라서 웨이의 뜻은 바뀌기도 한다. 대화를 시작할 때 웨이라는 말은 "저입니다. 이제 당신이 누구인지 말할 차례입니다"라는 뜻이다. 중국인은 보통 전화를 받을 때 자신이 누구인지 밝히지 않는다. 따라서 전화로 대화가 시작될 때 전화를 건 사람은 먼저 어느 부서의 누구와 통화하려고 하는지를 분명히 해야 한다. 웨이는 또한 문장 중간에서 "제 말 듣고 계세요?" 또는 "잠깐만 조용히 해주세요. 중요한 것을 말하려고 합니다"라는 뜻으로 쓰인다.

중국에서 만일 전화 받는 사람이 당신을 잘 모른다면 당신이 어디 소속인지 확실하게 밝혀야 한다. 그리고 당신이 누구와 무슨 용건으로 통화하려고 하는지 말해야 한다. 이것을 상세하게 설명하지 못하면 당신은 중국인으로부터 "누구세요?"란 뜻의 "你哪位(니 나웨이, Ni nawei)?"라는 질문과 "어디세요?"라는 뜻의 "你哪里(니 나리, Ni nali)?" "你哪儿(니 날, Ni nar)"과 같은 질문을 계속해서 듣게 될 것이다.

이러한 질문들을 글자 그대로 받아들여서는 안 된다. 이러한 질문들은 모두 같은 것을 묻는 것이다. 즉 "당신은 어디 소속입니까?"이다. 업무 중일 때 중국인은 당신 개인의 정체성에는 거의 상관하지 않는다. 그리고 당신이 어디서 전화를 거는지도 상관치 않는다. 중국인이 궁금해 하는 것은 당신이 소속된 단체와 당신이 전화를 건 목적이다. 따라서 중국에서 전화로 당신을 밝히는 적절한 방법은 먼저 당신이 속한 회사나 단체를 말하는 것이다. "나는 ~전자의 ~부서에서 일하는 누구입니다"의 형식과 같이 한다. 당신은 아마도 전화를 받은 사람이 개인적인 질문을 많이 하는 것이 귀찮고, 얼른 원하는 사람과 통화할 수 있기를 바랄 것이다. 그러나 보통 이렇게 신원을 확실히 알 수 있는 일련의 질문 과정을 거쳐야 한다. 그러므로 먼저 당신에 대해 충분한 정보를 주도록 하라. 또한 왜 전화를 걸었는지에 대해 충분히 요약하여 설명하라. 그러면 중국인은 당신을 신뢰하고 당신이 원하는 사람과 통화를 할 수 있게 해줄 것이다.

제9장

중국인의 선물과 비즈니스 회의 문화

1. 중국인의 선물

1) 선물

중국인에게 선물은 감사나 존경의 표시로 주어질 수 있고, 어떤 대가로도 주어진다. 그리고 선물은 답례의 의무를 이행하기 위해 또는 어떤 일을 기념하기 위해 주어지기도 한다. 이 외에 어떤 호의나 후원을 명백하게 요구할 때에도 선물이 오고간다. 특히 사업상 출장을 가는 이에게 선물은 중요하다. 처음 만나는 자리에서의 낯섦을 피하고 상대방에게 자신이 속한 회사의 호의를 표하기에는 선물만 한 것이 없다. 그렇다면 언제, 누구에게, 어떤 종류의 선물을 주는 것이 적합한지를 파악해야 한다. 일반 여행자라도 상황에 맞게 선물을 준비한다면 상상 이상의 결과를 얻을 수도 있다. 중국에서는 첫 번째 만남에서 주는 선물을 젠멘리(見面禮)라고 하여 상대에 대한 존중을 표현하는 하나의 예로써 간주한다.

2) 비즈니스 선물

중국에 이런 말이 있다. "멀리서 보내는 선물은 거위의 털처럼 변변치 않으나 성의만은 지극하다."[45] 선물은 비록 보잘것없지만 마음만은 크고도 크다는 의미이다. 물론 그렇다고 해서 마음만을 담은 보잘것없는 선물이 환영받는다는 의미는 아니다. 중국인은 돈을 많이 쓸수록 정이 더 깊어진다고 여긴다. 선물의 가격에 따라 감정의 깊이를 가늠할 수 있기 때문에 손님을 치르는 집주인은 받은 선물의 가치를 꼼꼼히 따진다. 봉투를 받으면 액수를 확인한다. 반대로 남에게 선물할 때는 받은 만큼 돌려주려고 하며 받은 만큼 돌려주지 못하면 체면을 잃는 것이라 여긴다.

중국에서는 일반적으로 선물과 관련한 세 가지 의무가 있다고 한다. 누군가를 만나고 꽌시를 만들려면 반드시 선물을 주어야 하는 의무가 그 첫 번째이다. 두 번째는 선물을 주게 되면 반드시 받아야 한다는 것이다. 선물을 주는 사람의 체면을 생각해서도 받아야 하는 것이 선물이요 선물을 받는 사람의 체면을 생각해서 무성의하거나 단지 형식적인 선물만을 제공해서도 안 된다는 것이다. 마지막 세 번째 의무는 선물을 받게 되면 반드시 이 선물을 되갚아야 한다는 점이다. 도움을 받았는데 선물을 주지 않는 것은 예의에 벗어나는 것이다. 그리고 선물은 비등가의 개념으로 일반적으로 답으로 줄 때는 받은 것보다 더 가치가 있는 것을 주는 것이 중국인의 관습이라고 할 수 있다.

일반적으로 중국인은 손님을 맞이할 때 그 손님이 그들의 방문을 기

---

45 "千里送鵝毛, 禮輕情意重."

념하는 선물을 주기를 기대한다. 반대로 중국인들이 다른 나라를 여행할 때에는 상대방을 위해 거의 모든 경우 선물을 준비한다. 1980년대에는 중국인에게 선물을 주면 두세 번 사양을 하고 나서 마지못해 받았다. 물론 계속 사양한다고 선물을 안 주고 가 버리면 아마도 중국인은 당신의 뒤통수에 대고 욕을 했을지도 모른다. 이는 중국인의 습성을 몰라서 발생한 전형적인 예이다. 1990년대 이후 중국의 개혁개방이 본격화되고 보다 자본주의화 되면서 이제는 자연스럽게 선물을 주고받는다. 과거에 중국에서는 상대방에게 선물을 할 때 개인마다 작은 선물을 주기보다는 기관이나 단체, 회사 등 전체를 대상으로 커다란 선물 하나를 주었다. 왜냐하면 과거 사회주의 시스템에서 선물을 개인에게 줄 경우 혹시나 모를 문제, 즉 개인의 뇌물이나 부패 문제로 문제가 확대될 수 있었기 때문이다. 따라서 조직에 선물을 주는 것이 비교적 안전했다. 그렇게 해야 그 조직의 모든 사람이 표면상 모두 똑같은 이익을 받은 것이 되기 때문이었다.

물론 오늘날에는 이렇게 하지 않는다. 이제는 그룹 구성원에게 개인적인 기념 선물을 주는 것은 흔한 장면이며, 선물을 주고받음으로써 개인 간의 거리를 좁히고 친밀감을 향상시키고 상대에 대한 존중과 관심의 의미로 받아들이는 경향이 점차 짙어지고 있다.

3) 선물로 주는 것

일반적으로 중국인들은 정성들여 만든 예술품이나 수공예품 또는 중국의 전통을 나타내는 차 같은 것을 선물로 주기를 좋아한다. 이와 같은 맥락에서 중국인에게 선물을 주려고 한다면 자기 나라의 전통과 문화를 대표하는 기념품이나 공예품이 좋을 것이다. 선물의 또 다른 형태는 바로 실용적인 것을 주는 것이다. 비즈니스 관련 방문을 한다면 당신 회사에 대해 알릴 수 있는 물건이 적절한 기념품이 된다. 당신 회사의 역사에 관한 책 또는 당신 회사에서 생산한 제품의 견본이나 모형 같은 것 등등이 그것이다. 만약 당신이 중국으로 답방을 간 것이라면 중국인이 당신 나라를 방문해서 여행하는 동안 찍은 사진 앨범을 주는 것도 분명 좋은 선물이 될 수 있다. 책을 선물로 줄 때에 책에 당신 회사의 회장이나 사장이 서명을 해서 주는 것도 좋은 생각이다. 그것은 중국인에게 당신이 중국에 방문하는 것에 대하여 당신 회사의 고위 간부들이 깊은 관심을 가지고 있음을 말해주는 것이 된다.

앞서 언급했듯이 개인적인 선물은 작고 기품 있는 것이 좋다. 회사에서 정기적으로 만드는 기념품도 선물로 좋다. 이 경우에는 무엇보다도 회사의 로고를 새겨라. 로고로 인해 선물이 기념품으로 바뀐다. 만일 당신이 이러한 기념품을 개인에게 주려고 한다면 모든 사람이 받을 수 있도록 만일을 대비하여 여유분까지 넉넉히 챙겨가라. 여성에게는 화장품 세트나 피부에 바르는 크림도 좋은 선물 중의 하나이다. 특히 한류와 관련하여 유명한 연예인이나 정치인의 부인이 선호하는 제품이라면 더욱더 호기심을 보일 것이다.

4) 선물로 주지 않는 것

중국에서 전통적으로 금기시하는 선물로 대표적인 것에는 시계[46]가 있다. 중국어로 시계를 주는 것을 쑹중(送钟, song zhong)이라고 한다. 그런데 이 말은 중국어로 장례를 치른다는 의미의 또 다른 표현이다. 비록 대부분의 현대 중국인들은 별로 상관하지 않지만 미신을 믿거나 '해음(諧音)'[47]에 민감한 사람들은 여전히 시계를 선물로 주는 것을 망설인다. 충분히 다른 생각을 떠올리기 쉬우므로 시계를 선물로 주는 것은 가능하면 피하는 것이 좋다. 가지가 잘린 꽃도 중국인에게 장례식을 떠올리게 하므로 피해야 한다. 그리고 녹색 모자도 삼가야 한다. 왜냐하면 남자가 녹색 모자를 쓴다는 말은 중국어로 남편의 아내가 부정한 짓을 하다라는 뜻이기 때문이다.

너무 싼 선물을 주어서도 안 되지만 그렇다고 지나치게 비싼 선물을 주는 것도 피해야 한다. 보통 선물을 받으면 상대에게 답례로 선물을 주는 것이 예의인데 너무 비싼 선물을 주면 이에 맞게 답례하기가 어렵기 때문이다. 누군가로 하여금 답례의 의무를 지키지 못하게 하는 것은 그 사람의 체면을 잃게 만드는 것이다.

선물은 보통 빨간색으로 포장한다. 중국에서 빨간색은 길함을 나타내는 색깔이다. 다른 색의 포장지를 써도 무방하지만 일반적으로 흰색은 안 된다. 중국인에게 흰색은 죽음을 애도하는 뜻이기 때문이다. 바탕색

---

46 주로 '종(鍾)' 글자가 들어가는 벽시계, 탁상시계.

47 한자에서 글자가 달라 의미도 별개인 낱말들이 음이 같거나 비슷해서 또 다른 의미를 연상시키는 현상.

으로 흰색은 얼마든지 수용된다. 그러나 하얀 색 카네이션이나 흰색 종이로 모든 부분을 포장한 것과 같은 것은 피해야 한다. 만약 포장지가 없으면 종종 선물 상자에 붉은색 리본을 붙이기도 한다.

5) 선물 주기

선물을 줄 때에는 상호 간에 함께 하게 되는 일종의 의식 혹은 행동이 있다. 동양권의 많은 나라에서는 공통적인 관습으로 어떤 선물이라도 심지어 그 사람이 선물을 받기로 하더라도 적어도 한 번 이상은 예의상 거절하는 것이다. 어떤 중국인은 심지어 선물을 되돌려 주려고 할 것이다. 때로는 그 선물을 받을 수 없다고 큰 소리로 이야기할지도 모른다.

이런 행동 방식이 서구에서는 흔하지 않기 때문에 이것이 진짜 무엇을 의미하는지 아는 것이 중요하다. 이럴 때 선물 주는 것을 포기해서는 안 된다. 예의상 몇 번 거절을 하더라도 계속 주어야 한다. 만약 정말로 상대방이 그 선물을 원하지 않음을 알아차리게 되면 예를 들어 그 선물을 받음으로 인해 곤란에 처할 수 있거나 당신에게 그 선물에 따른 호의를 베풀어야 하는 등의 의무 이행을 원하지 않을 경우 그럴 때에는 물러서야 한다. 그런 경우에는 이후에도 마치 아무 일이 없었던 것처럼 그 사람과 계속해서 관계를 유지하는 것이 가장 좋다. 이런 방식으로 선물이 거절되는 것이 유쾌하지는 않겠지만 너무 당황할 필요도 없다. 호의로 선물을 주려고 했던 것이 중국에서 꼭 부정적으로 받아들여지는 건 아니기 때문이다. 문제는 상대가 예의상 했던 거절을 그대로 믿고 선물을 거두어 가는 경우이다. 일반적으로 상대가 선물을 거절한다고 하더라도 몇 번씩 권하게 되면 중국인 열에 아홉은 받을 것이다.

선물을 주는 데에서 중요한 것은 바로 예의이다. 다른 물건처럼 선물도 두 손으로 주어야 한다. 이것은 정중함의 표시이다. 연회에 참석한 개인에게 주는 선물은 연회 장소 각 손님의 지정된 좌석에 올려놓으면 된다. 그러나 단체에게 주는 선물은 공식적으로 주어야 한다. 만일 당신이 단체에게 선물을 주려고 할 때 선물을 증정하는 가장 좋은 때는 연회에서 건배를 할 때이다. 당신이 손님일 때라도 좋고 당신이 접대하는 측이라면 더욱 좋다. 또는 식사를 마치고 떠나기 직전에 줄 수도 있다. 이러한 상황에서 주는 공식적인 선물은 절대 거절하지 않는다. 그러나 중국인들을 깜짝 놀라게 해서는 안 된다. 항상 상대방의 누군가가 선물 받는 것을 미리 알 수 있도록 해야 한다. 이것은 그들이 빈손으로 선물을 받아서 당황하지 않게 하려는 것이다. 즉 선물을 받을 사람이 답례로 줄 선물을 준비할 수 있도록 해주어야 한다.

선물을 준 사람 앞에서 선물을 열어보는 것은 중국식 예의가 아니다. 중국인들이 공개적인 장소에서 선물을 열어보지 않고 집에서 선물을 열어보는 것은 나름의 이유가 있다. 그것은 선물을 열어보면서 그들이 결코 받고 싶지 않거나 정말 필요하지 않은 선물에 대하여 놀라거나 실망하는 장면을 보여주어 상대방의 체면을 떨어트리지 않게 하려는 것이다. 중국인들은 개인적인 선물을 고를 때에 그 사람의 관심과 특이성을 고려하기보다는 실용주의적인 것을 더 염두에 둔다. 선물을 대중 앞에서 여는 것은 마음보다는 그 선물 자체에 너무 초점을 두는 것처럼 보이기도 한다.

6) 선물의 대가

중국인은 선물 받는 것에 어떤 대가를 부여한다. 중국인은 종종 부탁을 할 때 선물을 준다. 몇 년간 연락을 안 하던 사람이 갑자기 선물을 가지고 나타나면 당신에게 뭔가 부탁을 하고자 한다는 명백한 표시이다. 때때로 호의가 먼저 있고 선물이 나중에 뒤따르기도 한다. 만일 누가 당신의 친척을 취직시켜 주었거나 구하기 어려운 공연 입장권을 구해 주었으면 이에 대한 답례가 기대된다. 여유가 없는 경우를 제외하고 선물의 가치는 베풀어진 호의의 크기와 대략 비슷해야 한다. 중국에서 선물과 뇌물의 경계는 실제로 매우 모호하다. 그리고 비록 선물을 거절하는 것이 어색할 수 있겠지만 만일 당신이 누군가로부터 선물을 받음으로 인해 어떤 보상의 역학관계가 성립됨을 느낀다면 최선의 전략은 그 선물을 거절하는 것이다.

2. 중국의 비즈니스 회의

1) 회의의 준비

중국의 비즈니스 미팅 과정을 살펴보자. 우선 중국에서 회의는 생각보다 복잡한 과정이라는 사실을 염두에 두어야 한다. 만약 회의를 요청한 사람이 외국인이고 그리고 그 외국인이 속한 회사나 단체가 중국에 잘 알려지지 않았다면 먼저 어떤 조직인지 확실히 알려주어야 한다. 중국인들은 충분한 정보 없이 면대면으로 협상하기를 꺼려한다. 이것은 중국인이 새로운 사람에게 공식적으로 소개되는 것을 더 선호하는 경향과 마찬가지이다. 중국의 회사나 기관은 상대편 조직과의 공식적 회의에 동의하기 전에 우선 상대편 조직의 배경 정보를 원한다. 따라서 비즈니스의 첫 번째 순서는 당신이 믿을 만하다는 것을 상대에게 각인시키는 것이다. 이것은 개인이건 단체건 양측이 모두 알고 있는 제삼자의 소개에 의해서 이루어지면 좋다. 물론 당신이 직접 자신을 소개할 수도 있다. 교섭이 시작되면 상대방에게 가능한 많은 배경 지식을 제공하는 것이 좋다. 문서로 된 형태면 더욱 좋다. 또한 당신이 논의하고자 하는 주제에 대해서도 정보를 제공해야 한다.

반대로 먼저 회의를 요청한 측이 중국인이라면 상대 중국인에게 회의에 앞서 가능한 사전 정보를 요구할 수 있다. 이것은 상대방이 무엇을 원하는지 알 수 있고 당신 조직이 상대방의 입장에서 어느 정도의 위치를 차지하는지 가늠할 수 있도록 해준다. 중국인이 사전 정보를 선호하거나 고집하는 데에는 두 가지 중요한 이유가 있다. 우선 그들은 놀라는 상황을 싫어한다. 상대의 요구가 무엇인지 아는 것은 자신들의 위치와 대처하는 방법에 대한 준비를 가능하게 하여 확신을 가지고 회의에 임할 수 있게 하는 것이다. 이러한 접근 방식은 서양과는 다소 다른 면이 있다. 서양 사람들은 자신들의 주장을 가장 최선의 방법으로 가정하고 상대측의 반응을 평가하기 위해서 미리 정보를 제공하지 않고 회의에서 처음으로 자신들의 생각을 제시하는 방법을 더 선호한다. 그러나 중국인들은 이런 방식으로 진행하지 않는다. 만약 숨겨둔 것이 있으면 단순히 듣기만 하고 나중에 논의할 사항으로 미루어둘 것이다. 일반적으로 당신은 중국인 리더가 외국인과의 회의 동안 즉석에서 바로 결정을 내리는 것을 좀처럼 볼 수 없을 것이다. 중국인들이 사전 정보를 선호하는 두 번째 이유는 당신의 생각을 미리 알려주면 관련된 조직의 도움을 얻을 수 있기 때문이다. 회의에 중국 측 관련 조직의 사람이 참석할 가능성을 최대화하는 데에도 도움이 된다. 따라서 외국인 실무자가 중국 정부나 회사에게 회의를 요청하려면 회의에 관한 정보를 충분히 미리 제공해야 한다.

사전에 미리 정보를 제공하면 중국의 회사나 기관들은 회의의 원칙들에 거의 동의할 것이다. 그러나 회의의 시간 약속이나 구체적으로 누가 참석할지에 대해서는 의견이 다를 수 있다. 특히 회의 날짜가 앞당겨지는 경우에는 특히 그렇다. 실제로 당신이 중국 측과 몇 달 전에 이미 회의를 약속했더라도 당신이 중국에 도착하기 전까지는 회의 시간과 장소 참여 인원 등의 준비가 되어 있지 않는 경우도 발생한다.

2) 회의 준비

중국에서 약속한 회의에 정시에 도착하는 것은 매우 중요하다. 약속 시간을 정확히 지키는 것은 중국에서 반드시 지켜야 할 미덕으로 여겨진다. 다른 사람들을 기다리게 하는 것은 무례한 것으로 간주된다. 만약 당신이 회의에 늦게 도착했다면 분명하게 사과의 뜻을 전달하라. 이렇게 함으로써 당신의 지각이 전혀 고의가 아니었음을 보여야 한다. 그렇다고 회의 장소에 너무 이르게 도착하는 것도 적절하지 않다. 한 번은 중국 협상단이 한국을 방문한 적이 있었다. 그들은 회의 장소에 20분 일찍 도착했다. 중국 대표단은 바로 들어가면 한국 측이 아직 손님 맞을 준비가 덜 되어서 당황할 수 있다고 생각했다. 그래서 운전기사에게 약속 시간까지 자신들이 차 안에서 기다리게 해달라고 요청하였다.

회의는 회의 장소에 손님들이 도착하면서 시작된다. 손님들은 환영을 받고 회의 장소로 안내된다. 접대 측의 대표는 손님들의 방문차량을 맞이하러 반드시 밑에까지 내려갈 필요는 없다. 그러나 자신이 내려가지 않을 경우 반드시 다른 사람을 내보내어 손님을 맞이하도록 해야 한다. 그리고 나머지 접대 측 대표와 임원들은 손님들이 도착할 때 회의실에서 미리 기다리고 있는 것이 좋다. 회의실에 손님이 도착하면 손님 중에 가장 서열이 높은 사람이 가장 먼저 회의실에 들어가도록 안내한다. 이렇게 하지 않으면 접대 측이 처음 들어오는 사람이 대표인지 비서나 하급 직원인지 혼동할 수 있기 때문이다.

중국 대표단은 의례적인 순서에 따라 회의실에 들어가는 경향이 있다. 통역자만은 전통적으로 서열을 깬다. 지도자 간의 의사소통을 도울 필요가 있기 때문이다. 접대인과 손님이 서로 악수를 나눈 뒤 손님은 자리에 앉도록 안내된다. 매우 공식적인 회의는 자리 배치가 엄격하다. 손님들이 서열 순서대로 앉고 통역사는 대표 뒤에 위치한다. 손님 측 리더와 VIP 손님들은 보통 접대 측 대표 주변의 주요 자리에 앉게 된다. 의자가 벽면을 따라 배열된 방에서 최고의 자리는 방문 반대쪽 끝에 있는 접대자의 바로 오른쪽 소파나 의자 자리이다. 다른 높은 서열의 손님들은 같은 일반 구역 의자로 안내된다. 통역자는 전략적으로 접대자와 손님 측 리더 근처에 앉는다. 다른 손님들은 남은 자리에 앉으면 된다. 손님들이 모두 자리에 앉은 후 나머지 중국 참가자들도 앉는다.

만약 회의실 중앙에 커다란 탁자가 있다면 손님 측 리더는 접대 측 리더의 오른편이 아니라 맞은편에 앉는다. 양측 대표단의 나머지 구성원들은 나머지 자리를 채운다. 공식적인 회담이나 협상에서만 중국 대표단

그림 9-1 중국 비즈니스 회의 자리 배치표 1

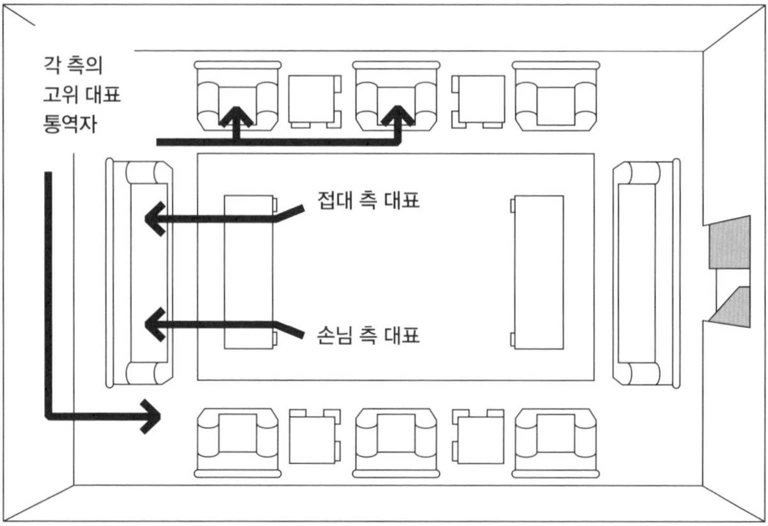

이 탁자 한 편에 모두 앉고 외국인은 그 맞은편에만 앉는다. 이런 경우 서열이 가장 낮은 사람이 탁자 양 끝 쪽 리더로부터 가장 멀리 떨어진 자리에 앉는다. 비공식적인 회의의 경우 탁자 양쪽으로 정확히 접대인과 방문자 측을 나누어 앉지 않아도 된다. 그러나 양 측의 리더가 탁자 중앙에 앉는 것은 항상 지켜진다.

3) 회의의 진행

대부분 중국인과의 만남은 가벼운 대화부터 시작한다. 특히 접대자와 손님이 서로 잘 모를 때에는 비즈니스를 진행하기 전에 먼저 어색함을 없애야 하기 때문이다. 중국인들은 보통 거래에 있어 다른 나라 외국인

그림 9-2 중국 비즈니스 회의 자리 배치표 2

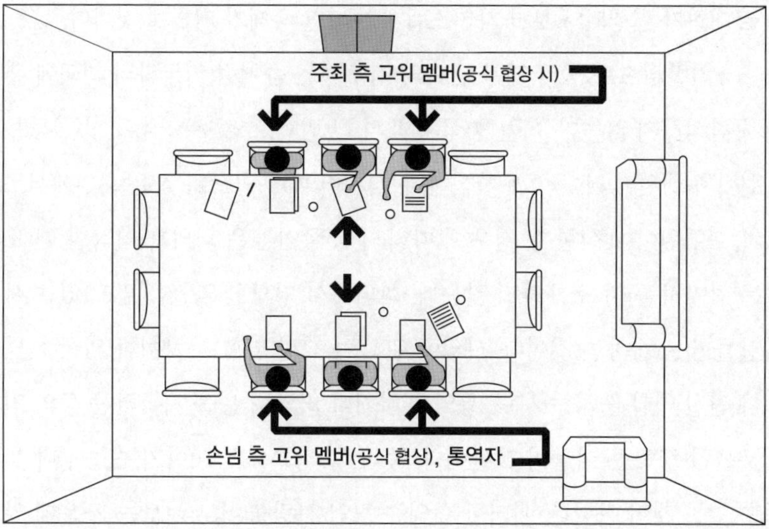

들에 비해 느긋하게 접근한다. 그들은 서로를 잘 모를 때 서구식의 모든 카드를 테이블에 다 펼쳐 놓는 식의 접근에는 움찔한다. 중요한 사업 거래는 상대방을 신뢰할 수 있을 때 시작된다. 그리고 그 신뢰는 아주 짧은 시간에 이루어지는 것이 아니다. 따라서 관계를 급하지 않게 천천히 쌓아가는 것이 중요하다. 사업에 대한 논의를 서두를 필요도 없다. 그런 논의는 자연스럽게 제시간에 논의될 것이다. 우선 일반적인 관찰이나 질문 같이 어색함을 없앨 수 있는 가벼운 소재부터 대화를 시작하라. 보통 중국인들은 날씨 이야기를 하거나 당신이 중국으로 오면서 있었던 사소한 일, 예를 들면 비행기가 제시간에 잘 도착했는지, 오는 길에 흥미로운 것을 본 것이 있는지, 지역에서 특별히 맛있는 음식을 먹어보았는지 등과 같은 이야기를 하게 된다. 당신 쪽은 상대가 당신 나라에 방문한 적이 있는지 물어보거나 접대 측 대표가 이 기관에 근무한 지 얼마나 오래되었는지 등과 같은 가벼운 대화를 이끌어가는 것이 좋다. 보통 이런 방식으로 대화가 진행되다 보면 자연스럽게 논의할 주제가 거론될 것이다.

일반적으로 중국 정부 관료의 경우에는 좀처럼 외국과의 회의에 혼자 참석하지 않는다. 이는 중국 정책의 한 방편으로 보통 하위 직급 공무원이 수행원이 되어 함께 참석한다. 심지어 매우 규모가 작은 회의에서조차 수행원이 배석한다. 경우에 따라서 중국인들은 회의를 시작할 때 모든 참가자를 다 소개하지 않는다. 회의에서 명확한 역할을 맡고 있는 사람들만 소개하는 것이다. 사업에 관하여 직접 말할 사람이나 외국 손님과 연결 역할을 하는 사람, 통역을 하거나 회의 내용을 기록하는 등의 임무를 수행하는 이들이 그들이다. 중국 측 정부와의 이야기는 누구나 할 수 있는 것이 아니다. 이러한 회의는 모인 사람들이 지켜보는 가운데 양측의 대표자 간 대화를 주고받는 것으로 진행된다. 접대 측 리더와 손님이 아닌 다른 참가자들은 회의 기간 동안 참석하나 양측 리더 외에 특별히 발언하도록 허용되지 않는 한 일반적으로 대화에 참여할 수 없다.

처음의 인사가 끝난 후 접대 측 리더는 환영의 메시지를 담은 개회사를 한다. 만약 중국인이 회의를 요청한 것이라면 접대 측 리더는 개회사에서 사업에 대한 언급도 직접 할 것이다. 반대로 외국인이 이 회의를 요청한 것이라면 개회사가 끝난 후 손님 측의 리더가 논의할 세부 주제에 대하여 이야기할 것이다. 보통 중국인은 논의할 문제를 풀어가는 무거운 책임을 부담하기 싫어하고 다른 이의 생각에 반응하는 위치를 더 선호한다. 어떤 면에서 이것은 정중함의 표시이기도 한다. 손님이 먼저 말하게 하는 것이 좋은 매너의 기본이기 때문이다.

중국의 청중들은 자주 말을 중단시킨다. 즉 매 문장마다 또는 두 문장마다 다른 이가 말하는 것에 고개를 끄덕거리거나 적극적인 감탄사로 반응을 보인다. 이것이 의미하는 것은 "당신의 말을 듣고 있다" 또는 "당신이 말하는 것을 이해하였다"이다. 그러나 "나는 당신의 의견에 동의한다" 또는 "당신의 말에 찬성한다"를 의미하는 것이 아니므로 주의해야 한다. 많은 중대한 오해들이 이런 종류의 신호를 일치나 허락의 뜻으로 잘못 받아들여서 발생한다.

회의를 하는 동안 누구에게 발언권이 있는지 파악하는 것이 중요하다. 이러한 회의에서는 자유롭게 의견을 주고받는 것이 아니고 격식화된 대화라는 것을 기억하라. 즉 대화에 일종의 리듬이 있는 것이다. 만약 당신이 사업에 대해 논의를 이끄는 사람이라면 다음 중 양자택일할 수 있다. 즉 주제 전체를 한 번에 다 말하고 논의를 진행하는 것 또는 주제를 작은 부분으로 나누어 논의를 진행하는 것이다.

첫 번째 경우 당신은 처음 5분이나 10분 동안 중단 없이 논의할 문제를 언급할 수 있다. 그리고 논의할 필요가 있는 문제들은 작은 부분들로 분류하면 된다. 예를 들어 공동 합작회사를 만드는 것에 대해 논의한다면 재정상의 필요와 품질 조정과 주요한 관심 분야 같은 것에 대해 이야기를 할 수 있다. 일단 이것이 끝나면 이제 상대방이 이 이슈에 대해 말할 차례이다. 중국인은 이러한 흐름에 따르는 데 익숙하다. 그리고 상대가 언급한 문제에 대하여 빠짐없이 모두 꼼꼼하게 응답을 할 것이다.

두 번째 경우 당신은 이슈에 대해 정의하고 각 부문 요소들을 차례로 언급할 것이다. 이때 당신은 실제로 논의해야 할 문제들을 열거하면 된다. 예를 들어 당신이 논의해야 할 몇 가지 중요한 문제를 언급했다고 하자. 이 경우 상대방은 각각에 대하여 당신이 꺼낸 순서대로 자유롭게 발언권을 요청하여 이야기하면 된다. 당신과 한 번에 한 가지 문제에 대해서 완전히 충분하게 다져가며 논의하고 나서 다음의 문제로 넘어간다.

이 두 가지 방식 중에서 어떤 방식으로 접근하든지 중요한 것은 당신이 주제 전체에 대해 말할 것인지 아니면 하나씩 쪼개어 다룰 것인지를 미리 밝혀 두어야 한다는 점이다. 그렇게 해야 만이 주어진 시간에 누가 말 할 차례인지 알 수 있기 때문이다. 그리고 당신이 의견을 전달할 때에는 간략히 요점만을 말해야 한다. 이를 위해 미리 요점을 정리해 두는 것이 현명하다. 당신이 말한 뒤에는 잠시 멈추고 발언권을 상대방에게 주는 것이 좋다. 누구에게 발언권이 있는지 아는 것은 중요하다. 왜냐하면 누가 말하는 도중에 끼어드는 것은 무례하기 때문이다. 그러나 중재하기 위하여 잠시 끼어드는 것은 괜찮다. 예를 들어 화자가 모르고 있는 관련 정보를 알려주기 위하여 잠깐 끼어들 수도 있다. 그러나 오랫동안 끼어들어서는 안 된다. 할 말이 많다면 발언권을 요청한 후 말하는 것이 좋다. 서구에서는 발언권이 아주 중요한 것이 아니지만 중국인을 대할 때는 자신이 발언권을 잘 존중하고 있는지 체크해 보는 것이 좋다.

회의가 진행되는 동안 또 하나의 중요한 규칙은 결코 누구도 체면을 잃게 해서는 안 된다는 것이다. 어느 개인에 관한 정보를 폭로하거나 특정인에게 직접 대답을 요구하는 등의 행동은 바람직하지 않다. 당신은 항상 상대가 체면을 유지할 수 있도록 해야 하며 곤란한 상황에서 벗어나는 방법을 제공해야 한다. 직접 면대면으로 말하기 어려운 것은 문서의 형식으로 편지를 써서 회의 후에 추가로 전달하는 것이 좋다.

4) 통역 이용하기

오늘날 중국 기업의 고위 간부들이나 관료들은 예전에 비해 비즈니스를 할 수 있을 만큼 외국어를 유창하게 구사하는 경우가 많다. 그렇지만 여전히 대부분의 경우 통역을 이용한다. 심지어 해외 출신의 외국어를 유창하게 구사할 수 있는 사장이라도 통역을 이용하는 것을 더 선호한다. 체면을 유지하고 시간을 벌기 위해서 그리고 정확하고 원활한 의사소통을 하기 위해서 통역을 이용하는 것이다. 중국의 기관들은 외국어를 구사할 수 있는 자체 통역을 직접 데려오는 것이 일반적이다. 이렇게 중국에서 자신의 통역사를 직접 데려오는 것은 어찌 보면 당연한 이치이다. 복잡하고 어려운 회담에서 세련되게 법적 용어나 기술적인 개념을 더 상세히 다룰 수 있는 통역은 큰 도움이 된다.

어떤 비즈니스 대표들은 자신만의 통역을 선호한다. 이는 상대방의 입장에 일방적으로 속지 않기 위해서이다. 때때로 훌륭한 통역사는 당신을 구하기도 한다. 우리가 무심코 한 말을 통역사가 중국인들에게 그대로 통역할 경우 중국인 협상자를 성나게 할 수도 있다. 예를 들어 상대를 잘못된 이름이나 호칭으로 부른다든가 타이완을 국가라고 지칭하는 경우[48]가 바로 그것이다. 이러한 상황에서 훌륭한 통역사는 말한 사람이 체면을 잃지 않도록 말을 고쳐서 전달할 것이다.

예전에 이런 경우가 있었다. 중국의 기업이 외국에서 자동차를 수입하면서 가격을 더 낮추고 싶어 했다. 그래서 중요한 부품 하나를 직접 조립하여 수입 가격을 낮출 수 있는지 협의하기를 원했다. 그러나 외국 제조사는 중국 회사의 이러한 입장에 반대하였다. 왜냐하면 중국 기업이 원하는 대로 할 경우 충분한 경제성이 보장되지 않기 때문이었다. 외국

48 하나의 중국을 주장하는 중국인들은 타이완을 국가가 아닌 '지역'으로 지칭한다.

회사가 망설이자 중국 측은 상대가 중국 회사의 제조 능력이 부족하다고 여기는 것으로 오해했다. 이런 와중에 중국 측 인사는 "우리는 핵무기를 제조하는 방법도 알고 있다. 그런데 기껏 당신들 회사의 수준 낮은 부품 따위도 조립 못하겠는가?"라고 냉소적으로 말해 버렸다. 자리에 있던 중국인들은 모두 놀라 얼어붙었다. 그들은 통역의 얼굴만을 바라본 채 어찌할 바를 몰랐다. 그런데 통역은 핵심만을 정리해 "우리 중국 기술자는 그 부품들을 충분히 다룰 수 있는 기술이 있다고 생각한다"라고 말했다. 있는 그대로 통역을 하였다면 협상은 파국을 맞이했을지도 모른다.

이 밖에 한 가지 주의할 점은 내부에 외국어를 잘하는 직원이 있다고 하더라고 그 직원이 회의에도 참석하고 통역도 하는 이중 역할을 맡기지 마라는 것이다. 통역은 매우 빨리 생각해 내야 하고 집중해야 하는 어려운 일이기 때문에 당신의 팀 구성원 누군가를 통역으로 쓰게 되면 실제로 그 사람은 협상자로서의 능력을 잃게 되는 것이다. 또한 중국 혈통이거나 중국어를 잘하는 팀원은 중국인에게 통역으로 보이고 싶어 하지 않는다는 점에 유의하라.

통역을 통해 상대방과 말하는 데에도 필요한 기술이 있다. 가장 기본은 말을 자주 잠깐씩 멈추는 것이다. 말을 끊지 않고 길게 말할수록 잘못 통역될 가능성이 높아진다. 심지어 전혀 통역이 되지 않을 수도 있다. 하나의 생각을 한 번에 한두 문장씩 말하는 것이 적당하다. 이러한 속도로 말하는 것은 또한 당신이 그 다음에 무엇을 말할지 생각할 수 있는 여유를 주기도 한다.

속어나 지나치게 구어적인 표현은 피하라. 종종 전혀 이해되지 못한다. 실제로 많은 구어적 표현이 잘못 이해되어 통역된다. 이는 전혀 이해되지 못하는 경우보다 더 나쁜 것이다. 왜냐하면 그것들은 글자 그대로

만 통역되어 의미와 다르게 전달될 가능성이 크기 때문이다.

통역을 이용함에 있어서 지켜야 할 또 하나의 규칙이 있다. 그것은 당신이 말할 때 통역을 직접 보며 말하지 않는 것이다. 흔히들 이러한 실수에 빠지기 쉽다. 왜냐하면 당신이 말하는 동안 당신 자신이 말하는 것을 실시간으로 이해하는 사람은 실제로 상대 리더가 아니라 통역이기 때문이다. 차라리 통역이 당신 말의 뉘앙스를 이해했다는 표시를 할 수 있는 표정 등을 미리 약속해 두는 것이 자연스럽다. 실제로 통역에게 집중하여 말하는 것은 무례한 것이다. 상대에 대한 존중을 표하지 않는 것이 되기 때문이다. 또한 전달이 잘 되지 않을 경우에는 같은 문장을 더 쉬운 단어로 바꿔서 말해 주는 것이 더 효과적인 방법이다. 사실 당신의 생각이 제대로 전달되지 않았다고 생각될 때에는 더 쉬운 단어를 사용하여 말해주는 것이 좋다.

5) 회의의 끝맺음

회의가 끝나기 전에 쌍방 간 합의된 결론을 당신이 이해한 것에 기초하여 다시 한 번 진술하는 것이 좋다. 또는 몇 분 동안 확인 과정을 통해 상호 동의한 사항의 주요 요점을 정리하는 것이 좋다. 회의를 통해 무엇이 이루어졌는지 또 앞으로 어떤 조치를 취해야 할지 명확히 하는 것은 의미 있는 행동이다. 만약 이것이 서로 간의 첫 회의이거나 중국 대표가 서열이 아주 높은 사람이라면 중국인 리더에게 앞으로의 논의를 위해 개인적으로 다시 만날 것을 요청하는 것이 좋다. 실제로 중국인들은 이런 것을 매우 원한다. 그리고 이렇게 함으로써 실질적인 이득을 제공한다. 그러면 당신은 꽌시를 만들 수 있고 그 문제에 대해 중국과 접촉함에 있어서 새로운 인물을 찾을 필요가 없게 된다.

물론 협상 쌍방 중 어느 일방이 회의를 먼저 끝낼 수 있다. 손님들이 피곤해 하거나 손님들이 짧은 방문 기간 동안 다른 일정이 또 있다면 회의를 일찍 마무리하는 것이 좋다. 이 경우 접대 받는 측의 리더는 접대자가 많은 시간을 내주어 감사하다고 말하는 것이 좋다. 어떤 경우에도 접대자는 손님들을 차가 있는 곳까지 안내할 사람을 보낸다. 경우에 따라서는 접대 측 리더가 직접 그렇게 한다. 특히 중국인은 식사 시간을 특별히 중요시한다. 만일 점심 식사 이전에 시작한 회의가 길어지면 중국 측에서 식사 시간을 지키기 위해 회의를 잠시 쉬거나 연기할 것을 제안하더라도 놀라지 마라. 그래서 일부에서는 식사 전이 중국인들에게 양보를 받아내는 가장 좋은 시간이라고 말한다.

제10장

중국의 명절 기념일과 생활문화

1. 중국의 명절

중국을 대표하는 명절로는 춘제(春節), 위안샤오제(元宵節), 칭밍제(淸明節), 돤우제(端午節), 중치우제(仲秋節)가 있다. 춘제는 우리나라의 구정, 위안샤오제는 정월대보름, 칭밍제는 청명절, 중치우제는 추석에 해당된다.

1) 춘제(春節)

중국 최대의 전통 명절인 춘제는 음력 1월 1일로 우리나라의 설날(구정)에 해당한다. 원래 춘제는 글자 그대로 봄과 관련이 있어 입춘(立春)과 같은 의미로 사용되었으나, 현재는 양력 1월 1일을 위안단(元旦) 또는 신녠(新年)이라 하고 음력 1월 1일을 춘제라 부른다. 중국에서는 춘제 전날 밤을 추시(除夕)라고 하는데, 온 가족이 모여 녠예판(年夜飯)을 즐긴다. 녠

예판은 선달그믐 밤 온 가족이 함께 먹는 식사를 말한다. 춘제 아침 북방 사람들은 주로 자오쯔라는 물만두를 먹고, 남방 사람들은 떡 요리인 넨가오(年糕)와 탕위안(湯圓)을 먹는다. 춘제 때 먹는 만두 안에는 몇 개의 동전을 넣게 되는데 중국 사람들은 동전을 넣은 만두를 먹는 사람에게는 일 년 내내 행운이 온다고 믿는다. 또한 춘제가 되면 거리에는 일제히 홍등이 내걸리고 집집마다 문 앞에 거꾸로 된 복(福) 자를 내 붙여서 복이 들어오기를 간절히 희망한다. 과거에 중국 사람들은 춘제 때 보통 한 달에서 심지어 두 달까지 쉬는 경우가 많았지만 지금은 연휴가 일주일에서 열흘가량으로 많이 줄었다. 그럼에도 춘제는 여전히 중국 최대 명절로 자리 잡고 있다.

2) 위안샤오제(元宵節)

위안샤오제는 음력 1월 15일로 우리나라의 정월대보름에 해당한다. 이날 저녁에 사람들은 삼삼오오 짝을 지어 거리에서 등불을 감상하고 폭죽을 터뜨리며 축제 분위기를 만끽한다. 위안샤오제 아침 각 가정에서는 위안샤오(元宵)를 먹는다. 위안샤오는 팥이나 설탕, 깨와 같은 소를 넣어 찹쌀로 빚어 쪄낸 음식으로 동글동글한 모양 때문에 탕위안(湯圓)이라고도 한다. 위안샤오를 먹는 풍습은 송(宋)나라 때부터 시작되었다고 전해지며, 가정의 화목과 단란함을 상징하여 오늘날에도 많은 사람들이 즐겨 먹는다. 일반적으로 중국인들은 위안샤오제 연휴를 끝내고 일상으로 복귀하는 경우가 많다. 위안샤오제의 대표적 풍속은 폭죽을 터트리는 것인데 이는 귀신과 병마를 쫓아내기 위해서라고 한다. 중국인이 폭죽 구매에 사용하는 비용은 일반 월급쟁이의 세 달치 급여에 해당할 정도라고 하니 중국인의 폭죽 사랑이 어떠한지 충분히 알 수 있다. 최근에는 과도한 폭죽 사용으로 인한 소음과 화재 그리고 공해로 인해 베이징과 상하이 등 대도시에서는 폭죽을 터트리는 지역과 시간을 제한하기도 한다.

3) 칭밍제(淸明節)

칭밍제는 24절기의 하나로 양력 4월 4일이나 5일이 되는 날이다. 날씨가 따뜻해지고 새싹이 돋아나 청명한 느낌이 들기 때문에 칭밍제라는 이름이 붙여졌다. 이날은 본래 지난 겨울 동안 흐트러진 조상의 묘를 정리하고 제사를 지내는 날이었으나 현재는 주로 교외로 봄나들이를 가거나 열사 능원에 가서 열사를 추모하는 날로 바뀌었다. 과거에 칭밍제는 주요 명절로 여기지 않았으나 2006년 유네스코 비물질문화유산 목록에 포함되고, 2009년에 국가 공휴일로 지정되면서 중요한 명절이 되었다.

4) 돤우제(端午節)

음력 5월 5일에 해당하는 돤우제는 오랜 역사를 가진 중국의 전통 명절이다. 돤우는 초닷새라는 뜻으로 이날에는 전통 음식인 쭝쯔(粽子)[49]

---

49 쭝즈는 대나무 잎에 찹쌀 대추 밤을 넣고 쪄낸 음식으로 중국인들이 돤우제 때에 먹는 음식이다.

를 먹고 용선 시합을 한다. 쭝쯔는 찹쌀에 돼지고기나 대추, 콩 등의 소를 넣어 갈잎 또는 대나무 잎으로 감싼 뒤 쪄낸 전통 음식이다. 용선 경기는 중국의 전통 민간 체육활동으로 용 모양의 배를 타고 노를 젓는 운동 경기이다. 돤우제의 유래에 대해서는 여러 가지 이야기가 전해지지만 전국시대 초(楚)나라의 시인 굴원(屈原)을 기념한 것이라는 설이 가장 대표적이다. 초나라 회왕(懷王)의 충신이었던 굴원은 초나라의 수도가 진(秦)나라에 함락된 후 울분을 참지 못하고 멱라강(汨羅江)에 뛰어들어 스스로 목숨을 끊었다. 이 소식을 들은 사람들이 애통한 마음에 배를 타고 굴원의 시신을 찾았지만 결국 찾지 못했고, 물고기들이 그의 시신을 훼손하지 못하도록 대나무 통에 찹쌀을 넣어 강물에 던졌다고 한다. 이날이 바로 기원전 278년 음력 5월 5일이다. 그 후 해마다 굴원을 위하여 제사를 지냈고, 시신을 찾기 위해 서둘러 배를 몰았던 것은 용선 경기로 발전했으며, 이후 쭝쯔도 계속 전해지게 되었다고 한다.

5) 중치우제(仲秋節)

음력 8월 15일 추석에 해당하는 중치우제는 춘제에 비하여 상대적으로 중시되는 편은 아니나, 2008년 공휴일로 지정된 이래 춘제 다음가는 중요한 전통 명절로 자리 잡고 있다. 밝고 맑은 빛을 띠는 둥근 보름달을 중국 사람들은 단결과 화목의 상징으로 여기기 때문에 퇀위안제(團圓節)라고도 한다. 중국에서는 중치우제 때 날이 좋으면 온 가족이 보름달 아래 둘러앉아 웨빙(月餠)과 각종 과일을 먹으면서 달을 감상하거나 담소를 나누기도 한다. 웨빙은 밀가루, 기름, 설탕 등으로 만든 피에 달걀노른자, 과일 등의 소가 들어간 둥글납작하게 생긴 빵이다. 둥근 모양은 보름달과 가족의 단란함을 상징한다. 웨빙은 선물용으로 많이 쓰이나 최근 지나치게 사치스럽고 고급화되어 어떤 목적을 위한 뇌물로 둔갑하기도 하여 사회적인 문제가 되기도 한다.

2. 중국의 기념일

중국을 대표하는 기념일은 한 해를 기점으로 순서대로 말하자면 3월 8일인 푸뉘제, 5월 1일 라오둥제, 5월 4일 칭녠제, 6월 1일 얼퉁제, 8월 1일 젠쥔제, 10월 1일 궈칭제가 있다.

1) 푸뉘제(婦女節)

3월 8일은 세계 여성의 날로 경기침체로 허덕이던 미국의 섬유공장 여성 노동자들이 1908년 3월 8일 거리 시위를 벌인 데서 유래한 국제적인 기념일이다. 중국 역시 사회주의 정치체제하에서 여성의 권익이 그 어떤 국가보다도 많이 신장되어서 특별히 기념일로 제정하고 있다. 일반적으로 3월 8일이 되면 각 기관이나 회사에서는 여성 노동자들에게 선물과 함께 휴식을 제공한다.

2) 라오둥제(勞動節)

라오둥제는 5월 1일로 세계 노동자의 날이다. 라오둥제는 노동자, 농민 계급이 주축이 된 사회주의 중국의 특성상 가장 중요한 기념일 중의 하나이다. 흔히들 5·1 라오둥제라고 부르며 10월 1일 궈칭제와 함께 황금연휴를 즐길 수 있는 대표적인 기념일이다. 두 기념일 연휴에는 많은 중국인들이 중국 국내외 각지로 여행을 하며 이른바 유커(遊客)[50]로서 많은 소비를 하기도 한다.

3) 칭녠제(靑年節)

칭녠제는 5월 4일로 1919년 5월 4일 베이징 대학생들을 중심으로 전개되었던 항일운동을 기념하기 위한 날이다. 제1차 세계대전이 끝날 무렵 전승국이 된 일본은 중국의 군벌 정부와의 비밀협상을 통해 패전국 독일이 산둥성에서 가지고 있던 이권을 넘겨받으려고 했다. 종전 이후 개최된 1919년 베르사이유 강화 회의에서는 일본의 이권 승계도 인정되지 않았지만 그것이 중국으로 귀속되지도 않았다. 이에 일본 및 서구 제국주의 열강들의 행태와 자국 군벌 정부의 무능·반동에 분노한 베이징의 대학생들이 5월 4일 반대집회를 벌였다. 이를 계기로 이후 오사운동이라는 광범위한 민중운동이 벌어지게 된다. 중화인민공화국 정부는 이

---

50 관광객.

러한 오사운동을 기념하고 학생들의 숭고한 정신을 기리기 위해 5월 4일을 칭녠제로 지정하였다.

4) 얼퉁제(兒童節)

중국의 얼퉁제는 우리나라의 어린이날에 해당하는 기념일이다. 6월 1일로 우리나라의 5월 5일과는 차이가 있음을 기억하자. 원래 중국에서의 얼퉁제는 4월 4일이었다고 한다. 그러나 1949년 국제민주여성연합회 회의에서 6월 1일을 세계 아동의 날로 제정하면서부터 중국에서도 이날을 얼퉁제로 지정하였다.

5) 젠쥔제(建軍節)

젠쥔제는 8월 1일로 중국 인민해방군 창군 기념일이다. 1927년 8월 1일 시작된 난창 봉기를 기념하여 중국 공산당이 1933년 8월 1일을 중국군 창군의 날로 제정하면서 젠쥔제가 시작되었다.

6) 궈칭제(國慶節)

궈칭제는 10월 1일로 중화인민공화국의 건국 기념일이다. 중국 대륙을 두고 1920년대부터 두 차례에 걸쳐 진행되었던 국민당과 공산당 간의 국공합작과 분열 및 내전의 역사는 결국 1949년 공산당의 승리로 막을 내리게 된다. 이에 1949년 10월 1일 마오쩌둥을 대표로 하는 중국 공산당은 톈안먼 광장에서 노동자 농민을 중심으로 하는 사회주의 중국이 성립되었음을 대내외에 선포하게 되는데 이날이 바로 궈칭제이다.

7) 솽스제(雙十節)

흔히들 쌍십절이라고 불리는 10월 10일은 중국 본토의 기념일이 아닌 타이완의 건국 기념일이다. 우창(武昌) 봉기로 청나라를 붕괴시켜 수천 년 지속했던 봉건 왕조를 종결시킨 신해혁명의 발단이 된 날을 기념하는 날이다.

3. 중국인의 생활문화

1) 중국인의 금기 사항

음식

중국 음식은 단순한 영양적인 측면뿐 아니라 음양의 조합과도 관계가 깊다. 다시 말하면 여러 음식물을 양성과 음성, 즉 열성과 냉성으로 나누면서 물성이 상반된 것을 함께 먹는 것을 삼가하고 있다. 이러한 관념은 한의학의 기본 원리와도 상통하는 것으로 식물자체가 지닌 계절성

독성과도 밀접한 관계가 있다. 예를 들어 봄철에는 붕어를 먹지 않는데 이는 봄 붕어는 머리에 벌레가 있어 각기병을 악화시키기 때문이다. 여름에는 닭고기를 먹지 않는데, 이는 닭이 여름에 독이 많은 지네를 너무 많이 먹어 독이 체내에 쌓여 있는 것을 경계한 것이다. 중국인의 음식금기는 음식이 지니고 있던 자연 속성이 그대로 전해져 온다는 믿음과도 관련이 있다. 예를 들어 곰의 심장과 표범의 담을 먹으면 용맹해지고 늙은 암탉을 먹으면 피부가 거칠어진다는 등의 속설이 있다.

이 외에도 중국인의 음식에 대한 금기 사항은 크게 제사에 대한 금기와 결혼에 대한 금기로 나뉜다. 먼저 제사음식에 대한 금기는 지역별 문화적 습관에 따라 차이가 난다. 먼저 후베이 지역에서는 닭의 중국어 발음인 지(ji, 鷄)가 굶주림을 의미하는 기아의 기(飢)와 발음이 동일하여 불경한 느낌을 주기 때문에 제사상에 닭고기를 올리지 않는다고 한다. 장쑤성에서는 콩의 중국어 발음인 더우(dou, 豆)가 싸우다 또는 투쟁하다(鬪)는 의미와 발음이 같아서 콩이 들어 있는 음식은 사용하지 않는다. 이 밖에 생선을 제사상에 올릴 때에는 반드시 완정한 형태로 올려야지 그렇지 않을 경우에는 조상에 대한 정성이 부족하다고 보았다. 결혼식에도 금기 사항이 있었다. 먼저 파의 중국어 발음은 총(葱, cong)인데 이 총은 싸우다 충돌하다(衝)의 중국어 발음과 같기 때문에 결혼식에서는 자주 사용하지 않았다. 반면에 호두나 대추 등은 자식을 많이 나으라는 의미가 있기 때문에 풍요와 번창의 의미에서 많이 사용되었다.

주거

중국인의 주거와 관련된 금기를 대표하는 말로는 부음포양(負陰抱陽), 즉 음에 해당하는 북쪽을 등지고 양에 해당하는 남쪽을 향하라는 말과 남저북고(南低北高), 즉 남쪽 또는 앞쪽이 낮고 뒤쪽 또는 북쪽이 높아야 한다는 말이 있다. 이렇게 중국은 음양오행에 따른 지리적·기후적 영향을 중시해 왔다. 이 밖에도 중국에서는 전통적으로 문을 마주보게 배치하지 않는 금기가 있었다.

숫자

중국에서 숫자에 대한 금기는 동음에 의한 것과 문화적인 특수한 배경에 의한 나이와 관계되는 것이 많다. 동음에 의한 것으로는 사(四, 중국어로 Si, 쓰)로 발음이 동일한 사(死, Si, 쓰)의 음을 피하기 위해 사용을 꺼려 4월에는 혼인을 꺼린다든가 혼례 등의 축의금을 보낼 때 4단위 액수를 피했다. 숫자 218은 중국어로 얼야오바(er yao ba)로 읽히는데 이는 아들이 큰 재산을 모은다는 의미로 사람들이 선호하지만 반대로 214는 얼야오스(er yao si)로 아들이 죽어야 한다는 의미로 기피하는 숫자가 된다. 헤어지다의 발음인 산(san, 散)은 숫자 3의 발음과도 같기 때문에 숫자 3은 금기의 대상이 된다. 그 밖에 일반적인 중국인의 숫자에 대한 관념은 다음과 같다.

반면에 중국인이 좋아하는 숫자는 팔(八, 중국어로는 Ba, 바)이며 돈을 번다는 의미의 발재(發財) 중 발(發, Fa, 파)의 음과 유사하기 때문에 사람들이 즐겨 사용한다. 숫자 금기 중에는 또한 홀수와 짝수에 관한 금기가 있는데, 일반적으로 3, 6, 9처럼 3의 배수를 선호하지만, 혼례 때의 축의금의 경우는 40이나 400을 제외한 짝수의 액수를 사용하고, 상례 때는 홀수의 액수를 사용하였다. 나이와 관계되는 금기 숫자는 45, 73, 84, 100세 등이 있다. 45세란 송대 포공(包公)의 고사와 관련하여 어려움을 만나거나 죽음을 경험하는 나이라 여겨 꺼린다. 73과 84세는 공자와 맹

표 10-1 중국인의 숫자에 대한 관념

숫자	숫자 관념
6	· 6은 순조롭게 일이 잘 풀리거나 사업이 잘 된다는 뜻을 지녀 매우 좋은 숫자로 인식된다.
7	· 7은 전통적으로 중국인이 싫어하는 숫자로 꺾인 모습 때문에 순탄하지 못하다는 인상을 준다
8	· 8은 중국인이 가장 좋아하는 숫자로 8의 중국어 발음은 (바, ba)로 돈을 번다는 의미의 발재(發財, fa cai)의 광둥어 발음과 같아 매우 선호되는 숫자이다. 2008년 개회된 베이징 올림픽도 2008년 8월 8일 저녁 8시 8분 8초에 맞추어 개막 선언을 했을 만큼 중국인의 8 사랑은 유명하다.
9	· 9는 과거로부터 매우 환영받는 숫자로 예로부터 하늘을 상징하는 고귀한 숫자로 여겨 왔다.
10	· 10은 완전무결하다는 의미의 십전십미(十全十美)가 연상되어 좋은 의미로 받아들여진다.

자의 나이와 관계가 깊다. 전설에 따르면 공자는 73세에 죽고 맹자는 84세에 죽었는데 성현들도 그 나이에는 죽음을 피하지 못한다는 것이다. 또 100세를 피하는 이유는 백을 보통 숫자의 만수로 생각하기 때문에 백 살이 되었어도 언제나 99세라고 말했다. 이 밖에 지역에 따른 나이 금기도 있어서 산둥 지역에서는 41세 때 아내에게 문제가 생긴다는 속설 때문에 남자들은 이 나이를 피해서 말한다. 남부 지역에서는 9를 싫어하여 9세, 19세, 29세 등의 나이를 직접 말하지 않는다.[51]

---

51 9는 중화민족이 아홉 마리의 서로 다른 동물을 숭배하던 민족으로부터 출발했음을 의미하기도 한다. 중국인이 상상 속의 동물로 추앙하는 용은 서로 다른 아홉 마리 동물의 형상 조합으로 알려

중국인은 결혼, 장례와 같은 인생의 중대사에 있어서는 숫자와 관련된 선호나 금기 사항을 전통적으로 지켜왔다. 일반적으로 경사스러운 일에는 짝수가 쓰이고 슬픈 일에는 홀수가 사용된다. 중국인들은 결혼하는 날이 짝수 일이면 길일로 여기고 특히 짝수 월의 짝수 일이면 더욱 좋게 여기는 경향이 있다. 이는 남녀의 결합은 궁극적으로 음양의 결합이기 때문에 서로 짝을 맞추어야 한다는 생각을 가지고 있기 때문이다. 반면에 장례와 관련해서는 숫자 3과 7이 쓰인다. 죽은 후 3일 뒤에 삼일장을 치르는 것이 일반적이며 이후 매 7일마다 제사를 지내며 지전을 태우는 습관이 있으며 마지막 49일째에 칠칠제를 지내기도 한다.

물론 이 숫자의 의미는 지역 및 사회의 발전에 따라 절대적이지는 않으며 세월의 흐름에 따라 그 의미도 조금씩 달라지고 있다.

색깔

중국은 사회주의 국가이지만 미신이나 금기를 어느 나라보다도 많이 믿는 경향이 있다. 그중 대표적인 것이 바로 색깔에 대한 금기이다. 먼저 중국인이 선호하는 색깔은 단연 붉은색이 으뜸이다. 붉은색은 예로부터 귀신을 물리친다고 해서 사람들이 좋아하며 최근에는 사회주의 혁명을 상징하기 때문에 상서로운 색깔로 인식된다. 이에 다수의 기업들이 중국 사업을 펼칠 때 붉은색을 바탕으로 하는 색깔 마케팅을 펼칠 만큼 중국인에게 붉은색은 의미 있는 색깔이다. 붉은색을 제외하면 중국인들은 금색을 좋아한다. 금색은 전통적으로 황제의 색깔로 여겨왔으며 이에

져 있고 자금성에 구룡벽이 있는 것은 중국이 바로 이러한 아홉 부족의 결합체임을 은유적으로 보여준다.

황제의 권위를 상징한다. 또한 중국인은 금색의 부적이 행운과 재물을 많이 가져다준다고 생각한다. 이 밖에 은색은 장수와 건강을 의미한다는 점에서, 푸른색은 건강을 지켜준다고 믿는다는 점에서 중국인들이 선호하는 색깔이라고 할 수 있다.

그렇다면 중국인이 싫어하는 색깔에는 어떤 색들이 있을까? 대표적인 색깔로는 황색이 있다. 황색은 전통적으로 음탕하다는 의미가 있어서 중국에서 색정적인 것을 의미할 때 황색을 쓴다. 다만, 황색을 금색과 같은 의미로 보는 경우도 있다는 점을 기억하자. 검정색은 전통적으로 중국인들이 기피하는 색깔이다. 검정색은 죽은 사람에게만 쓴다는 생각을 가지고 있어서 중국인들은 펜을 쓸 때에도 파란색 펜을 많이 사용하는 경향이 있다.

4. 중국인의 문자와 기타 문화

1) 문자

간체자(簡體字)와 번체자(繁體字)

20세기 중국의 유명한 계몽학자이자 문학가인 루쉰(鲁迅)은 “한자가 없어지지 않으면 중국은 반드시 망하고야 말 것이다”라고 말할 만큼 중국에서는 전통적으로 문맹의 문제가 심각하였다. 일본에서 만든《금석문자경》에 따르면 한자는 모두 10만 1936자라고 하고, 중국에서 만든《한어대자전》에서는 한자가 대략 5만 4665자라고 한다. 이 중에서 실생활에서 사용하는 글자는 대략 6000자 전후로 파악된다.

한자는 뜻글자로 글자 수도 많고 필획이 복잡하여 배우기가 쉽지 않아서 중국의 문맹률은 1949년 80퍼센트에 이르렀다. 이에 마오쩌둥은 문맹 문제를 해결하지 않는 이상 중국의 미래는 없다고 판단하고 이를 해결하기 위해서 1955년 '한자간략화방안(漢字簡化方案草案)'을 발표하였다. 현재 중국 대륙에서 사용하고 있는 한자는 원 한자를 간략하게 표기한 것이라고 해서 간체자라고 불리고, 타이완이나 우리나라가 사용하는 한자는 번잡한 원형의 글자체를 그대로 쓴다는 의미에서 번체자라고 부른다. 중국은 한자 간체화 방안을 만들고 난 후 문맹률이 대폭 감소하여 2012년 중국의 문맹률은 4퍼센트대로 낮아졌다고 한다. 물론 교육의 보급 등도 크게 작용하였다.

2) 공연

경극(京劇, 베이징 오페라)

경극은 1790년 청나라 건륭제(乾隆帝)의 80세 생일을 축하하기 위하여 안후이(安徽) 지방의 극단 삼경반(三慶班)이 베이징에 와서 공연한 것이 계기가 되었다. 당시 삼경반은 여러 지방의 음악 스타일과 공연 내용을 적절하게 섞어서 공연함으로써 관객들의 호평을 받게 되었고 이후 이들의 공연이 베이징에서 유행하게 되었다. 경극은 이전에 유행하던 곤극을 대신하여 희극(戲劇) 공연계를 주도하게 되었는데 일부 상류 지식인들은 저속한 대중극이라고 차별 어린 시선을 보내기도 하였다.

경극은 중국 희극 중 하나로 대극(大劇) 혹은 국극(國劇)이라 불리며, 중의학, 중국화와 함께 중국의 3대 국수로 여겨지고 있다. 이름에서 알 수 있듯이 경극은 베이징을 중심으로 발달되었고, 중국 각지에서 전해오는 360여 종의 희극 장르 중 중국인이 가장 좋아하는 창극 예술이다. 서양에서는 베이징 오페라(Beijing Opera)라 부르며 음악의 한 장르로 간주하고 있다. 유네스코 인류 문화유산으로 등재되어 있으며 대표적인 경극으로는 초한전쟁을 배경으로 초(楚) 패왕 항우(項羽)와 우미인(虞美人) 간의 이별을 그린 〈패왕별희(霸王姬)〉가 있다.

변검(變臉)

변검은 중국 전통 문화유산으로 공연자가 얼굴에 쓴 가면을 순식간에 바꾸는 공연을 말한다. 변검의 시초는 예전 무기가 별로 없던 시절 얼굴에 요란한 분장을 하고 야생동물을 쫓는 모습을 보고 사천지방의 한 천극(川劇)[52]을 공연하는 극단에서 시작하였다고 한다. 변검은 빠른 얼굴의 변화를 통해 주인공의 심정 변화를 나타내는 등 얼굴의 변화로 극의 내용을 전달하는 공연이다. 일반적인 변검은 얼굴에 여러 개의 가면을 쓰고 그 가면을 하나씩 떼어 내면서 얼굴이 변하게 하는 기법으로 말검, 취검, 차검, 운기변검의 네 종류가 있다.

변검은 하나의 색상으로 등장인물의 주된 성격을 나타내고 보조적인 색상을 통해 다른 성격을 보완하는 경극의 다양한 인물들의 얼굴을 하나의 도안으로 만들어 놓았다. 변검에서 붉은색 얼굴은 긍정적 의미로 충성과 용기를 상징하고 검정색 얼굴은 강직하고 정직한 인물을 상징하

52 사천지방의 희극.

며 흰색은 음흉하고 간사한 인물을 상징하고 남색은 의지가 굳고 용맹한 인물을 회색은 늙고 기력 없는 인물을 금색과 은색은 신, 귀신이나 요괴 같은 비현실적인 인물을 의미한다.

3) 악기

전통악기 얼후(二胡)

중국의 전통악기로는 피리나 비파, 호금, 쟁, 북 등이 있지만 많은 이들은 얼후를 대표 악기로 손꼽는다. 얼후는 두 줄로 구성된 단조로운 악기지만 중국인들이 가진 독특한 슬픔의 정서를 잘 표현해 내는 것으로 유명하다. 얼후가 중국 역사에 처음 등장한 것은 당나라 때다. 그 때는 해금(奚琴)으로 불리었는데 송나라 때 학자 진양(陳暘)은《악서(樂書)》에서 해금이 북쪽 오랑캐의 악기라고 적었으며, 당대 시인 잠삼(岑參)도 "사령부에 술상 차려놓고 돌아가는 객 전송하니, 호금(얼후) 비파 오랑캐 피리 소리"라고 묘사한 바 있다. 이후 얼후는 창장 중하류에서 유행해 난후(南胡)로 불리기도 했으며 주로 중고음역을 담당했다.

얼후는 조그만 통에 기둥을 세우고 두 줄을 메우고, 두 줄 사이에 활을 걸쳐놓고 활로 줄을 문질러서 소리 낸다. 이 악기는 원래 중국인들이 오랑캐라고 부르던 몽고족의 악기였는데, 원래 말 위에서도 연주하기 편하도록 두 줄 사이에 활을 끼워 넣었다고 한다. 몽고에서는 이 악기를 마두금(馬頭琴)이라고 한다.

4) 전족(纏足)

"작은 발 한 쌍을 가지려면 한 항아리의 눈물을 쏟아야 한다." 전족의 고통을 표현하는 말이다. 전족의 기원은 10세기 후당 시대로 추측된다. 송나라 장방기(張邦基)의 저서《묵장만록(墨莊漫錄)》에 따르면 전족은 남당의 후주 이욱(李煜)의 궁중에서 시작됐다. 이욱의 빈 중에 춤을 잘 추는 요낭(窅娘)이라는 여인이 있었다. 그녀는 황금 연꽃 위에서 춤을 추기 위해 천으로 발을 조각달 모양으로 묶었다. 이욱은 나풀거리듯 춤추는 요낭의 자태에 취해 비단으로 감싼 발이 곱게 삐져나온 게 마치 달과 같다고 읊기도 하였다.

전족의 다른 이름은 황금 연꽃인 금련(金蓮)이다. 요낭이 작은 발로 황금 연꽃에서 춤을 춘 데서 연유한다. 요낭의 전족이 아름답다는 평판을 받자 궁중은 물론이고 상류층 여성들이 너도나도 따라했다. 화북 지방에서 시작된 전족은 1,000여 년에 걸쳐 중국 전역으로 퍼졌다.

전족은 일반적으로는 세 살에서 다섯 살 사이에 만들기 시작하였다고 한다. 크기는 9에서 10센티미터가 가장 이상적이었다고 하고 정상적으로 자라지 못한 발은 뼈가 부러지거나 근육이 오그라들어 몹시 혐오스러운 모습으로 변형이 되었다. 발 모양만 이상해지는 것이 아니었다. 전족을 하면 발끝으로 종종거리며 걸어야 했고, 등뼈가 기형적으로 튀어나와 서 있는 자세도 이상해졌다. 그러나 이런 모습이 당시에는 인기 있는 여성상이었다고 한다. 전족은 사실 여성을 안방에 가두어 놓고 남성의 성 욕구를 채우려는 목적에서 비롯된 것이다. 따라서 전족을 하지 않은 여성들은 미인 축에 끼지도 못하였을 뿐만 아니라 결혼하기도 힘들었다.

송나라 때 유명한 시인 소동파는 〈보살만(菩薩蠻)〉이라는 시를 통해 전족을 한 모습을 이렇게 노래했다. "나란히 섰던 두 발 넘어지니 애처롭네. 섬세한 아름다움 어찌 말로 다하리. 그저 손안에 넣고 즐겨 볼 뿐." 청나라 때에는 일시적으로 전족 금지령이 내려지기도 하였지만 그 풍습은 사라지지 않았다. 그러다가 신해혁명 후 여성 운동이 일어나면서 줄어들었고 현재는 완전히 사라졌다. 전족의 풍습은 사회에 널리 퍼져 있던 잘못된 여성관 때문에 생긴 것이다. 여성을 남성의 성 노리개로 삼은 전근대적인 사고방식 때문에 오랫동안 전족의 풍습이 남아 있었다. 유럽에 코르셋이 있었다면 동양에는 전족이 있다고 할 정도로 불평등한 남녀 관계를 대변하는 것이 바로 중국의 전족문화이다.

제11장

중국의 의식주 문화

1. 의(衣)문화

중국의 의복을 대표하는 것으로는 치파오(旗袍)와 탕주앙(唐裝) 그리고 중산푸(中山服)가 있다. 이 세 가지 복장은 시대에 따라 중국을 대표하는 의문화로 자리 잡아 왔다.

1) 치파오(旗袍)

치파오는 청대에 형성된 중국의 전통 의상으로 원피스 형태의 여성 의복을 지칭한다. 몸에 딱 달라붙는 형태의 옷이며 치마에 옆트임을 주어 실용성과 여성미를 강조하였다. 원래는 청나라를 세운 만주족의 기인들이 입던 긴 옷에서 유래하였으며, 한족이 이를 치파오라고 부르기 시작하면서 지금의 명칭으로 고정되었다. 청나라 순치제 원년에 수도를 베이징으로 옮기면서 치파오가 중원에 보급된 후 점차 한족이 만주족의 옷차림을 모방하며 인기를 얻었다. 신해혁명을 거치며 서양식 의상의 영향을 받아 이전의 화려하고 복잡한 형태에서 간결한 디자인과 우아한 색깔로 변하였다. 1920년대 말에서 1930년대 초에는 서양의 미니스커트의 영향으로 치파오의 치마와 소매 길이가 무릎과 팔꿈치까지 짧아졌다. 1930년대 중반에는 다시 치마가 땅에 닿을 정도로 길어졌다. 반면 옆트임은 허벅지까지 올라갈 정도로 과감해졌고, 허리선 역시 더욱 강조되었다. 최근에는 복고풍 바람이 불면서 치파오가 현대식으로 개량되어 많은 중국 여성들의 사랑을 받고 있다.

2) 탕주앙(唐裝)

탕주앙은 중국식 복장을 포괄적으로 정의할 때 쓰이나 상황에 따라 두 가지 의미와 스타일을 가리킨다. 일반적으로 청나라 중엽의 만주족의 마과(馬褂)[53]를 말한다. 특징은 옷깃을 바로 세우는 데 있었다. 청말에 이르러 사람들이 마과를 입으면서 깃을 세우는 것에 여러 차례 수정을 가하면서 지금의 탕주앙 모습을 갖추게 되었다.

이 밖에 탕주앙은 당나라 때의 복장을 의미하여 한족의 복장계통 중 하나의 스타일을 말하기도 한다. 특징은 오른쪽 소매, 매는 끈, 단추가 없거나 이를 숨기는 데에 있다. 현재 해외에서는 전통의 중국 복장을 광

53 마고자로 만주족이 말을 탈 때 입던 옷를 개량하여 만든 옷

범위하게 탕주앙으로 부르고 있다.

3) 중산푸(中山服)

인민복 또는 일명 마오룩이라고도 한다. 중국의 정치가 쑨원이 일상생활에 편리하도록 고안한 옷으로 쑨원의 호인 중산(中山)에서 유래한 명칭이다. 1929년에 중국 국민당에서 국가의 공식 예복으로 지정하였다. 주름이나 장식을 배제한 단순한 디자인으로 실용성을 강조하였으며, 남녀노소 누구나 입을 수 있어 평등사상을 나타낸다. 중산푸에는 4개의 주머니가 있는데 예(禮), 의(義), 염(廉), 치(恥)를 뜻한다. 또 윗옷에 달린 5개의 단추는 입법(立法), 사법(司法), 행정(行政), 감찰(監察), 고시(考試)의 오권 분립을 의미한다. 옷소매에는 3개의 단추가 있는데, 민생, 민권, 민족의 삼민주의를 나타낸다.

2. 식(食)문화

우리에게 알려진 유명한 말로 중국 사람들은 네 발 달린 것 중에 안 먹는 것은 책상뿐이라는 이야기가 있다. 이는 말 그대로 중국 사람들의 다양한 개성과 음식에 대한 관심을 의미한다. 그리고 과거에 중국 사람들이 흉년에 굶어 죽는 것을 모면하기 위해서 또는 임금이나 지방 귀족들의 입맛을 맞추기 위해 보이는 모든 것을 먹을거리로 삼았다는 의미도 된다.

실제 옛날 중국 왕실의 주방장의 지위는 매우 높았다고 한다. 흔히 들 재상(宰相)의 재는 갓머리 밑에 요리용 칼을 뜻하는 신자가 어우러져 만들어진 글자라고 하는데 이를 통해 중국에서는 대대로 요리사의 지위가 높았음을 알 수 있다. 또한 청대 만한전석(滿漢全席)[54]이라는 요리는 한족의 요리 50가지와 만주족 요리 50가지 도합 100가지가 넘는 어마어마한 가지 수로 유명하다. 이렇게 음식을 그 누구보다 중요하게 여겨 '민이식위천(民以食爲天)'을 신봉하는 음식의 나라 중국의 음식과 음식 문화에 대해 살펴보도록 하자.

1) 중국의 음식

중국 음식 문화의 형성 요인

현재와 같은 다양하면서도 독특한 중국만의 음식 문화가 형성된 데에는 그만의 이유가 있다. 중국 음식 문화의 형성 요인은 다음의 네 가지 측면에서 살펴볼 수 있다.

첫째는 정치경제적 측면이다. 과거 중국은 대대로 북방의 유목 민족인 흉노(匈奴) 때문에 큰 어려움을 겪고 있었다. 이에 한나라 무제는 흉노의 서편에 자리 잡고 있던 대월지와 손을 잡고 흉노를 공격하기 위해서

---

54 이두(李斗)가 쓴《양주서방록(楊州書舫錄)》속에 처음으로 만한전석(滿漢全席)이라는 요리가 소개되고 있는데 만주족과 한족 요리의 정화를 흡수하고 결합하여 만들어 낸 요리로 중국 역사상 제일 유명한 중화대연으로 진귀한 요리가 다 모인 중국 최대의 호사함과 고급스러움이 극치를 이루는 대연회식을 일컫는다.

기원전 139년 장건(張騫)을 파견하였다. 장건은 천신만고 끝에 대월지에 도착하였지만 대월지 역시 흉노를 두려워하여 양국 간의 군사적인 동맹을 맺는 데 실패하게 된다. 그러나 이때 대월지에서 1년여간 머물던 장건은 인도, 시리아, 이집트 등 서역 지방 국가에 대한 정보를 얻게 되었고 그가 한나라로 돌아온 뒤 한나라는 서역의 여러 나라들과 교역을 하게 되었는데 이 길이 바로 실크로드이다. 실크로드는 상업적인 측면뿐 아니라 문화교류의 측면에서도 큰 의의를 지니고 있다. 실크로드가 가장 번성했던 시기는 바로 당나라 때였다. 실크로드는 육로뿐 아니라 바닷길로 개척 되었는데 바닷길은 계절풍을 이용한 항해술이 발달하면서 8세기 이후에 본격적으로 활발하게 이용되었다. 송나라 때에는 나침반을 사용하여 중국 상인들의 동남아시아 진출이 본격적으로 이루어졌다. 실크로드를 통해 중국의 도자기, 차 등이 수출되고 서구의 향신료 등이 중국에 본격적으로 도입되었다. 즉 중국은 과거로부터 실크로드를 통해 향신료를 포함한 다양한 서역의 농산물을 중국에 도입하고 중국의 상황에 맞게 토착화하면서 다양한 음식 문화를 형성하게 되었다.

둘째는 사회적 측면이다. 중국은 한족을 비롯한 56개 민족으로 구성된 다민족 국가이다. 멀리 북으로는 몽골족과 만주족, 동부 지역으로는 조선족, 서쪽 지역으로는 위구르족, 서남 고원지대로는 티베트족 등 다양한 민족적 배경은 중국의 음식 문화에도 지대한 영향을 미쳤다. 민족 자체의 전통문화의 보존과 계승뿐 아니라 민족 간 식문화의 교류는 중국 음식 문화의 다양성을 이루는 근간이 되었다.

셋째는 기후적 측면이다. 중국은 세계에서 네 번째로 큰 영토 대국이다. 한 나라 안에 아열대 기후, 온대 기후, 초원 건조 기후, 냉대 기후, 고산 기후, 사막 기후 등 다양한 형태의 기후대가 분포하고 있다. 이런 기후대에서 생산되는 재료들은 다양한 음식을 만드는 기초가 되고 있다. 북쪽의 아한대 지역인 헤이룽장(黑龍江) 지역의 경우 겨울인 1월 평균기온이 영하 15도에서 31도이며, 남쪽의 아열대 지역인 하이난 성의 경우는 겨울 평균기온이 영상 20도에 육박한다. 이렇게 남과 북, 동과 서에 걸쳐 다양한 기후로 인해 폭넓은 작물과 요리가 발달하였다.

넷째는 역사적 측면이다. 현대 중국의 음식 문화에는 역사적 배경의 영향도 무시할 수 없다. 진시황제 때에 중국은 처음으로 가공식품을 만들기 시작하였고 한나라 때에는 곡물 가루로 조리를 시작하였다. 수당대가 되면 물레방아를 통한 제분이 시작되었으며, 원나라 때에는 중국요리를 서방세계에 소개하게 된다. 명나라 때에는 건조품을 불려 먹는 방법이 개발되었으며 청나라 때는 그간의 중국요리를 집대성한 시기로 평가받는다. 특히 중국요리 중 만한전석이라는 요리는 화려함과 다양함 그리고 민족 간의 융합을 보여주는 대표적인 요리라고 할 수 있다.

중국 음식 문화의 특징

그렇다면 중국 음식 문화는 어떠한 특징을 가지고 있을까? 크게 네 가지로 정리해 볼 수 있다.

첫째, 음식의 다양성이다. 중국의 음식 문화를 한마디로 정의한다면 그건 바로 다양성이라고 할 수 있다. 중국 음식은 종류가 다양할 뿐 아니라 사용되는 재료와 요리법도 다양하다. 중국 음식의 재료로는 제비집, 상어 지느러미, 돼지 내장, 오리 피, 원숭이 혀, 곰 발바닥 등 식용 가능한 모든 동식물이 쓰인다. 중국에서는 실제로 모든 동식물의 요리법이 존재한다고 한다. 요리 방법에 있어서도 단맛, 쓴맛, 신맛, 매운맛, 짠맛 등 5가지 맛의 조화로 다양한 형태의 음식을 만들어 낸다.

둘째, 숙식 위주의 식생활이다. 중국 음식의 또 다른 특징은 바로 불이나 물을 사용하여 익혀먹는 숙식(熟食) 위주의 식생활을 한다는 점이다. 최근에 중국인의 외부 교류가 활발해지고 건강에 대한 관심이 높아짐에 따라 생식을 하는 비율이 과거에 비해 많아지고 있기는 하지만 아직까지 중국 음식은 불과 물의 적절한 사용을 통한 숙식 음식이 주를 이루고 있다. 실제로 중국요리에는 볶기에 있어서도 기름의 사용 정도에 따라, 불의 세기나 성질에 따라 제조법이 다르며, 찜에 있어서도 용기의 유무, 물의 사용량, 찌는 시간에 따라 다양한 제조방법이 존재한다.

셋째, 음식의 조화와 균형을 중요시한다. 중국요리는 전통적으로 음양오행에 기반 한 음식의 균형적 섭취를 중요시한다. 기본적으로 육류와 채소류의 균형적 섭취를 중요시하는데 재료의 특이한 맛과 향기를 내기 위해 육류와 채소, 해산물과 채소 등 두 가지 이상의 재료를 섞어서 사용한다. 또한 이런 음식의 균형적인 섭취를 통해서 중국인들은 전통적으로 약으로 보신하는 것보다는 음식으로 보신하는 것이 좋다는 인식을 가지고 있다. 즉 음식으로 고치지 못하면 약으로도 고치지 못한다고 생각한다. 따라서 음식물 제조에 있어서도 식품만으로 건강을 도모하는 요리 예를 들면 오골계와 버섯을 이용하여 오골계 탕을 만들거나, 돼지 내장에 인삼을 배합하여 음식을 만드는 것과 같이 식재료를 주로, 약용재료를 부로 하여 음식을 만들거나 제비꽃과 녹두와 같이 약용식품만의 배합을 통해 요리를 만들기도 한다.

넷째, 사용하는 도구와 방법이 간단하다. 중국요리는 보이는 음식의 화려함과 다양함에 비해 사용하는 도구나 활용법은 비교적 간단하다. 중국요리에 사용하는 도구는 중국식 냄비인 훠궈(火鍋)와 볶음이나 튀김용 냄비인 사궈(砂鍋), 중국식 찜기인 정룽(蒸籠)이 있으며 이 밖에 식칼과

뒤집개 국자 등이 있어 요리에서 보이는 것만큼의 복잡하고 다양한 도구의 사용이 없는 것이 특징이다.

중국의 식사문화

우리는 의식주라고 하지만 중국 사람들은 식의주라고 할 만큼 중국 사람들에게 먹는다는 것은 특별하다. 중국에서는 사람들이 식당에서 다 먹지도 못할 만큼의 많은 음식을 시켜서 남기는 경우를 쉽게 볼 수 있다. 예전에 비해 음식 낭비가 줄어들고 있기는 하지만 여전히 남길 정도로 넉넉히 시키는 경향이 있다. 또한 식사 후에 너도나도 밥값을 내겠다고 실랑이를 벌이는 장면들 역시 쉽게 볼 수 있다. 중국인은 손님에게 최선을 다해 풍성하게 대접하는 것이 기본적인 의례이자 이것이 자신들의 체면과 연관되어 있다고 보기 때문이다.

중국에는 "조금 친하면 입만 살짝 적시고, 많이 친하면 크게 한 모금 마시고, 형제라 여길 정도면 위장에서 피가 날 만큼 마신다"라는 속담이 있다. 중국에서 권하는 술을 받지 않는 것은 상대의 체면을 깎는 행동이다. 반대로 크게 취할수록 상대의 체면을 세워주는 일이고, 취해 체면을 내려놓고 상대를 웃기면 서로 속마음을 나누는 것으로 간주한다. 따라서 중국인에게 먹고 마신다는 것은 단순한 식사 이상의 사회문화적 의미가 있음을 기억해야 한다. 중국인은 아침, 점심은 비교적 간단하게 그리고 저녁은 성대하게 먹는다.

다음은 중국에서 식사를 할 때 기본적으로 지켜야 할 에티켓이니 모두들 기억해 두었다가 실전에 활용해 보자.

먼저 중국에서는 원형으로 된 식탁이 많으며 식탁 위에 유리판을 놓고 유리판을 돌리면서 식사를 하는 것이 일반적이다. 이때 좌석 위치는 참석자의 지위나 신분에 따라 정해진 자리가 있음에 주의해야 한다. 일반적으로 출입문을 정면으로 마주보고 앉는 자리가 상석이다. 이 자리를 기준으로 주인과 가장 높은 서열의 손님이 앉고 출입문 바로 옆에 주최 측의 가장 낮은 실무자가 앉으면 무리가 없는 자리 배치이다. 그러나 식탁에서의 자리 배치는 연회의 성격이나 지역에 따라 다를 수 있으므로 초대를 받은 경우에는 주인이 정해준 자리에 앉는 것도 무난한 방법이다.

자리가 배치되었으면 음식을 시켜야 한다. 주지하다시피 중국인들은 전통적으로 짝수를 선호함으로 식사 인원, 요리 수, 접시 개수를 짝수로 준비하는 것이 일반적이다. 기억해야 할 것은 주문하는 요리 수는 일반적으로 식사하는 인원보다 많아야 한다. 체면을 중시하는 중국인들의 문화라고 여기자. 요리를 시켰으면 식사를 하게 된다. 여기서 주의해야 할 점은 중국은 개인별로 요리를 시켜서 먹는 것이 아니라 공동으로 요리를 시키고 하나의 큰 접시에 요리가 나오면 각자 먹을 만큼 음식을 떠서 자신의 접시에 옮긴 후 식사를 한다는 것이다. 모든 중국요리에는 중국 특유의 향신료가 들어가 있으니 이 점 역시 기억해 두는 것이 필요하다. 중국인의 식사예절은 중국인의 연회 문화에서 별도로 다루기로 한다.

2) 중국인의 아침

중국은 거의 모든 부부가 맞벌이를 한다. 그만큼 아침은 출근 준비로 바쁘다. 따라서 집 근처나 회사 근처의 가게에서 간단히 아침을 먹고 출근하는 경우가 많다. 집에서 식사를 한다고 하더라고 간단한 식사를 하게 된다. 중국인들은 아침으로 무엇을 먹는지 살펴보기로 한다.

저우(粥)

중국인의 아침을 대표하는 음식은 바로 죽이라 불리는 저우이다. 중국에는 아침 일찍부터 식사를 제공하는 가게들이 골목과 아파트 단지마다 자리 잡고 있는데 바쁜 사람들은 이곳에 들러 죽을 비롯한 간단한 식사를 하고 간다. 대표적인 죽으로는 쌀죽과 좁쌀죽이 있고 이 외에도 수십 가지의 죽 메뉴가 구비되어 있으니 각자의 기호에 맞추어 골라 먹을 수 있다. 요즘 우리나라에서 꽤 인기 있는 중국의 전자제품 회사 샤오미는 바로 좁쌀을 의미하는 중국말이다.

훈둔(混沌)

훈둔은 쉽게 풀이하면 중국식 만두국이라 할 수 있다. 일반의 피가 두껍고 큰 만두로 만든 만두국과 달리 훈둔은 아주 얇은 피에 작게 만든 만두국이다. 여기에 마른 새우와 중국식 향신료인 샹차이(香菜)를 넣어서 먹는 것이 일반적이다. 샹차이는 흔히들 고수풀이라고 부르는 특유의 향이 있는 야채이다. 중국 사람들은 샹차이를 우리의 파처럼 모든 종류의 음식에 넣어 먹는 경향이 있다. 한국인의 샹차이에 대한 반응은 극과 극이다. 차츰 익숙해질 수 있는 향신료 중 하나라고 할 수 있다. 그래도 자신의 입맛에 샹차이가 맞지 않는다면 중국에서 음식을 주문할 때 샹차이를 빼달라고 주문하는 것을 잊지 말아야 한다. 훈둔의 피 안에는 일반적으로 고기와 야채로 반죽을 한 소가 들어 있다. 중국인의 아침 식사에 죽 또는 훈둔은 필수 아이템이라고 할 수 있다.

더우푸나오(豆腐脑)

더우푸나오는 우리나라로 말하면 순두부와 비슷한 개념이라고 할 수 있다. 중국식 순두부에 갖은 고명과 양념을 넣고 한 그릇 먹으면 든든하기가 그 무엇과도 비교할 수 없다.

샤오룽바오(小龍包)

샤오룽바오는 상하이, 항저우 등 강남 지역의 한족들이 먹었던 전통의 간식이라 할 수 있다. 일반적으로는 작고 동그랗게 만들어 대나무 통에 찐 만두 요리이다. 보통은 죽이나 훈둔 또는 더우푸나오와 같이 먹는 것이 일반적이다. 중국 사람들은 샤오룽바오를 식초에 찍어서 먹는 것이 일반적인데 이 외에도 각자의 입맛에 따라 고추기름에 간장과 식초를 넣어서 이를 샤오룽바오에 찍어서 먹기도 한다.

여우티아오(油條)

여우티아오는 밀가루 반죽을 기다란 막대모양으로 만들어서 기름에 튀겨서 먹는 중국인의 아침거리이다. 기름에 튀기기 때문에 보기에 상당히 느끼하게 보이지만 먹어보면 의외의 고소함이 느껴질 만큼 중국인들이 좋아하는 음식이다. 베이징 거리에는 아침마다 여우티아오와 더우푸나오를 먹는 사람들을 어렵지 않게 발견할 수 있다. 중국에 진출한 대표적인 패스트푸드 기업인 KFC나 맥도날드에서도 여우티아오를 아침 메뉴로 제공하고 있다.

젠빙(煎餅)

젠빙은 중국 특유의 전류라고 할 수 있다. 둥그런 화덕처럼 생긴 밑판에 밀가루 반죽을 펼치고 여기에 계란을 깨트려 올리고 갖은 소스를 바른 뒤 위에다 여우빙을 올려서 가로 세로로 접어서 먹으면 된다. 대부분의 중국 사람들은 젠빙 위에 샹차이와 파와 깨를 뿌려 먹기도 한다.

여우빙(油餠)

여우티아오가 밀가루 반죽을 세로로 길게 만들어 기름에 튀긴 것이라면 여우빙은 밀가루 반죽을 전 모양으로 둥글고 넓적하게 튀긴 것을 의미한다. 그냥 그 자체로 먹기도 하지만 젠빙과 같이 다른 간식거리에 같이 싸서 먹기도 한다.

만터우(饅頭)

만터우는 한자어로는 만두이다. 그런데 여기서 우리가 주의해야 할 점은 중국에서 말하는 만두, 즉 만터우와 우리나라에서 말하는 만두는 다르다는 점이다. 중국에서 말하는 만두는 소가 없는 밀가루 빵을 의미한다. 이에 반해 우리나라에서 말하는 만두는 중국에서는 바오쯔(포자만두), 자오쯔(교자만두)로 구체화해서 부른다. 만터우는 중국에서 쌀밥과 더불어 주식으로 사용된다. 중국 사람들이 퇴근할 때 만터우 가게에 들러 한 묶음의 만터우를 사가는 모습을 볼 수 있는데 이는 집에 가서 식사를 하기 위함이다. 일반적으로 아침을 집에서 먹게 되면 만터우를 찌거나 덥혀서 자차이라고 불리는 중국식 짠지와 함께 먹게 된다.

바오쯔(包子)

바오쯔는 흔히 우리나라에서 말하는 포자만두이다. 바오쯔는 둥그런 모양의 만두를 일컫는 말이고 여기에 소로 무엇을 넣느냐에 따라 고기를 넣은 러우바오, 야채를 넣은 쑤바오로 구별된다. 중국에서 우리나라식 고기만두가 먹고 싶다면 러우바오(肉包)를, 야채만두가 먹고 싶다면 쑤바오(素包)를 시키면 된다. 중국을 대표하는 바오쯔 가게는 톈진에 있는 개도 쳐다보지 않는다는 의미의 고우부리바오쯔(狗不理包子) 점이다.

자오쯔(餃子)

자오쯔는 우리나라에서 말하는 교자만두를 의미한다. 교자는 빚은 모양이 송편과 같이 생긴 것을 말하며 제조방법에 따라 물 교자만두와 찐 교자만두로 나눈다. 특히 중국에서는 둥베이 지방이 자오쯔로 유명하다. 중국에서는 자오쯔를 무게로 달아서 판매한다. 자오쯔에 들어가는 소가 수백 종에 이를 만큼 많기 때문에 시간을 내어 중국 자오쯔의 세계에 빠져보는 것도 흥미로운 일이 될 것이다.

3) 중국의 지역별 요리

중국요리는 흔히 4대 요리, 8대 요리, 10대 요리로 분류되는데 보는 이와 분류 기준에 따라서 내용과 범위가 달라지기도 한다. 여기에서는 중국을 대표하는 4대 지역 요리에 대해 소개하고자 한다.

베이징 요리

베이징 요리는 북방 지역을 대표하는 요리이다. 베이징의 추운 기후의 영향을 받아 조리할 때 많은 기름을 사용하며, 이로 인해 칼로리는 높지만 맛은 중후한 편이다. 그리고 강한 화력으로 단시간에 조리하는 튀김 및 볶음 요리의 종류가 많다. 우리에게 익숙한 베이징 요리로는 베이징 카오야(北京烤鴨)와 솬양러우(涮羊肉)가 있다. 베이징 카오야는 베이징

덕(Beijing duck)으로 불리며 통째로 구운 오리를 얇게 저며 전병에 파와 장을 곁들여 싸서 먹는 요리이다. 베이징 전문대가(前門大街)에 가면 취엔쥐더(全聚德)라는 유명한 베이징 카오야 가게가 있다. 솬양러우는 종이처럼 얇게 썬 양고기 편을 끓는 물에 살짝 데친 후 양념장에 찍어 먹는 샤부샤부 요리이다.

상하이 요리

상하이 요리는 난징(南京) 요리 또는 장쑤 요리라고도 하며, 양저우(揚州)·쑤저우 지역의 요리까지를 포함하기도 한다. 상하이 요리는 양쯔장 유역의 풍부한 곡물과 해산물 재료가 풍부하며 담백한 맛과 더불어 기름기가 많고 진하다. 특히 상하이 요리는 음식의 색과 모양을 중요시한다. 쌀이 많이 나는 지역적 특성상 쌀밥에 어울리는 요리가 발달하였는데 찌거나 약한 불에 오래 끓이며 조리를 하고, 재료의 원래 모습을 그대로 살릴 수 있는 요리를 하는 경향이 있다. 이 지역에서는 새우, 게 등의 해산물 요리와 진주완자, 게 볶음, 생선찜이 유명하다.

상하이 요리 중 유명한 것으로는 민물 게 요리와 둥퍼러우(東坡肉)가 있다. 민물 게 요리는 일반 서민이 먹기에는 다소 비싸지만 식도락가들이 최고로 꼽는 진미로 찬바람이 부는 계절에 제 맛을 느낄 수 있다. 둥퍼러우는 송나라 시인 소식(蘇軾) 때 만들어졌다고 전해지는 요리이다. 1079년 소식이 시로 황제를 모욕하고 비방했다는 참소를 받아 넉 달이 넘는 기간 동안 고문을 당한 후 항저우로 유배를 떠나게 되었다. 당시 중국의 귀족들은 돼지고기를 먹지 않고 양고기만을 먹었다고 한다. 항저우 지방에 파견된 소식은 이후 항저우에서 선정을 베풀어 백성으로부터 육질이 아주 연한 돼지고기 요리를 선물 받았고 소식은 이를 즐겨 찾아 먹었다고 한다. 이에 소식의 호인 둥퍼(東坡)를 따서 둥퍼러우라 불렀고 이런 연유 때문에 둥퍼러우는 지금까지도 많은 사람의 사랑을 받는 요리가 되었다.

쓰촨 요리

쓰촨 요리는 중국 내륙의 쓰촨 · 윈난 · 구이저우 지역 요리를 포함한다. 예로부터 중국의 곡창지대로 유명한 쓰촨 분지는 사계절 산물이 모두 풍성해 야생 동식물이나 채소류, 민물고기를 주재료로 한 요리가 많다. 쓰촨 요리는 특히 매운 요리로 유명한데 "후난(湖南) 사람들은 매운 것을 겁내지 않지만 쓰촨 사람들은 맵지 않을까 봐 두려워한다"[55]라는 말이 있을 정도이다. 쓰촨 요리는 중국 내륙을 대표하는 요리로 고추, 후추, 생강 등 강한 향신료를 많이 사용하여 맛이 자극적이고 매운 특징이 있다. 특히 우리나라의 입맛과 비슷한 요리로 야채나 곡물, 육류를 골고루 이용한다. 흔히 접할 수 있는 쓰촨 요리로는 마퍼더우푸(麻婆豆腐), 궁바오지딩(宮保鷄丁) 등이 있으며, 특히 각종 채소와 육류를 데쳐 먹는 쓰촨식 샤부샤부인 훠궈(火鍋)는 모든 사람이 좋아하는 대표적 쓰촨 요리이다. 이 밖에도 우리나라의 물김치와 비슷한 파오차이(泡菜)가 있으며 중국적인 전통을 가장 잘 보존하고 있는 요리라는 평가를 받는다.

광둥 요리

광둥 요리는 중국 남부에 있는 광둥 · 푸젠 · 광시 지역의 요리를 포

55 "湖南人不怕辣, 四川人怕不辣."

함한다. 중국요리 중 세계적으로 가장 많이 알려진 것이 바로 이 광둥 요리이다. 광둥 지역은 16세기 이래 외국 선교사와 상인들의 왕래가 빈번하였기 때문에 전통 요리에 서양 요리법이 결합한 독특한 특징이 있다. 이 지역은 "네 발 달린 것이면 의자 빼고 무엇이든 다 음식의 재료가 된다"라는 말이 있을 정도로 다양한 재료를 사용한다. 광둥 요리 중 유명한 룽후더우(龍虎鬪)의 주재료는 고양이와 뱀인데 많은 사람들이 이 사실을 알고 놀라곤 한다. 광둥 요리는 대체로 담백하고 재료 그대로의 맛을 살리기 위해 간을 적게 하며 국물이 많다. 구라오러우(咕咾肉), 딤섬(點心) 등은 우리에게 친숙한 광둥 요리이다. 제비 집, 고양이, 원숭이, 뱀 등을 재료로 한 4대 요리 및 각종 죽이 발달하였고, 모든 조미료가 동원되어 음식이 향기롭고 개운하며, 부드럽고 미끈거린다는 평가를 받는다.

3. 중국의 술

1) 중국 술의 종류

중국은 지대물박(地大物博)의 나라인 만큼 생산되는 술의 종류도 다양하다. 특히나 바이주 같은 경우는 중국 전통을 고스란히 계승한 술인 반면에 맥주나 포도주는 역사적으로 아편전쟁 이후 서구 제국주의의 중국 침략과 연관되어 있다. 현재 중국을 대표하는 술로는 바이주(白酒), 황주(黃酒), 피주(啤酒, 맥주), 홍주(紅酒)를 꼽을 수 있다. 일반적으로 기후 특성상 북방 사람들은 도수가 높은 바이주를 즐기는 반면에 남방 사람들은 황주나 피주를 즐긴다. 지금부터 중국을 대표하는 술의 세계로 들어가 보자.

바이주(白酒)

바이주란 곡물을 주재료로 하고 누룩 등을 발효제로 써서 만든 증류주를 의미한다. 바이주 이외에도 사오주(燒酒), 라오바이간(老白干), 사오다오쯔(燒刀子)로도 불린다. 무색의 투명한 액체이며 향이 맑고 부드럽고 입에 들어가면 부드럽고 상쾌한 맛이 나는 주정 함량이 높은 술이다. 바이주는 중국 특유의 증류주로 브랜디, 위스키, 보드카, 진, 럼주와 더불어 세계 6대 증류주로 꼽힌다. 우수한 바이주는 반드시 일정한 저장기를 거치는데 짧게는 3개월에서 길게는 3년 이상이 소요된다. 도수는 일반적으로 40도 이상이며 60도 전후의 술도 흔한 편이다. 40도 이하는 저도주로 분류된다. 술의 가격은 도수가 높은 술일수록 비싼 편이다. 중국을 대표하는 바이주로는 마오타이(茅台酒), 우량예(五粮液), 수이징팡(水井坊) 등이 있다.

황주(黃酒)

황주는 세계에서 가장 오래된 술 가운데 하나로 중국에서 시작되었고 중국에만 존재하는 술이다. 맥주, 포도주와 함께 세계에서 가장 오래된 3가지 술에 포함된다. 대략 3,000년 전인 상주(商周)시대에 중국인들은 특유의 발효법을 통해 황주를 만들기 시작하였다. 현재 황주의 산지는 비교적 광범위한데 산둥의 지모(即墨)와 저장의 샤오싱(紹興)[56]이 유명하다. 황주는 쌀, 기장, 조를 주재료로 하며, 일반적으로 주정 함량이 14~20퍼센트 정도이다.

피주(啤酒)

피주는 맥주의 중국식 표현이다. 인류 역사에서 가장 오래된 술 가운데 하나로써 물과 차 다음으로 세계에서 소비량이 많은 음료이다. 피주는 20세기 초에 중국에 전해진 외래의 술이다. 현재 중국에서 가장 많은 종류를 자랑하는 술이 바로 피주로 각 지방마다 고유 브랜드의 피주 회사를 가지고 있을 정도이다. 중국을 대표하는 3대 피주 브랜드는 칭다오(青岛) 피주, 옌징(燕京) 피주, 하얼빈(哈尔滨) 피주를 들 수 있다. 이 중 칭다오 피주는 서구 열강의 중국 침략 과정 중 독일이 칭다오를 조차하면서 시작되었다. 독일인들이 그곳의 수질이 좋은 것을 알게 되고 1903년에 피주 공장을 지었다고 한다. 매년 7월 칭다오에서는 맥주 페스티벌을 개최함으로써 중국 대표 맥주도시로 자리매김하고 있다.

홍주(紅酒)

홍주는 일반적으로 포도주를 칭하나 반드시 포도주만을 지칭하는 것은 아니다. 홍주는 아주 다양한 분류 방법이 있는데 완성품의 색깔을 기준으로 적포도주, 백포도주, 분홍포도주로 나뉜다. 역사적으로는 사마천의《사기》에 중국의 서북 지방에서 포도로 술을 담갔다는 기록이 있

56 샤오싱 현(縣)은 현대 중국의 대문호 루쉰의 고향으로도 잘 알려져 있다.

는 것으로 전해진다. 현재 중국을 대표하는 포도주로는 산둥 옌타이(烟台)의 적포도주와 칭다오의 백포도주가 유명하다.

4. 주(住)문화

전통적인 중국인의 가옥 양식을 대표하는 것은 바로 쓰허위안(四合院)이다. 쓰허위안은 쓰허팡(四合房)이라고도 불리는 중국 한족의 전통 건축양식이다. 보통 중앙에 하나의 정원을 두고 사면으로 방을 두고 있는 형식으로 사면의 방이 정원을 두고 감싸는 모습이라고 해서 쓰허위안이라고 부른다. 쓰허위안은 3,000여 년의 역사가 있으며 중국 각지마다 다양한 형태가 있는데 그중에 베이징의 쓰허위안이 대표적이다. 쓰허위안은 보통 대가족의 거주에 적합하며 대외적으로 비교적 은밀한 공간을 제공해준다. 또한 중국 전통의 음양오행설과 계급 등급에 대한 의식을 보여준다.

제12장

중국인의 연회 문화와 에티켓

중국의 연회

중국에서는 친한 사이에만 손님을 청하지는 않는다. 일반적으로 접대는 상대방의 호의에 답례를 표하거나 사업적 목표를 원활하게 달성하기 위해 가장 흔하게 사용되는 비즈니스 형식이다. 중국인이 연회를 개최하는 데에는 많은 이유가 있다. 즉 외국에서 온 대표단을 환영하거나 환송하기 위해, 사업적인 협상 체결에 동의한다는 것을 표시하기 위해, 다른 이가 베풀었던 연회에 보답하기 위해, 생일·결혼·환갑 등을 축하하기 위해, 설 또는 다른 특별한 휴일을 보내기 위해, 친절이나 호의에 감사를 표하기 위해, 친구가 멀리 가는 것에 대해 송별하거나 먼 곳에서 돌아온 것을 환영하기 위해 등등의 이유가 있다. 연회의 중요성과 성격, 참석자의 수, 장소, 개인의 성향, 다른 이들과의 관계 등에 따라서 연회의 형식도 다양하다.

손님맞이

중국의 연회실에는 식사용 탁자 근처에 손님을 위한 편안한 자리들이 마련되어 있다. 당신이 도착하면 손님이 너무 많지 않은 경우 이런 자리로 안내받을 것이다. 비즈니스 관련 만남일 때 만약 당신이 중요한 손님이라면 접대 측 대표의 오른쪽에 앉게 될 것이다. 통역사는 대화를 편하게 할 수 있도록 대표들의 근처에 앉을 것이다. 서열이 두 번째인 사람은 접대 측 대표의 왼쪽 또는 그 근처 가까운 자리에 앉아야 한다.

자리를 잡으면 음식점의 직원 또는 접대자가 차를 내어온다. 손님을 맞이하는 이 시간에는 가벼운 대화를 하게 된다. 예를 들어 중국 측 접대자는 당신의 하루에 대해 물어볼 수 있다. 중국 방문의 느낌은 어떠한지, 즐거웠는지, 손님 덕에 날씨도 좋다는 등의 인사말을 하는 경우가 많다. 식당의 직원이 음식이 모두 준비되었다고 하면 접대자는 손님들에게 테이블로 옮겨 식사하자고 제안할 것이다. 중국어로는 예를 들어 "비엔 츠, 비엔 수어(Bian Chi, bian shuo)",[57] 즉 "식사 하시면서, 말씀 나누시지요"라고 하면서.

좌석 배치

접대자가 "이제 앉으시죠"라고 말하면 접대 측 구성원들은 정중한 태도로 손님들이 자신의 자리를 찾도록 도와준다. 자리에는 손님이 먼저 앉도록 배려한다. 그리고 의자에 앉을 때에는 보통 의자의 왼쪽 방향으로 착석한다. 자리에 앉은 후에는 젓가락을 이리저리 만지거나, 산만

57 边吃边说。

한 소음을 내거나, 불필요하게 일어서서 움직이지 않도록 한다. 주인(접대자)은 요리가 올라오는 곳 가까운 자리에 손님의 자리를 배치해서는 안 된다.

중국에서는 공식적인 연회에 앞서 손님의 자리가 배치된다. 서열이 높은 손님에게는 그에 걸맞은 존경과 영예가 따라야 한다. 이를 잘못하는 것은 있을 수 없는 실수로 여겨진다. 높은 서열인 사람이 참석을 못하게 되면 그 빈자리를 채울 수 있도록 모든 사람들이 한 단계씩 옮겨 앉아야 한다. 연회에서 좌석 배치는 누가 누구보다 서열이 높은지를 알려 주는 것이다. 중국은 표면상 평등주의를 내세우고 있지만 실제로는 유난히도 의례를 중시한다. 중국인은 해외여행을 할 때도 대표단 목록에 구성원의 정확한 서열을 구분해 놓는다. 즉 목록에 구성원의 이름이 서열이 높은 순서대로 표기된다. 이러한 예법은 중국인에게 중요하다. 모든 이가 조직에서 자신의 위치를 알 수 있게 해주기 때문이다. 중국인은 중국을 방문하는 외국인 그룹도 이렇게 서열이 구분된 형태이기를 기대한다. 만약에 외국인이 배우자와 함께 중국에 왔을 경우 중국인은 외국인 친구가 연회에 배우자를 데려오는 것도 환영한다. 그러나 일반적으로 접대 측과 손님이 충분히 가까운 사이가 아니라면 그들은 자신의 배우자를 데려오지 않는다. 당신이 연회의 접대자일 때 당신 자신의 연회에 배우자가 있는 경우 상대방에게 배우자와 함께 참석하기를 요청하는 것은 가능하다. 그러나 상대가 거절하면 더 이상 강요하지 말아야 한다.

식사 시 테이블의 자리 순서는 중국 식사 예절에서 매우 중요한 부분이다. 일반적인 원칙은 다음과 같다. 네모난 탁자나 원형 탁자 모두 입구의 좌측 또는 서쪽의 자리를 가장 존경받는 사람을 위해 남겨두어야 한다. 그리고 남녀 주인 자리는 일반적으로 입구를 등지고 앉아야 한다.

그림 12-1 손님 측 대표와 접대 측 대표의 자리 배치

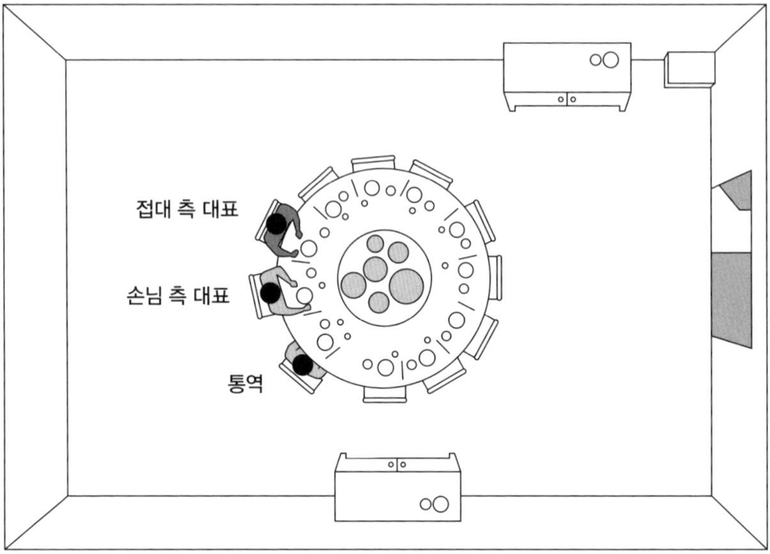

모든 손님이 자리하여도 가장 연장자 또는 지위가 가장 높은 사람이 착석한 후에 식사를 시작할 수 있고 연장자가 먼저 식사를 시작한 후에 식사를 해야 결례가 되지 않는다.

연회는 보통 각각 10~12명 정도 앉을 수 있는 둥근 탁자들이 놓인 곳에서 이루어진다. 모든 손님들이 앉을 수 있을 만큼 많은 테이블이 룸에 배치된다. 손님은 균등하게 나뉘어져 자리에 앉도록 한다. 예를 들어 30명이 참여하는 연회인 경우 세 개의 탁자에 각각 12명, 12명, 6명씩 앉기보다는 세 개의 탁자에 10명씩 앉는 것이 더 좋다. 또한 가능하다면 각 탁자에 중국인과 외국인의 수가 거의 균형을 맞추는 것이 좋다.

문에서 가장 먼 쪽의 주 탁자 자리가 보통 상석으로 지정된다. 접대 측 대표는 그 자리에 또는 만약에 무대가 있다면 무대의 맞은편에 앉는

그림 12-2 두 번째 서열의 손님과 두 번째 서열의 접대자 자리 배치

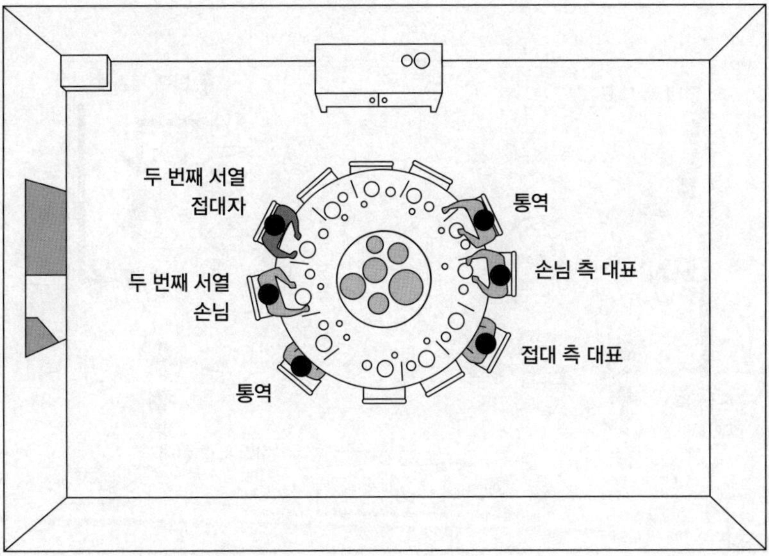

다. 그리고 손님 측 대표는 접대 측 대표의 오른쪽에 앉는다. 손님 측 두 번째 대표는 접대 측 대표의 왼쪽에 앉거나 손님 측 대표 오른쪽에 앉는다. 물론 여기에서 초대한 사람이 손님의 자리를 지정해 줄 수도 있다. 중국에서는 자리 배치를 통해 누가 자신에게 가장 중요한 손님인지를 표시하게 된다. 통역사는 손님의 옆, 보통 오른쪽에 앉는다.

상석이 있는 주 탁자에서 두 번째 서열의 접대자는 접대 측 대표의 맞은편에 앉고, 두 번째 서열의 손님은 손님 측 대표의 맞은편, 즉 두 번째 서열 접대자의 오른쪽 자리에 앉는다. 통역사는 바로 그 근처에 자리해야 한다.

이런 식으로 좌석 배치가 이루어지면 세 번째, 네 번째 서열의 중국 접대 측과 외국인 손님 측은 두 번째 탁자에 앉고, 다섯 번째, 여섯 번째

그림 12-3 주요 손님과 주요 접대자가 서로 마주보는 자리 배치

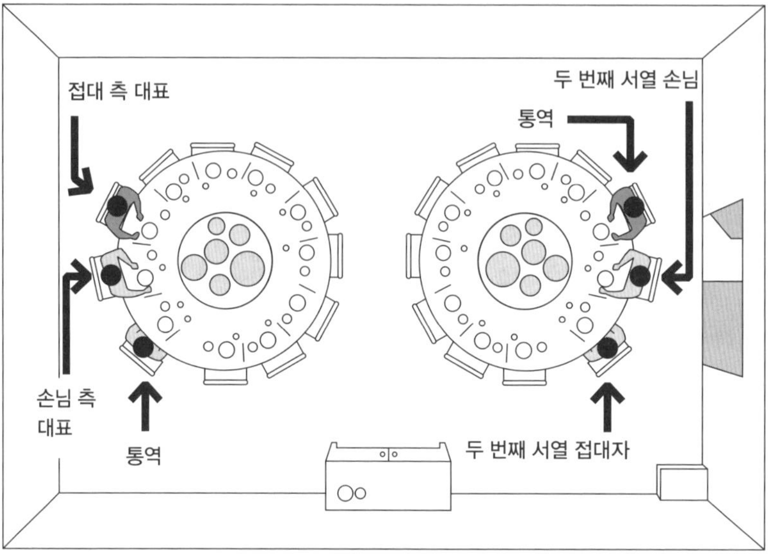

서열은 세 번째 탁자에 앉는 식으로 배치할 수 있다. 각 테이블에서 주요 접대자가 접대 측 대표와 눈을 마주 칠 수 있도록 좌석을 배치한다. 또한 두 번째 서열의 중국인은 두 번째 탁자에서 그의 오른쪽에 두 번째 서열의 외국인과 앉을 수 있다. 첫 번째 주 탁자와 마주보는 배열이 된다. 그러나 접대자가 시선을 유지할 수 있게 첫 번째 탁자와 각도를 약간 조절하도록 한다. 이에 따라 세 번째 서열의 접대자와 손님은 셋째 테이블에 앉고, 모든 테이블이 찰 때까지 이렇게 한다. 서열상 다음의 접대자는 첫 번째 테이블의 두 번째 위치를 채우고, 다음은 두 번째 테이블로 간다. 어느 시나리오에서든 낮은 서열 손님들은 모든 테이블이 완성 될 때까지 빈자리에 앉게 된다.

중국은 원형 테이블이 일반적이다. 그러나 필요하다면 이러한 중국

인들의 좌석 배치 예법은 네모난 탁자에도 적용할 수 있다. 네모난 탁자에서도 원형 테이블과 같은 법칙이 적용되는데 예외가 있다. 접대자의 자리가 탁자의 짧은 쪽의 끝 쪽에 앉는 것이 아니라 사각형의 긴 쪽의 중앙에 앉는 것이다. 그리고 손님은 접대자의 오른쪽에 앉는 것이다. 통역사는 이들의 왼쪽 또는 오른쪽이나 테이블의 건너편에 앉도록 한다. 그러나 일반적으로 직사각형 또는 타원형의 탁자는 중국식 연회에 알맞지 않다. 둥근 탁자가 더 좋다.

연회 장소의 준비

공식적인 중국 연회에서 기본적인 테이블 세팅은 다음과 같다. 개인마다 밥이나 스프를 담을 공기 하나, 메인 요리를 위한 얇은 접시, 양념이나 소스를 위한 작은 접시, 디저트용 접시, 자기로 만든 숟가락과 젓가락, 수저 받침대가 준비된다. 음료를 마시는 컵은 세 개가 있다. 중간 사이즈 컵은 맥주나 음료를 마시는 것이다. 그리고 작은 와인 잔이 하나 있고, 바이주를 마실 때 제일 작은 유리잔을 사용한다. 물론 이런 식기들은 한두 코스가 주어진 후에 새 것으로 계속 교체된다. 둥근 요리 회전대는 탁자 중앙에 놓여진다. 주요 요리를 회전대 위에 올려놓으면 먹고 싶은 요리가 자기 자리 앞으로 오게끔 그것을 돌리면서 식사를 하면 된다.

일반적으로 중국의 식사에서는 나이프를 볼 수 없다. 가끔 식사 끝에 과일 껍질을 벗길 수 있도록 나이프를 주기도 한다. 그러나 동서양 식사가 함께 나오지 않는 한 표준 테이블 세팅에서는 잘 주어지지 않는다. 중국인들은 식사를 하면서 나이프를 사용하는 일이 거의 없다. 왜냐하면 전통적으로 칼은 무기로 간주되어 친구들과 함께 식사를 하는 탁자에서 사용하지 않는 것이다.

식사

평소 일이 없을 때 자주 식사나 적당한 음주를 같이 하여 친분을 쌓아두는 것이 바람직하다. 일이 있을 때 비로소 갑자기 초대하여 접대하면 큰 효과를 거두기 어려울 수 있다. 중국에서 가장 보편적인 접대는 식사 대접이며, 식사는 술자리를 겸하게 된다. 하지만 중국에서는 우리나라처럼 2차, 3차 음주 문화가 없다. 중국인이 대접하는 식사는 대개 어려운 일을 부탁하기 위한 경우가 많으므로 차라리 먼저 접대하는 편이 낫다.

중국인의 말 주지하듯이 한국 사회에서는 "언제 밥 한번 먹읍시다"라고 하면 인사치레일 가능성이 매우 크다. 그러나 중국인 비즈니스 상대로부터 "언제 시간 내서 같이 식사합시다"라는 말을 듣는다면 인사치레가 아닐 가능성이 큰 상황이라고 할 수 있다. 구체적으로 약속 시간을 염두에 두고 이야기 하는 편이 좋다.

중국인의 식사 문화

중국에서는 체면 때문에라도 음식이 남을 만큼 주문해야 한다. 식사에는 반드시 고기류가 포함된 것이 좋다. 중국인들은 소고기보다 닭고기, 돼지고기, 또는 양고기를 즐긴다. 국물이 많은 탕·찌개·전골 종류는 주 요리로 적합하지 않다. 중국인은 탕을 마실 때가 아니면 숟가락을 거의 사용하지 않는다. 요리와 밥은 젓가락으로만 먹기 때문이다. 특히 밥공기를 손에 들고 입에 대고 먹는데 우리에게는 자칫 예의 없어 보이는 그들의 식습관을 이해하자. 우리는 주식과 반찬을 함께 먹지만 중국인은 먼저 요리로 배를 채우고 난 뒤 주식으로 밥이나 면 등을 주문한다.

보통은 우선 차갑거나 상온의 애피타이저가 탁자에 놓여진다. 애피

타이저는 적어도 네 가지 이상의 서로 다른 색깔을 가진 재료들로 만든다. 때때로 여러 개의 작은 접시에 담아서 음식 회전대 가장자리에 놓기도 한다. 중국인에게 요리의 외양은 맛만큼 중요하다. 그래서 종종 애피타이저는 꽃, 용, 금붕어, 공작새, 불사조, 초롱, 나비 등과 같은 모양으로 아름답게 만들어진다. 그리고 구운 소고기, 오리, 닭고기, 햄, 소금이나 식초에 절인 야채, 두부, 해파리, 오징어, 미역 등 24가지의 다양한 재료로 만든다.

테이블이 세팅되면 각 테이블의 첫 번째 두 번째 접대자 앞 식기세트에 젓가락 세트와 숟가락이 추가된다. 이것은 서빙용으로 음식을 덜어낼 때만 사용한다. 중국에서 공용의 요리를 먹기 위한 위생적 방법이자 에티켓이다. 접대 측 대표가 먼저 음식을 덜기 전에 아무도 먼저 어떤 음식을 맛보거나 접시에 음식을 덜지 않아야 한다. 그리고 접대 측 대표가 먼저 손님 측 대표에게 큰 요리 접시에서 음식을 덜어주고 이후 손이 닿는 범위의 다른 손님에게도 덜어 준다. 이어서 두 번째 접대자도 같은 방식으로 한다. 종종 여기부터는 식당의 종업원이 대신하여 남아 있는 음식을 손님들에게 나누어주기도 한다.[58]

이런 식으로 식사가 시작되면 그때부터 손님들은 자유롭게 음식을 덜어 먹을 수 있다. 접대자가 "좀 드셔보세요"라고 말을 하거나 먼저 음식의 맛을 보기 시작하면서 연회의 시작을 알리는 셈이다. 전통적인 중국 연회에서는 접대자가 요리 접시에서 손님의 접시로 직접 음식을 덜어주는 것은 의무이다. 그 의무는 식사하는 동안 계속된다. 손님이 잘 먹는 음

58 접대자의 동의하에 식당 종업원이 처음부터 대신 덜어서 나누어 주기도 한다.

식이 무엇인지 잘 봐 두었다가 손님의 접시가 비어 있을 때 그 손님이 먹고 싶어 하는 음식으로 채워준다. 식사가 끝났으면 음식물의 작은 조각을 접시에 남겨두는 것이 중요하다. 당신이 이미 배가 부르다는 신호가 되기 때문이다.

중국의 연회는 일반적으로 음식이 순서에 따라 나오는 코스 요리이다. 중국 연회에서 외국인이 흔히 저지르는 실수는 처음에 나오는 몇 가지 음식을 배부르게 먹어서 뒤에 나오는 음식을 더 이상 맛보지 못하는 것이다. 이 경우 가장 좋은 음식들을 본인이 즐기지 못할 뿐 아니라 중국인은 당신이 뭔가 속상한 일이 있는 것으로 오해할 가능성이 있다. 또한 연회 중간에 당신이 갑자기 음식을 먹는 것에 관심을 잃은 것처럼 보이면 중국인들은 자신들이 뭔가 당신을 화나게 만든 것으로 오해하게 된다.[59]

중국 음식의 식사 순서는 크게 렁차이(冷菜), 러차이(熱菜), 주스(主食), 탕(湯) 순서로 진행된다. 렁차이는 냉채 요리로 메인 요리가 나오길 기다리면서 입맛을 돋우기 위해 먹는 간단한 음식이다. 일반적 개념의 에피타이저라고 할 수 있다. 무침과 같이 차가운 음식이 많아서 렁차이라고 불린다. 러차이는 주문 후 즉시 지지고 볶거나 튀겨서 만들어 내는 메인 요리를 말한다. 식사가 끝날 때쯤에는 보통 생선 전체 요리가 나온다. 메인 코스의 마지막이다. 중국에서 생선요리는 손님 접대에 최고로 신경을 쓰고 있음을 의미한다. 생선은 한 마리가 온전하게 요리되어야 하고 분해되어서 요리되면 안 된다. 이렇게 러차이를 먹고 나면 주식 개념의

---

59 격식을 갖춘 연회의 경우에는 어떤 음식들이 나오는지 적힌 카드가 테이블에 놓여 있는 경우가 많다. 또 일반적인 경우에도 주문서 사본이 테이블에 놓여 종업원들이 음식을 가져다주며 확인하므로 살며시 참고하면 좋다.

주스를 먹는다. 주식으로는 흔히 밥, 만두, 면 같은 것들이 나온다. 탕은 우리나라의 국과 비슷하나 국보다 훨씬 걸쭉한 경우가 많다. 우리나라와 다른 점은 메인 요리가 다 나온 뒤 주식을 시키고 숭늉처럼 탕을 맨 마지막에 마신다는 점이다. 마지막으로 달콤한 스프와 디저트, 신선한 과일 등이 나온다.

중국인은 음식에 대하여 이야기하는 것을 매우 좋아하고 여러 지역의 음식과 요리법에 대해 상대방에게 이야기해주는 것을 기뻐한다. 중국 요리 이름을 보면 요리의 식재료를 알 수 있는 경우가 많다. 그러나 화려한 고급 연회에서는 재료를 직접 언급하지 않은 비유적인 이름의 요리도 있다. 예를 들면 작은 새우로 채운 요정의 발이라는 요리는 오리 발에 햄, 완두, 작은 새우를 밀가루로 반죽하여 채워 넣은 것이다. 또 8가지 보물 쌀이라는 푸딩은 쌀, 연꽃 씨앗, 대추야자 열매, 땅콩, 호두, 건포도, 오렌지 껍질, 붉은 팥 등을 반죽하여 만든 요리이다. 그리고 나무를 기어오르는 개미들이라는 요리는 가는 쌀국수 위에 돼지고기를 얹은 것이다.

중국인의 집에 초대받아 식사를 하는 것이라면 제공되는 요리를 모두 조금씩 먹어보는 것이 좋은 매너이다. 그러나 도저히 먹을 자신이 없는 요리라면 마치 맛을 본 것처럼 접시에 음식의 일부를 놔두면 된다.

대화

연회에서 무엇을 말해야 하고, 무엇을 말하지 않아야 하는지 정해진 규칙은 없다. 보통 상식에서 벗어나지 않으면 된다. 중국에 온 외국 대표단과 식사하면서 중국인은 반드시 협상에 관한 논의만을 계속하려고 하지는 않을 것이다. 그들은 같이 식사를 하면서 상대방을 더 잘 알게 되고 긴장을 없앨 수 있는 가볍고 따뜻하고 재미있는 대화를 원할 것이다.

그렇다고 본질적인 대화가 식사 중에 이루어질 수 없는 것은 아니다. 상호 간에 대화가 진심에서 우러나온 것이고 체면이 계속 유지되는 한 가능하다. 때때로 연회에서 접대 측 대표는 협상에 참가하고 있는 팀의 대표보다 더 높은 서열의 간부일 수 있다. 연회는 외국인 대표단이 중국의 높은 관리자를 만날 수 있는 좋은 기회이다. 그러므로 이 소중한 기회에 대화의 소재를 단순 재밋거리에만 한정한다면 모두에게 시간 낭비일 것이다. 그리고 한 가지 주의할 것이 있다. 어떤 상황에서든 중국인 대표가 외국 대표단 멤버의 부탁을 거절하게 되는 상황을 만들어서는 안 된다. 이것은 중대한 에티켓을 위반하는 것이 된다.

실패로부터 안전한 대화의 주제로는 날씨·중국 음식·지리·언어에 관한 것 등이다. 이 외에도 당신이 중국이나 다른 나라를 가본 경험 또는 상대 중국인이 해외를 여행한 경험, 사업적 방문의 목적에 관해 이야기할 수도 있다. 중국인은 지정학적 이슈에 대한 정부의 입장에서 벗어나지 않는다. 특히 중국의 인권 문제나 타이완과의 통일 문제 등의 이야기는 민감한 소재이므로 대화의 소재로 꺼내지 않도록 주의하라.

연회는 모든 이가 좋은 음식을 먹으며, 좋은 시간을 가지는 표면의 목적이 있다. 그러나 이는 일종의 의무들을 포함하고 있다. 예를 들어 당신은 상대방과 대화를 계속해서 이어가도록 기대되고 요구되어진다. 당신이 중국인 접대자나 손님들과 공통된 화제를 찾기 어려울 때 때때로 같은 언어를 사용하는 동료들과 이야기를 함으로써 이러한 어색함을 깨려고 한다. 이 경우 당신이 동료와 이야기를 하는 것은 형식적으로는 용납되지만 이를 통해 중국인과의 문화적 차이를 좁히려는 시도는 포기하는 것으로 궁극적으로는 큰 실수를 하는 것이다. 그러나 만약 당신이 중국인과의 소통에 노력한다면 중국인은 당신의 노력에 감사할 것이다.

식탁 예절

식탁에서 지켜야 할 예절에서 중국과 서양 간에는 일부 차이가 있다. 가장 중요한 점은 중국에서는 자신의 음식은 물론 다른 사람의 음식에 손을 데는 것을 무례한 행동으로 여긴다. 중국 음식은 한입 크기로 서빙 이전에 주방에서 미리 잘라서 가져온다. 따라서 음식에 손을 델 필요가 없다. 젓가락만 있으면 된다. 비록 한입 크기로 잘라져 있더라도 음식에 뼈나 껍데기가 남아 있을 수 있다. 특히 중국인들은 음식의 맛을 위해 고기가 뼈에 붙어 있는 상태로 또는 새우와 같이 껍데기가 있는 해물에 껍데기가 붙어 있는 상태로 잘라서 요리하는 것을 좋아한다. 중국인은 이 뼈나 껍데기를 탁자 한쪽 옆이나 심지어 바닥에도 버린다. 물론 이것은 세련된 매너가 아니다. 연회에서 당신은 가능하다면 젓가락을 사용하여 당신의 입에서 뼈나 가시를 제거한다. 그리고 그 뼈는 당신의 식기가 세팅된 한쪽 옆 작은 접시에 모으면 된다. 그러면 서빙해주는 사람이 오고 가면서 치워줄 것이다. 경우에 따라서는 이런 뼈나 가시를 버리는 목적으로 사발을 돌리기도 한다.

서양과 중국의 식탁 매너에는 몇 가지 차이점이 있다. 예를 들어 당신이 팔꿈치를 식탁에 올리는 것이 무례한 행동이 아니다. 일반적으로 요리가 담긴 접시는 탁자에서 건네지지 않는다. 중국에서는 냅킨을 당신 무릎에 꼭 올려놓을 필요는 없다. 그리고 중국에서 서빙하는 사람은 당신의 오른쪽뿐 아니라 왼쪽에서도 서빙을 할 것이다. 이것에 관해 중국에는 따로 규칙이 없다. 또한 음식을 먹으면서 소리를 내는 것에 대해서도 중국에는 특별한 금기 사항이 없다. 중국인 접대자가 음식을 입에 가득 채운 상태로 계속 말하더라도 또 스프를 마시는 소리, 트림, 기침, 딸꾹질, 재채기를 식사 동안에 다소 크게 소리 내더라도 놀라지 마라.

그러나 음식을 손으로 다루는 것은 예의가 아니다. 항상 서빙용 젓가락이나 도자기 숟가락 같은 도구를 이용해서 음식을 건네주어야 한다. 또한 치킨 같은 것을 손으로 집어 먹을 수 있는 서양과는 달리 중국에서는 음식의 먹을 수 있는 부분과 먹을 수 없는 뼈나 가시와 같은 부분을 가능한 한 입 안에서 분리해내야 한다. 그러나 어떤 때에는 중국인도 손을 사용하여 음식을 먹는다. 예를 들면 구워진 큰 찐빵, 뼈에 붙은 고기와 날개, 조개류, 신선한 과일 등을 먹을 때이다. 그러므로 접대자가 어떻게 하는지 잘 지켜보고 그대로 따라하면 된다. 그러면 당신은 크게 실수하지 않을 것이다.

큰 접시에 나온 요리를 종업원의 서비스 없이 각자 접시에 덜어 먹게 되는 경우, 먼저 공용(서빙용) 젓가락이나 국자 등을 사용하여 상대방에게 덜어주면 친절하다는 인상을 준다. 이후 상대의 접시가 비워진 경우에도 권하거나 집어주는 것이 좋은 매너이다.

음식을 바닥이나 탁자에 떨어뜨린 경우에는 집어 올리지 말고 그냥 내버려 두자. 젓가락을 떨어뜨렸으면 주워서 서빙 직원에게 준다. 새 것으로 교체해 줄 것이다. 만일 식사를 잠시 멈추려면 젓가락 끝부분을 받침대 위에 올려놓거나 받침대가 없으면 접시의 가장자리에 올려 두어라. 위생상의 이유로 젓가락은 테이블에 닿게 하지 않는다. 젓가락은 사용하지 않을 때 세워서 밥이 든 사발에 꽂아 두지 마라. 이것은 중국인들에게는 향을 피워 죽은 이를 애도하는 것으로 보일 수도 있다. 중국인은 이러한 행동을 죽은 이를 제사지낼 때 하기 때문에 매우 예의 없는 행동으로 생각한다. 그리고 젓가락으로 어떤 것을 가리켜서도 안 된다. 젓가락으로 밥그릇을 두드려서도 안 된다. 중국인들은 거지들만이 이런 행동을 한다고 생각한다.

식사 끝에는 보통 이쑤시개가 주어진다. 자유롭게 사용하되 꼭 한 손으로 입을 가린다. 이쑤시개를 사용하는 동안 당신의 치아가 다른 손님에게 보이지 않도록 하기 위해서이다.

음주 예절

술을 마시는 법도 나라마다 특색이 있다. 중국에서 음주 자리는 먼저 차를 마시며 잡담을 나누는 것으로 시작한다. 그런 다음 그 지역의 대표적인 중국술이 나온다. 일반적으로 중국인들은 목적의식을 가지고 술을 마신다. 회식 자리에서 아무런 구실과 목적 없이 그냥 홀짝홀짝 술을 마시는 중국인은 아무도 없다. 성대한 연회에서 접대 측과 손님의 대표는 메인 테이블에서 일어나 방에 있는 다른 모든 탁자 사이로 걸어 다니며 손님들에게 일일이 건배를 제안하는 것이 좋다. 이것은 매우 정중한 것이며 다른 테이블에 앉아 있던 이들은 일어나서 답하면 된다. 건배에 앞서 당신은 보통 중국어로 "깐베이!(ganbei)"라고 말한다. 문자 그대로 잔을 말린다는 뜻이고 잔을 비우자라는 뜻이다. 건배를 한 후 컵에 채워져 있는 독한 술이나 와인을 다 마시고 나서 컵의 위를 아래로 뒤집어 술잔을 다 비웠음을 보여준다.

마오타이나 이와 비슷한 종류의 독주를 채운 술잔을 한 번에 다 비우고 내려놓을 수 있다면 당신은 중국인에게 진짜 사나이답다고 여겨질 것이다. 그러나 꼭 그렇게 해야 하는 것은 아니다. 더구나 술에 약할 경우에는 굳이 무리할 필요 없다. 당신은 건배를 제의하는 사람이 좀 독한 술을 마시더라도 와인이나 맥주, 탄산음료로 대신 건배를 해도 된다. 독한 술로 식사를 시작하고 중간에 청량음료 등 부드러운 것으로 바꿀 수도 있다. 그저 웃으면서 술을 이미 많이 마셔서 부드러운 것으로 바꾼다고 설명하면 된다. 그래야 당신이 뭔가 화가 난 것으로 오해받지 않는다.

건배에는 양자택일이 있다. 만약에 당신이 술잔을 비우는 것을 원하지 않으면 당신은 중국어로 "쑤이이!(suiyi)"라고 말 할 수 있다. 이 말은 "당신이 좋으실 대로!"라는 뜻이다. 당신이 원하는 만큼만 마시라는 것이다. 이 말은 당신이 술을 원하는 만큼만 마실 수 있도록 자유롭게 해주는 것이다. 술을 전혀 마시고 싶지 않다면 식사 시작 전에 간단히 말을 해두면 된다. 만약 당신이 남성이고 다른 이유를 대지 않는다면 중국 사람들은 당신에게 술을 더 마시도록 권유할 수도 있다. 그러나 심하게 강요를 하지는 않을 것이므로 안심해도 된다. 그리고 다른 사람이 옆에 있을 때 당신의 잔에 스스로 술을 따르는 것은 예의가 아니다. 이상적인 상황은 당신의 잔이 빈 것을 알아차리고 상대방이 술을 채워주는 것이다. 특히 이것은 차를 마실 때에도 그러하다. 당신의 잔이 빈 것을 아무도 알아차리지 못한다면 술병을 들어 올려 다른 사람의 잔을 채워주어라. 그러면 결국 그 사람도 그렇게 할 것이다.

홍콩이나 중국의 남부 지역에는 다음과 같은 관습이 있다. 당신의 잔을 채워 준 사람에게 감사를 표시하거나 이미 충분함을 표할 때 손가락 관절이나 손가락 끝을 이용하여 탁자 위를 톡톡 두드리는 것이다. 당신이 톡톡 두드리는 것을 멈출 때 따르는 사람도 멈춘다. 중국의 연회에서 혼자 술을 마시는 것은 예의가 아니다. 건배를 제안하기 전에 맥주나 탄산음료를 마시는 것은 괜찮지만 미리 다른 술을 마셔서는 안 된다. 그러나 답례 건배가 끝난 후에는 술 마시는 것이 상당히 자유롭다. 누구라도 건배를 제안할 수 있다.

강조할 것은 중국인들은 자기가 마시던 술잔을 돌리지 않는다. 반면 옆 사람의 잔에 첨잔해 주는 것은 좋은 매너이다.

연회의 끝맺음

중국의 연회는 보통 1시간 30분에서 2시간 이상 계속하지 않는다. 저녁 식사는 보통 6시나 6시 30분쯤 일찍 시작한다. 그리고 늦어도 8시 30분이나 9시에 끝난다. 중국은 식사 후에 질질 끄는 전통이 없다. 디저트가 나온 후에 연회는 바로 끝나는 것이다. 마지막에 차가 나오고 물수건이 주어질 것이다. 중국의 접대자는 손님들이 늦은 시간까지 연회에 참석하느라 피곤하겠다고 말할 것이다. 그러면 당신은 먼저 주도적으로 즐거운 식사였고 그룹을 대표해 잘 대접해 준 것에 감사하다고 말하면 된다.

가끔 접대자가 갑자기 자리에서 일어나며 식사의 끝을 알릴 수도 있다. 이것은 테이블이 여러 개 있는 모임에서 종종 일어나곤 한다. 이런 경우 예법상 음식이 남아 있더라도 먹는 것을 멈춰야 한다. 연회는 공식적으로 끝난 것이고 손님들은 떠날 채비를 한다. 마지막에 접대자에게 당신이 배가 불렀음을 나타내는 것 또한 예의이다. 중국어로는 "츠바오러(chi bao le)"라고 말할 수 있는데, 그 의미는 배불리 먹었다는 것이다.

손님들은 떠나기 위해 일어나서 방문 쪽으로 접대자 대표에 의해 안내된다. 손님들을 차가 있는 곳까지 바래다주는 것은 의무 사항이 아니다. 그래도 접대자 중 일부는 아마 차가 있는 데까지 바래다 줄 것이다. 접대자는 음식점에 남아 있다가 손님이 모두 떠난 뒤에 음식 값을 지불한다. 손님이 보는 앞에서 돈을 꺼내어 계산하는 것은 좋지 않다.

접대에 대한 응대

당신이 접대를 받았다면 일반적으로 감사하다고 말해야 하겠지만 중국에서는 서면으로 감사하다는 공식적인 행동도 없고 나중에 전화를 해서 감사하다고 표시하지도 않는 편이다. 물론 감사 편지나 이메일을 보낸다면 좋은 인상을 심어줄 것이다. 감사를 표하는 방법은 만일 이 연회가 다른 호의에 답하는 것이 아니라면 당신도 똑같이 연회를 열어 이전의 접대자들을 초대하는 것이다.

만일 당신이 연회 접대 측 위치에 있다면 첫 번째 문제는 누구를 초대하는가이다. 만약 그것이 답례로써 베풀어지는 연회라면 누구를 초대할 지 결정하는 것은 쉽다. 처음에 당신 그룹을 대접했던 이들을 초대하면 된다. 그러나 그런 경우가 아니라면 당신은 고위층 손님에 초점을 맞추어 초대를 할 것인지 아니면 실무자 중심으로 초대할 것인지 여부를 결정해야 한다.

중국인들은 연회에 참석할 때 체면이 서고 냉대 받고 싶어 하지 않는다. 그리고 일종의 불문율이 있으니 초대에 응한 여러 명 중 최고 대표만이 행사에서 돋보여야 한다. 만약 서열이 비슷한 고위 간부가 여러 명 초대되었다면 그중 누군가는 가장 명예로운 주빈의 자리에 앉지 못할 위험이 있고 그것으로 체면을 잃어버릴 수도 있다. 그러므로 여러 명의 고위 간부들을 같은 연회에 초대해 놓고 그들 중 적어도 한 명은 올 것이라고 생각하는 것은 지극히 위험한 생각이다. 그것보다는 고위 간부는 한 명만 초대하고 차라리 더 낮은 서열의 사람을 초대하는 게 낫다. 만일 초청한 고위 간부가 참석하지 않을 것 같으면 그때 다른 고위 간부를 대상으로 초대를 해야 한다. 결국 당신이 일을 정확히 해내려면 누가 연회에 참석하겠다고 수락할지 미리 확인하기 전에는 초대장을 보내지 말아야 한다. 즉 초대장은 손님의 명단이 확실해진 후에 보내야 한다. 초대장은 보통 형식적인 것이다.

음식점 예약에 관해서도 몇 가지 주의해야 할 사항이 있다. 첫째로 가능한 호텔이나 음식점의 독립된 공간을 예약해야 한다. 그리고 예약할 때 한 사람당 당신이 지불하고자 하는 식사 가격, 즉 표준을 정해서 말한다. 음식점에서는 종종 가격의 범위에 따른 메뉴를 보여주며 고르게 한다. 표준 가격에는 술과 음료가 포함되지 않는다. 이용한 만큼 별도로 비용을 지불한다. 음식점 지배인은 당신에게 어떤 음료가 필요한지 물어볼 것이다. 고급 연회에서는 보통 마오타이 같은 고급 바이주, 와인, 맥주, 탄산음료를 제공한다. 그러나 독주는 때때로 굉장히 비싸서 생략되기도 한다. 실제로 요즘에는 프랑스 와인으로 고급 바이주를 대체하는 것이 유행하고 있다.

메뉴의 세부적인 것은 식당의 재량에 맡기는 것이 일반적으로 안전하다. 당신이 음식점에서 뭔가 특별한 요리를 원한다면 망설이지 말고 제안하라. 만일 메뉴에서 해삼이나 생선의 위와 같은 요리를 주문한다면 이는 외국인의 구미에 맞지 않더라도 중국인들은 진미로써 좋아한다. 또한 그것들은 당신이 음식 값을 치르는 데 인색하지 않다는 훌륭한 증거가 된다. 오늘날의 중국에서는 이목을 끄는 지출과 소비가 예의를 위한 필수 요건이 되었다. 이 밖에 연회에 온 손님 측 기사에게도 대접하는 것이 중국의 관습이란 것을 알아야 한다. 그렇다고 운전기사가 연회 식사에 참석한다는 것을 의미하는 것은 아니다. 대신 같은 연회 장소의 떨어진 곳에서 식사할 수 있도록 연회 손님 일인당 식사 비용보다 약간 적은 식사비를 지불해야 함을 의미한다. 당신이 접대인이라면 당신 측 운전기사와 손님 측 운전기사 모두 식사비를 제공하는 것이 중국 측 관습이다.

연회를 계획할 때 당신의 손님 목록을 서열 순서대로 나열하고 접대 측의 연락책과 체크하라. 손님 측 대표는 당신 그룹의 대표와 비슷한 서열이어야 한다. 그렇지 않으면 중국 쪽에서 다소 불편해 할 수 있다. 초대를 할 때는 당신이 직접 가지 말고 중개인을 보내라. 당신의 면전에서 초대에 거절하도록 하는 것은 정중하지 않기 때문이다. 만약 초대할 손님이 구체적으로 시간이 겹친다고 하면서 거절한다면 이는 아마도 진심일 것이다. 그러나 초대할 손님이 이유를 모호하게 말한다면 당신의 호의에 응하고 싶지 않을 가능성이 크다. 이 경우 상대가 불편하지 않게 마무리하면 된다.

제13장

중국인의 업무 처리 시스템과 문화

중국인의 업무 시스템은 때때로 비합리적으로 보이지만 고유의 근거를 가지고 있다. 그 시스템을 이해하는 것이 바로 중국 비즈니스에 한 걸음 다가가는 방법이라 할 수 있다. 이를 이해하기 위해서는 중국을 움직이는 몇 가지 시스템에 대한 이해가 필요하다.

첫 번째, 중국의 관료제도는 광대하고, 힘이 있으며, 자기 입장이 강하다는 점이다. 그리고 이러한 중국 특유의 관료제도는 변화에 저항하는 경향이 있다. 또한 중국은 정치적·사회적으로 완전한 통일체가 아닌 여러 집단들의 집합체이다. 즉 여러 개의 위원회, 정부 조직, 기관, 국유 기업들의 집합이다. 이 집단들은 관료적인 이익들 때문에 서로 자주 충돌한다.

두 번째, 문제 해결에 장애물이 있거나 절망적인 상황일 때 중국인은 보통 모든 사람이 받아들일 수 있는 간접적인 해결책을 찾고자 한다.

세 번째, 중국인은 사람들 간의 직접적인 충돌을 싫어한다. 그래서 논쟁이나 증오도 모두가 평화적인 방법으로 해결되기를 바란다. 때때로 이것은 해결되지 않은 상태로 조용히 수년 간 방치하여 상처를 곪게 하기도 한다. 이 경우 어느 방법을 택하든 항상 예절과 조화를 유지하는 것이 가장 중요하다.

네 번째, 중국 사람들이 어떤 행동을 하게 만드는 동기는 권력을 포함한다. 보통 이것은 체면이 고양된 형태이며 특권과 같은 것이다. 이 권력은 경제적 이득뿐 아니라 비난을 피하는 것, 책임을 회피하는 것, 또는 단순히 짜증의 정도를 줄이는 것일 수도 있다.

중국 비즈니스 성공 방법

중국에서는 아무것도 쉽지 않다. 그러나 불가능한 것도 거의 없다. 불가능해 보이는 많은 일도 당신이 적절한 접근을 한다면 실제로 달성할 수 있다. 중국 비즈니스를 성공적으로 이끄는 방법을 정리해 보면 다음과 같다.

첫 번째, 서로에게 이익을 주는 해결책을 찾아라. 갈등을 극복하는 방법 중 가장 선호하는 중국식 방법은 양쪽 모두에게 이익을 주는 것 또는 적어도 모든 이가 체면을 지킬 수 있는 해결책을 찾는 것이다. 예를 들어보자. 한 외국인 회사가 정부 기관과 문제가 발생하였다. 이 정부 기관은 외국인 회사 제품 품질을 검사하는 책임이 있었다. 이 기관은 정기적으로 외국인 회사 제품의 하자를 찾아내어 품질 위반 사실을 통보하고 그에 따라 벌금을 징수했다. 외국인 회사는 중국 기관의 조치에 동의하지 않았다. 그들은 자신의 회사가 단속 기관에 애꿎게 희생당한다고 느꼈다. 문제가 어디에 있는지 연구한 후 이 회사는 핵심을 파악했다. 그리고 검사의 정확성을 향상시키기 위해서 이 외국인 회사는 현대화된 최신의 검사 장비를 (중국 기관이 기존에 사용했던 것보다 훨씬 더 최신의 것으로) 중국 기관에 기증하기로 했다. 이후 문제는 사라졌다. 그 이유가 새로운 장비가 훨씬 더 정확한 품질 결과를 제공하기 때문인지 아니면 선물을 받았기 때문인지 정확히 알 수는 없지만 아무튼 문제가 해결되었다. 여기서 핵심은 무엇이 사실인지의 여부가 아니다. 이 회사는 품질검사에 계속 불합격했던 자신의 회사 문제뿐 아니라 낡은 검사기계를 가진 상대편의 문제 또한 해결하여 양쪽에 모두 이익이 되는 해결책을 찾아내었다는 점이다.

두 번째, 더 높은 권력 당국에 호소하라. 중국에서 사업에 성공할 다른 방법은 문제가 발생했을 때 명령체계에서 더 높은 권력을 가진 이에게 호소하는 방법이다. 물론 이것은 당신이 그러한 사람에 접근할 수 있다는 가정하에 그렇다. 만약 당신이 상점의 점원이라면 사장에게 대화를 요청할 수 있다. 결과는 성공일 수도 있고 실패일 수도 있다. 핵심은 결정을 내리고 그것에 대해 책임을 지려는 사람을 찾는 것이다. 중국에서는 상사의 책임지는 조치들을 감사히 받아들일 수 있다. 만약 일을 처리하는 과정에서 당신의 부하직원이 뭔가 나쁜 것을 보았다면 당신은 당신의 적을 만들 수도 있다. 그러나 만약 상사가 어떠한 규정의 실행에 책임을 진다면 이는 오히려 하급 직원의 짐을 덜어 주는 것이다. 그리고 그 하급 직원은 책임에서 벗어나 당신을 돕는 데 자유로워진다.

세 번째, 적절한 존경심을 보여라. 중국에서 어떤 사람의 직업을 존중하지 않는 것보다 더 큰 실수는 없다. 어떤 사람을 낮게 대우하면 결국 당신도 그 사람으로부터 무시당하게 된다. 이런 관점에서 중국은 여느 다른 곳과 다르지 않다. 그러나 중국 사람들은 평균보다 높은 체면에 대한 기대수준을 가지고 있다. 중국 사람들은 권력 있는 사람들과 만날 때 일반적으로 존경하고 공손하며 순종하는 자세를 취한다. 행동은 심지어

감동한 것에 가깝다. 그리고 아첨을 비난하는 것은 흔하지 않다. 이는 아마도 권력의 독단적인 행사에 대한 두려움 때문일 것이다. 이런 부분에서 중국인의 방식을 따르는 것은 훨씬 효율적이다. 중국에서 사람들은 그들이 매우 대접을 잘 받는다고 느끼게 해주면 반드시 그에 대한 선물을 주기 마련이다.

네 번째, 화가 아니라 미소로써 접근하라. 중국인에게 친근하게 다가갔을 때가 거칠게 대할 때보다 일의 결과에서 더 성공적인 것은 사실이다. 이것은 꼭 자신의 태도가 고분고분하고 온순해야 함을 뜻하지 않는다. 만약 당신이 요청하는 것을 납득시키려면 당신의 요점을 점잖게, 조용히 그리고 집요하게 알려주어야 한다. 날카롭고 매섭게 몰아서는 안 된다. 중국인은 가능한 한 부정적인 표현을 자제한다는 사실을 기억하라. 당신이 침착함을 잃는 것은 체면을 잃는 것이다. 그리고 이것만큼 용서하기 어려운 것은 없다.

다섯 번째, 간접적인 접근을 하라. 중국인에게 가끔씩 간접적으로 말하는 것도 성공 확률을 높힐 수 있는 좋은 방법이다. 그리고 어떠한 것을 노골적으로 말하기보다는 비유적으로 표현하는 것이 좋다. 종종 중국인들은 자신들만의 미묘한 신호로 의사를 전달한다. 그들이 암시적으로 말하는 것을 이해하는 것은 중국 비즈니스를 수행하는데 중요한 기술이다. 예를 들어 어느 중국인이 공항에 친척을 마중 나간다는 이야기를 하면서 당신에게 차가 있는지를 물어볼 수 있다. 이것은 아마도 당신이 차를 태워 준다면 그가 감사할 것이라는 뜻일 가능성이 높다. 이렇게 직접 언급되지 않은 부탁의 장점은 결과적으로 아무도 체면을 잃지 않게 된다는 것이다. 실제로 아무런 부탁이 되지 않았기 때문에 도움 요청에 실패하더라도 아무런 문제가 발생하지 않는다. 신뢰할 수 있는 간접적인 방법으로 협상을 하기 위해서 중개자를 이용하는 방법도 있다. 중국인은 그렇게 하면 상대방의 심중을 미리 떠볼 수 있고, 면대면으로 말하기 어려운 민감한 사항을 논의할 수 있는 장점이 있다고 생각한다.

여섯 번째, 출구를 제공하라. 중국인에게 다가갈 때 유념해야 할 또 다른 사항은 중국인에게 출구를 제공해야 한다는 것이다. 만약 당신이 어떤 사람을 마구잡이로 몰아세우면 당신은 강력한 저항에 부딪힐 것이다. 예를 들어 누군가 당신에게 당신이 사고 싶어 하는 것이 다 팔렸다고 말했다고 하자. 이에 당신은 그가 당신에게 거짓말을 했다는 증거를 들이대었다. 바로 당신이 아는 누군가가 그곳에서 그날 아침에 그 물품을 샀다는 사실과 같은 것 등등. 이에 대해 상대가 당황함으로써 좋은 결과가 나올 것이라고 기대하지 마라. 일반적으로 그 결과는 불행히도 그 사람의 명예를 실추시켜 당신은 결코 원하는 것을 얻지 못할 것이다. 출구를 제공하는 다른 방법은 중개자를 이용하는 것이다. 특히 당신이 좋지 않은 소식을 중국인에게 전달해야 하는 위치에 있을 때 그러하다. 이런 방식으로 메시지를 전달하는 것은 명예가 손상된 상대방에게 한 번 더 체면이 손실되는 것을 막아준다. 중국에서 중개자를 이용하는 것은 소심한 행동으로 여겨지지 않는다. 중국인들 사이에서 중개자를 이용하지 않고 직접 대면해서 얻을 수 있는 이득은 많지 않다. 중개자를 통해 나쁜 소식을 전달하는 것이 모든 이에게 더 쉽고도 바람직한 방법이다.

일곱 번째, 인내심을 잃지 마라. 중국의 기관과 일을 하게 되면 대부분의 경우 시간이 당신의 편이 아니라는 것을 깨닫게 될 것이다, 실제로 중국 정부 기관을 통하여 뭔가를 해결하고자 한다면 초조함이 가장 큰 적일 수 있다. 왜냐하면 초조함은 당신에게 더욱더 큰 대가를 지불하도록 만들 수 있다. 중국의 정부기관은 모두 다 그런 것은 아니지만 마지못해 변화하고 신속하지 않은 경우가 많다. 친숙한 장소처럼 여러 번 방문하고 기다릴 준비를 하라. 그리고 결코 침착함을 잃지 마라.

여덟 번째, 위험을 감수하자. 중국에서 할 만한 가치가 있는 일들은 법의 테두리를 기준으로 중간 영역, 즉 애매한 영역에 자리한다. 중간 영역에서 작용하는 것은 항상 부차적인 위험들이 따른다. 일반적으로 서양인은 명확한 것을 선호한다. 그리고 완전히 명쾌한 환경에서 작용하는 것에 익숙해져 있다. 반면 중국인들은 명쾌함이 결핍된 환경으로부터 이익을 얻는다. 그리고 많은 것이 이러한 모호함에서 만들어질 것이다. 당국은 중간 영역을 명쾌히 하고자 서두르지 않을 것이다. 만일 그들에게 공식적으로 개입을 요구하지 않으면 그러한 부분을 짐짓 못 본 체할 것이다.

아홉 번째, 뒷문을 통하라. 높은 서열에 있는 사람과 친분을 가져라. 그리고 그들이 당신을 돕도록 하는 것이 중요하다. 중국인들은 그런 호의가 필요할 미래의 가능성에 대비하여 종종 그러한 사람들과 친분을 가지려고 한다. 꽌시를 이용하여 개인적인 호의, 서비스, 상품들을 획득하는 것을 중국어로 줘허우먼(zou houmen, 走后门), 즉 뒷문으로 통과한다고 말한다. 어떤 사람 개인의 부탁을 들어주기 위하여 자신이 가진 직위의 권력이나 힘을 사용하는 것 또는 친구들의 인맥을 사용하는 것 이러한 것들은 뒷문을 사용한 것이다. 꽌시의 이용은 중국 어디에나 있다. 왜냐하면 엄밀히 말해 중국에서는 많은 것들이 다른 방식으로 해결할 수 없기 때문이다. 정문이 단순히 허울에 불과할 수 있는 그러한 조직들을 다루는 데 익숙한 중국인은 뒷문을 통해 커다란 효과를 기대한다. 본래 뒷문으로 접근하는 것은 비용을 치르지 않고서는 안 된다. 사람들은 수많은 방법으로 동기화될 수 있다. 항상 상호 간의 의무가 있고, 선물들이 관련되어 있을 것이다. 예를 들면 그 대가가 붉은 봉투인 홍바오(hongbao, 紅包)일 수도 있다. 중국의 뒷문에서 경제, 돈, 권력, 그리고 자료 등의 입수는 모두 답례로써 상당한 것을 가져올 수 있다.

손님맞이 형식

손님을 맞이하는 것과 송별하는 것은 전통적으로 접대자의 공식적인 책임으로 여겨졌다. 이것은 과거에 높은 서열의 중국 손님을 맞이할 때 가장 중요한 부분이었다. 이 원칙은 현재에도 높은 서열의 중국인을 접대할 때 반드시 지켜야 한다. 왜냐하면 인사를 받지 않으면 무시당하는 것으로 여기기 때문이다. 당신의 회사가 어떤 중국인 그룹의 방문을 중요하게 생각한다면 손님을 맞고 보내는 것에 소홀함이 없어야 한다.

그룹의 누구와 인사를 하든 확실하게 하라. 공항에서든 회사의 본사에서든 간단명료하게 하는 것이 좋다. 당신 회사의 직원이 대표단 중에 전에 만난 적이 있는 멤버가 있다면 특별히 주목하라. 중국인은 기억되기를 기대하고 만약 그렇게 되지 않으면 어색해하거나 섭섭해 하기 쉽다. 반대로 회사의 사장이 대표단과 이전에 만난 것을 기억하거나 심지어 기억하는 척하더라도 중국인은 충분히 감사하게 여긴다. 중국 방문객의 서열이 높으면 자가용이나 버스, 미니밴을 제공한다. 그리고 주요 접대자는 가능하다면 중국 대표단의 리더, 통역사와 함께 동행한다. 높은 서열의 대표단이 너무 많아서 하나의 리무진에 편안하게 모두 태울 수 없으면 차 한 대를 더 사용한다. 이때 한 가지 주의할 점이 있다. 어떤 대표단은 차가 나누어 지지 않기를 희망한다. 그리고 특별한 대우를 마다하고 그 대표단 모두 근접해 있을 수 있는 미니밴을 더 선호한다. 만약 당신이 리무진을 준비하고자 한다면 미리 그 중국인들이 그것을 원하는지 확인하는 것이 좋다. 융통성을 발휘하라. 그리고 요청에 의해 교통수단이 바뀔 수 있음에 대비하라.

만약 당신 회사의 사장이 공항까지 갈 수 없다면 방문객과의 공식 접견 일정을 잡을 필요가 있다. 이것은 바로 중국 대표단의 체면을 살리는 것이다. 그리고 방문객들에게 당신의 회사가 그들과의 사업을 진지하게 여기고 있음을 표시하는 것이다.

회의의 진행

중국 측에서 처음으로 당신의 회사를 방문하게 되었다면 방문단이 당신 회사에 온 정확한 목적을 파악해야 한다. 중국 측의 의도를 확실히 아는 것과 그 그룹을 접대하는 당신 회사의 목적을 결정하는 것이 성공적인 방문을 결정하는 관건이다. 당신은 방문단에 포함된 사람들의 호칭을 봄으로써 그 사람의 관심 영역에 대하여 추측을 할 수 있다.

목표가 명확해지면 그에 따라 프레젠테이션의 아웃라인을 잡을 수 있다. 대표단에게 그 회사 내의 적당한 부분을 보여주고, 어느 정도 노출을 할 수 있어야 한다. 그리고 그들에게 제공하는 자료는 방문자가 필요로 하는 정보에 대한 대답이어야 한다. 일단 복사본 하나를 만들어 중국 측 대표자에게 주어 코멘트를 받는 것이 좋다. 중국인에게 주어진 정보가 최신의 것일수록 더욱 잘 준비된 것으로 볼 것이다.

프레젠테이션을 계획하는 데 있어서 통역의 활용은 시간이 두 배로 늘어난다는 것을 의미한다. 만약 당신이 2개 국어로 된 자료를 준비한다면 효과가 훨씬 더 좋다. 통역사에게도 당신의 생각을 전달하여라. 중국 측이 그들의 통역사를 데려올 수도 있지만 우리 쪽에서 통역사를 제공하는 것이 훨씬 낫다. 회사의 기술적인 용어에 대하여 능숙하게 중국어로 통역할 수 있는 사람이 이상적이다. 누가 그 통역을 하든지 간에 미리 프레젠테이션의 텍스트가 주어져야 한다.

저녁 식사

만약 중국인과 오찬이나 만찬을 하게 되면 당신은 장소를 세팅한 곳에 좌석 카드를 함께 표시하여 자리 배치를 할 수 있다. 중국인은 중국인끼리 앉고 우리는 우리끼리 앉게 되는 경우를 피하고자 할 때는 앞서 설명한 중국의 자리 배치 격식을 따르는 것도 좋은 방법이다. 그리고 손님을 그들의 자리로 안내한다. 가능하다면 자리 배치 카드도 2개 국어로 만들라. 그래서 중국인 손님이 자신의 자리를 찾을 수 있도록 한다. 우리 쪽에서 그들의 만찬 파트너가 누구인지 미리 알 수 있도록 하는 것도 필요하다. 저녁을 대접한다면 중국인들은 일찍 저녁 식사를 한다는 것을 기억하라. 보통 그들의 저녁 식사는 8~9시쯤 끝난다. 만약 저녁 식사를 위해 8시까지 기다려야 한다면 이 역시 실례되는 일이다.

메뉴 계획하기

중국인이 다른 나라를 방문할 때 그들에게 꼭 중국식 연회를 베풀어야 하는 것은 아니다. 중국 방문객은 중국 특유의 예절이 있음을 예상하듯이 중국인들도 다른 나라 특유의 문화가 존재함을 이해한다. 그러나 중국 식당에서 연회를 베푼다면 중국 방문객은 기뻐할 가능성이 크다. 그리고 그들은 당신에게 감사할 것이다. 실제로 중국인들은 그들의 요리법이 지역에 따라 다양하면서도 세계에서 가장 훌륭하다고 여긴다. 며칠 동안 외국 음식만을 대하다가 고국의 맛을 보게 되면 어느 중국인이든 기뻐할 것이다. 만약 서양식 식사를 계획한다면 유의할 것이 있다.

먼저 고기를 레어(Rare) 형태로 내어놓는 것을 삼가라. 특히 스테이크를 내어올 때 피가 뚝뚝 흐를 정도로 덜 익힌 것은 피하라. 익히지 않은 야채로 구성된 샐러드 역시 중국인이 선호하지 않는다. 중국에서는 고기와 야채는 거의 익혀서 먹는다. 대체로 한국식 불고기나 고기 구이류는 선호하는 편이나 생선회와 같은 날것 중심의 식사는 사전에 중국 손님들의 기호를 파악한 후에 준비하는 것이 바람직하다. 물론 최근의 웰빙문화에 힘입어 생선이나 회류를 좋아하는 중국인들도 늘어나고 있음으로 그들의 기호를 파악하는 일이 중요하다. 많은 중국인들은 또한 크림이나 치즈와 같은 유제품을 삼간다. 중국인에게 양식을 대접한다고 해도 빵보다 국수나 밥을 포함하는 것이 좋다. 또한 뷔페보다는 앉아서 식사하기를 더 좋아한다. 왜냐하면 뷔페는 요리를 직접 골라야 하기 때문이다.

제14장

사례로 살펴보는 중국인의 특성

이번 장에서는 구체적인 사례를 통해서 중국인의 특성을 살펴보고자 한다. 말 한마디 한마디와 행동 하나하나에 그들의 생존 전략과 철학이 숨어 있음을 발견할 수 있다.

1. 첫 번째 특성
: 중국인에게 조화롭다는 것은 결코 상대 비위를 맞추는 것이 아니다.

사례

어느 날 손님인 왕 선생이 왔다. 주인 이 모 씨는 그에게 어서 앉으라고 한 뒤 뭘 마시겠느냐고 물었다. 왕 선생은 관례적으로 "편하실 대로요!(쑤이볜, 随便)"라고 대답했다.

여기서 우리는 다음 몇 가지 문제를 생각해 볼 수 있다.

첫 번째, 중국 사람들은 이런 상황이면 거의 열이면 열 "편하실 대로요"라고 말한다. 그렇다면 중국인들이 말하는 편하실 대로요라는 말은 정말로 상대방이 편할 대로 마음대로 해도 좋다는 것을 의미하는 것인가? 두 번째, 앞선 대화에서 왕 선생의 편하실 대로요라는 말에 대해 주인 이 모 씨는 어떻게 대답하는 것이 좋을까? 세 번째, 만일 두 사람의 만남의 자리에 다른 사람이 오게 되는 새로운 변수가 생긴다면 어떻게 해야 할까? 네 번째, 만약 왕 선생이라는 손님이 자신에게 중요한 사람이라면 우리는 어떻게 대접해야 할까? 만약 전혀 중요하지 않은 사람이면 어떻게 행동하는 것이 좋을까?

왕 선생의 "편하실 대로 하세요"라는 대답에는 여러 가지 의미가 내포되어 있다. 중국인의 "편하실 대로요"는 표현 그대로의 마음대로의 뜻이 아니다. 왜냐하면 그 말에는 최소 세 가지의 숨은 뜻이 있기 때문이다.

첫째, 손님은 주인집에 무엇이 있는지 모른 상태에서 무언가를 말하면 오히려 그들의 체면을 서지 않게 할 수 있다. 둘째, 주인 스스로가 숙고해서 물건을 내오게 하는 것이 자발적인 성의를 나타내게 한다고 생각한다. 셋째, 손님은 주인이 가지고 나오는 물건을 통해 주인에게 자신이 어느 정도의 위치를 차지하고 있는지를 알 수 있고 이를 통해 어떤 대화를 할 것인지 정할 수 있다.

주인 이 모 씨는 상대방의 뜻을 이해한 이상 혼자 여러 가지 생각을 하게 된다. 만약 집에 고급 양주가 반병 있다고 가정하자. 이 모 씨는 자기 회사의 장 사장이 올지 모르기 때문에 이 양주를 내놓지 못한다. 비록 왕 선생과 같은 친구와의 우정이 좋긴 하지만 이해관계 면에서 장 사장과 비교할 수 없다. 따라서 양주 대신 고급 우롱차를 권하는 것이 일반적이다. 그리고 왕 선생이 정말로 좋아하는 사이이고 주인도 성의가 있다면 물 한 잔만을 내어 오지는 않을 것이다. 또한 냉장고에서 손 닿는 대로 차가운 홍차를 쉽게 내어오지도 않을 것이다. 손님을 존중하여 우롱차를 내어온다면 주인 마음속에 왕 모 씨가 상당히 많은 부분을 차지한다고 할 수 있다.

그런데 둘이 이야기하다 초인종이 울린다. 이 모 씨가 문을 열어보니 야단났다. 찾아온 사람은 뜻밖에 방금 떠올렸던 장 사장이었던 것이다. "어서 오세요. 들어오세요!"라고 큰 소리로 말하면서도 마음이 급해졌다. 장 사장이 예정된 시간보다 훨씬 일찍 집에 도착한 것이다. 이 모 씨는 양주를 내놓고 싶은데 이럴 때 어떻게 해야 좋을까?

"사장님, 이분은 제 친구 왕 선생입니다."

"앉으세요!"

인사를 나누는 사이 이 모 씨는 문제를 해결할 방법을 생각해냈다. 그는 큰 소리로 아내를 부르며 이렇게 말했다. "내가 조금 전에 한참 동안 찾았는데 당신 대체 양주를 어디다 숨겨 놓은 거야?" 아내는 같이 사는 사람이라 손발이 척척 맞아 들어간다. 이 선생의 말이 무엇을 의미하는지 알아듣고는 큰 소리로 대답한다. "내가 어제 주방을 청소하다 양주가 더러워질까봐 치워놨어요." 부인의 이야기는 모든 사람들에게 들렸고 부인은 양주를 가지고 나왔다. 이 모 씨는 술잔을 준비하고 술병을 받아서 웃으며 두 사람에게 술을 권했다. 그런 다음 큰 소리로 아내에게 물었다. "술은 찾았고 오징어 볶음과 소고기 육포는 어디 있소?" 이어서 여러 안주가 나왔다. 사장은 체면이 섰고 왕 선생도 덕을 보게 되어 기뻤다.

왕 선생이 주인에게 중요한 존재라면 주인은 일찌감치 세심하게 왕 선생이 어떠한 음료를 좋아하는지 물어봤을 것이다. 또한 미리 준비하는 것이 타당하다고 생각하여 "무엇을 마시겠습니까?"라고 묻지 않았을 것이다. 만약 중요한 존재가 아니라면 주인은 조금도 신경 쓰지 않을 것이다. 아마 묻고 난 뒤 왕 선생이 대답하기 전에 바로 물을 가져왔을 것이다. 이 씨가 큰 소리로 아내를 부른 것은 중국인의 필살기이며 인간관계에서 위험한 상황을 안정되게 변화시키는 결정적인 역할을 하고 있다.

중국인은 아주 재미있다. "두 사람이 큰 소리로 이야기를 하면 바로 다른 사람에게 들린다"라는 이치를 잘 알고 있다. 또한 시기를 적절하게 활용하고 다룰 수 있다. 생각해 보자. 장 사장이 일찍 도착한 것은 사실 전에 같이 마시다 남은 반병의 양주를 다 마실까 걱정되었기 때문이다. 만약 왕 선생의 체면만을 고려하여 장 사장에도 우롱차를 마시게 하면 장 사장은 분명히 기분이 상할 것이다. "내가 그렇게 한가하다고 생각하나? 당신 집에 와서 이런 차나 마시게?"

하지만 왕 선생은 집에 왔을 때 아주 영리하게 "아무거나"라고 하였다. 바로 "당신이 스스로 판단하라. 무엇으로 나를 대접하는 것이 가장 마땅한지"의 뜻이다. 당연히 소홀할 수 없다. 진짜 아무거나, 즉 물 한 잔 가져다 줄 수는 없다. 양심적으로 남은 반병의 양주를 꺼낼 생각도 했지만 결국에 꺼내지 못했다. 지금 장 사장이 도착하자마자 바로 양주로 바꾸면 나중에 아첨꾼으로 소문이 날 것이다. 그렇다고 장 사장을 기쁘게 해야 하므로 양주를 안 꺼낼 수 없다. 왕 선생의 체면을 생각하면 꺼내서도 안 된다. 꺼낸다면 자기를 무시하고 너무 현실적인 사람이라고 원망할 것이다. 이러지도 저러지도 못하는 상황이지만 한마디 말을 통해 모든 것을 해결하였다. 왕 선생은 이 씨가 아까 한참 찾았다는 말을 듣자 마음을 놓았다. 이 씨는 나를 좋은 친구로 여겨 아까 내가 올 때 이미 양주를 꺼낼 생각이 있었는데 다만 못 찾았을 뿐이다. 알고 보니 부인이 더러워질까 봐 특별하게 보관해 놓은 것이다. 장 사장은 기분이 더욱더 좋을 것이다. 왕 선생은 주인의 친구임에도 불구하고 함께 양주를 마시지는 않았다. 그래서 내가 더 낫다고 생각할 수 있는 것이다. 당연히 가장 기쁜 사람은 이 씨 부부이다. 둘은 호흡이 잘 맞는다. 부부간의 찰떡궁합이 난처한 상황을 한순간에 좋게 만들어 주었다. 모든 사람이 조화롭고 원만하다고 느끼는 것은 어찌 좋은 일이 아니겠는가?

중국인은 "화(禍)를 귀(貴)로 한다"를 추구한다. 중국인이 문제를 해결하는 방식은 서양과는 다르다. 서양 사람은 문제 해결 시 지식을 도구로 사용하고 종교 신앙으로 이를 지지한다. 그들은 "지식이 바로 힘이다"라는 사실을 믿고 "주를 믿으면 영생한다"라는 것도 믿는다. 전자는 그리스의 전통으로 전해 온 것이고 후자는 헤브라이 정신에서 얻은 것이다.

중국인은 예로부터 조화라는 것을 믿었고 조화로 모든 문제를 해결한다. 실제로 중국인의 성격을 아는 사람은 중국인은 사실 경쟁을 무척 좋아하고 경쟁을 시작하면 왕왕 수단을 가리지 않으며 대다수는 게임 규칙을 지키지 않는다고 한다. 따라서 중국인에게 경쟁을 격려하는 것은 바람직하지 않다. 오히려 경쟁하지 않는 경쟁의 길을 걸어야 한다. "경쟁하지 않는 걸로 경쟁한다." "경쟁하는 대신 양보를 한다." 즉 양쪽이 전부 다 손해를 보는 것, 더 나아가 양쪽이 전부 다 망가지는 것을 방지한다.

그 남은 반병의 양주에 대해서 장 사장과 왕 선생 그리고 이 씨는 모두 다 경쟁자이다. 만약에 장 사장이 승리자라는 것을 확인하게 하면 왕 선생은 체면을 잃어버릴 것이다. "중국인은 증오가 있으면 반드시 복수해야 하고 복수하는 기간은 아주 길다"라는 사실에 근거하면 나중에 피해자는 반드시 이 씨 자신이다. 만약에 왕 선생의 체면을 고려하여 장 사장을 불편하게 하면 결과가 어떻게 될 것인지는 더더욱 말할 필요가 없다.

중국인의 비위를 맞추는 것은 매우 어렵다. "우리 몸의 살을 베어 그에게 먹인다고 하더라도 그는 오히려 의심을 한다"라는 말을 종종 듣는다. 또한 중국인은 경각심이 매우 높다. 다른 사람들이 비위를 맞추려 할 때 중국인들은 종종 "저 사람이 아무 이유 없이 나에게 이렇게 잘해줄 이유가 없어. 혹시 무슨 수를 쓰려는 게 아닐까?"라고 생각을 한다. 그래서 중국인은 다른 사람들이 그들에게 잘해주는 것을 알게 되면 감사히 거절도 하지 않고 그렇다고 감사히 받지도 않는다.

비위 맞추기를 좋아하는 사람은 결국 소인배들에게 둘러싸여 자신을 연루시킨다. 다른 사람의 비위를 맞추기 좋아하는 사람은 모든 사람들의 비위를 맞춰주기 때문에 결국에는 아무의 비위도 맞추지 않는 셈이 되고, 모든 일을 운에 맡기기 때문에 우연히 한순간 성공을 하더라도 결국에는 실패를 하게 된다. 실패를 하면 온갖 수를 다 짜내도 아무런 소득이 없을뿐더러 결국에는 후회하게 될 것이다.

다른 사람이 자신의 비위를 맞춰주기를 좋아하는 사람과 다른 사람의 비위 맞추기를 좋아하는 사람은 실질적인 이익을 얻지 못한다는 사실을 중국인들은 알고 있다. 물론 비위를 맞추는 행동을 하지 않는 것이 비위를 맞추는 마음까지 포함하지 않는 것은 아니다. 하지만 다른 사람의 환영을 받게 된다면 다른 사람의 마음과 눈에는 자기만의 확고한 위치를 세울 수 있다. 이것이야말로 인간관계의 진수이다. 지식은 매우 중요하지만 지식 이외에 대인관계의 테크닉 또한 매우 중요하다.

왕 선생이 왔는데 주인인 이 모 씨는 아무런 마음의 준비가 되어 있지 않은 상황에서 그에게 물을 한 잔 따라주었다. 얼마 있지 않아 장 사장이 도착했는데 이 모 씨는 어떻게 처신을 해야 할까? 중국인들이 "뭐라도 좀 마시겠습니까?"라고 묻는 말은 어떠한 돌발적인 상황에 있어서 언제든지 사용할 수 있는 말이다. 한 잔의 물을 따라주더라도 "아직 물을 안 끓였는데 일단 시원한 물이라도 좀 드시겠습니까?"라고 말을 해야 하고 이렇게 해야지만 앞으로 펼쳐질 상황들이 순탄해질 것이다. 이 모 씨는 똑똑했고, 왕 선생은 우물쭈물해 하지 않고 "편한 대로 하세요"라는 대답을 하였다. 왕 선생이 "차 한 잔 주세요" 또는 "커피 있습니까?"라는 말을 했다면 어떠한 상황이 펼쳐질지 상상해 보라. "편하실 대로"는 절대로 대충의 의미가 아니라 조화 중에서 합리를 찾는 일종의 대명사이다. 중국인이 만약 정말 마음대로 한다면 그들에게는 미래가 없을 것이다. 큰소리로 부인에게 양주가 어디 있는지 묻는 것은 누군가에게 잘 보이기 위한 의도를 공개적으로 드러내지 않고도 반드시 일을 성공적으로 마무리할 수 있는 중국인의 삶의 철학인 것이다.

이렇게 중국인에게 "편하실 대로"라는 말을 들었을 때는 절대로 자신의 마음대로 하지 말고 역지사지하여 행동해야 한다. 조화는 여러 시기와 의심을 없앨 수 있고, 조화를 유지하면 인간관계에 아주 도움이 된다. 조화는 아첨하게 해 주지 않고 함정에도 빠지지 않게 해준다. 열심히 노력하여 이해하고 세심하게 조정하여 도리를 구해야 한다.

2. 두 번째 특성
: 중국인에게 융통성이 있다는 것이 반드시 교활한 것을 의미하지는 않는다.

(사례)

주 선생은 작은 공장을 운영하고 있고 몇 가지 부품을 제조한다. 그는 개인적으로 자동차를 좋아한다. 중국에서 생산된 자동차 외에도 비싼 수입차를 보유하고 있다. 그런데 그는 그만의 원칙이 있다. 중국의 업자와 사업 상담을 하러 갈 때는 수입차를 타고 나가지 않는 것이다. 이유는 매우 간단하다. 중국의 제조업자는 대다수가 가족 기업이다. 구매 담당 직원은 사장의 친척이 아니라 하더라도 측근 중 한 명일 가능성이 크다. 자신이 고급 수입차를 타고 온 모습을 본다면 그는 분명히 그들의 회사로부터 돈을 많이 벌었을 것이라고 생각하고 제품 값을 대폭 깎고, 대금 지급을 연장하려 할 것이다. 주 선생은 자신에게 불리한 상황이 생기지 않도록 하기 위해서 이렇게 행동을 한 것이다.

상대가 외국 회사라면 입장이 달라진다. 그 외국 기업은 사장이 외국인이고 구매 담당 직원은 원칙에 따라 공정하게 일을 처리한다. 주 선생이 외제차를 끌고 다니는 것을 보면 단기간에 도산할 위험이 없다고 판단하여 오히려 안심하게 된다.

주 사장의 이러한 행동은 주위의 갈피를 잡을 수 없게 한다. 그러나 주 사장은 한 가지 원칙을 지킨 것이다. 바로 회사의 이익을 위해 상황에 맞게 처신한다는 것이다. 은행에 있는 친구를 만나면 자신이 회사가 돈을 잘 번다는 것을 자랑한다. 세무 쪽의 친구를 만나면 자신이 돈을 잘 벌지 못한다고 불평한다. 이것이 바로 주 사장의 생존 방법이다.

여기서 우리는 다음과 같은 문제를 생각해 볼 수 있다. 첫 번째, 주 선생의 이러한 태도는 교활한 것인가? 두 번째, 중국 속담의 "사람을 만나면 사람 말을 하고, 귀신을 만나면 귀신 말을 한다"는 것이 정말로 필요할까? 세 번째, 중국에서는 어떤 행동을 융통성이 있는 것이라고 할까? 네 번째, 도대체 교활함과 융통성에는 어떤 차이점이 있는 것일까?

먼저 주 사장의 태도는 교활한 것이라고 할 수 있을까? 여기에 대한 대답은 "그럴 수도 있고, 아닐 수도 있다"이다. 일반적으로 중국인은 교활함을 제일 싫어한다. 어떤 사람이든 다른 사람에게 교활하다는 감정을 느끼게 한다면 그 사람의 미래는 없다고 여겨진다. 중국 속담에 "어떤 사람의 교활한 모습을 한 번 본다면 일하는 것도 분명 믿음직하지 못할 것이다"라는 속담이 있다. 교활하면 절대로 안 된다고 대다수의 중국인들이 믿는 것이다. 밀고, 끌고, 당기는 나쁜 습관에 대해 많은 사람들은 욕을 퍼붓는다. 왜냐하면 그들은 오직 교활함만을 보고 융통성을 보지 못하기 때문이다. 융통성과 교활함은 작은 차이이지만 그 차이가 큰 오류를 낳는다.

주 선생이 만약 머리를 잘 쓰지 못하여 그저 Yes 혹은 No 사이에서만 선택할 수 있다면 수입차를 끌고 가는 것과 그러지 않는 것의 사이에서 하나만을 선택하게 될 것이다. 주 선생이 만약 수입차를 끌기로 해서 중국의 제조업자로 하여금 의심나게 하고 이 때문에 여러 불편한 상황을 마주한다면 결국 손해를 보는 것은 주 선생 자신이 아닌가?

반대로 이 문제를 피하기 위해 주 선생이 고급 수입차를 끌고 가지 않기로 결정했다고 생각해 보자. 그렇다면 고생하면서 사업을 운영한 그가 과연 그의 개인적 취향마저도 존중받지 못해야 하는가? 하물며 좋은 차를 탄다는 건 결코 나쁜 일은 아니다. 주 선생은 굳이 Yes나 No 사이에서 양자택일하지 않고, 두 쪽 모두를 선택하였다. 그는 본인 취향에 맞는 고급 수입차를 샀고, 스스로 하나의 원칙을 정했다. 그것은 바로 외국인 거래처나 투자자를 만날 때는 고급 수입차를 타고 내국인 공장을 들렀을 때는 자국산 차를 타는 것이다. 그의 이러한 행동은 과연 교활한가 아니면 융통성 있는 것인가?

주 사장이 세무서 직원을 만났을 때, 자신의 수입이 얼마 없다고 하소연하지 않고 돈을 잘 번다고 자랑한다면 여러분은 이걸 어떻게 생각하겠는가? 아마 이 사람의 머리가 좀 잘못된 건 아닌지 생각할 것이다. 반대로 그가 은행에서 일하는 친구를 만날 때마다 일이 잘 안 풀린다면서 아쉬운 소리를 하다 보면 언젠가 돈을 빌려야 할 때 대출이 가능하겠는가?

어떤 사람들은 반드시 사람한테 사람 말을 귀신한테 귀신 말을 할 필요는 없다고 생각한다. 그냥 있는 사실대로 말하는 것이 더 좋지 않은가? 이 도리를 반대하고 부정하기는 쉽지 않다. 하지만 당사자는 어떤 입장을 강조하기 위해 관계를 규정하고, 어떤 때는 미세한 조정을 할 수도 있다. 이 또한 당연한 도리이다.

그렇다면 도대체 융통성이란 무엇인가? 그것은 바로 현실적인 것, 책임질 것은 책임지면서 체면은 상하지 않게 하는 것이라 할 수 있다. 융통성이란 결국 순수하게 과학에 의한 것도 예술적인 것만도 아닌 과학과 예술이 모두 어우러진, 지성과 감성이 모두 필요한 것이다. 체면을 상하지 않게 하는 것은 스스로 체면을 상하지 않게 한다는 것과 타인의 체면을 상하지 않게 한다는 것을 포함하기에 세심함과 인내심 그리고 노련함을 필요로 한다. 그래야 주도면밀하게 일을 잘 처리할 수 있고, 원만하게 일을 달성할 수 있다. 임무 달성은 비교적 쉬우나 원만히 임무 달성하는 것은 쉽지 않다.

교활한 것과 융통성이 있는 것은 겉으로 보기에는 똑같아 보일 수 있다, 모두 밀고 끌고 당기는 것이지만 그 동기는 다르다. 대체로 밀고 당기는 것을 통해 문제를 해결하고 동시에 갈등을 감소시킬 수 있는 것을 보통 융통성이 있다고 말한다. 교활함은 밀고 당기는 과정을 통해 책임을 회피하고 시간을 연기한다. 근본적으로 문제를 해결하고 싶지 않은 것은 교활함에 해당한다. 이 둘의 결과도 다르다. 밀고 당김의 결과는 문제를 해결할 수 있고, 큰일을 작은 일로 바꾸고 작은 일은 없는 일로 치는 것을 융통성이 있는 것이라고 한다. 밀고 끌고 당김의 결과 문제를 해결하지 않고 일에 아무런 도움이 되지 않는다면 당연히 교활한 것이다.

중국인에게 융통성은 절대 약삭빠름이 아니다. 약삭빠른 사람은 모든 사람들이 싫어하며 이는 자신의 앞길을 끊는 것과 같다. 융통성의 경지는 비록 도달하기 어려우나 결코 쉽게 포기하면 안 된다. 다른 사람이 이해하지 못하는 것이 두려워 융통성을 포기하면 안 된다. 밀고 당기는 것을 완전히 포기하면 안 되고 융통성을 약삭빠름으로 오해하지 않도록 해야 한다. 또한 모든 일에서 밀고 당기는 실수를 하지 않도록 해야 한다. 이는 사람들이 약삭빠름을 증오하게 만든다. 밀고 끌고 당기는 짧은 시간을 이용하여 어떻게 하면 합리적이고 융통성이 있는 경지에 도달할 수 있을지 충분히 고려하라.

3. 세 번째 특성
: 중국인은 노력은 하나 공(功)은 다투지 않는다.

중국인은 "좋은 일은 쉽게 드러나지 않고, 나쁜 일은 천 리까지 퍼진다"라는 이치에 매우 밝으며, "공은 빨리 묻힐 수 있으나 실수는 두고두고 기억된다"라는 사실도 알고 있다. 어떤 사람이 일을 잘해도 그 사실은 얼마 지나지 않아 잊혀지고 오직 과거의 실수만 남아 사람들이 비난하는 것이 세상의 이치다. 공은 없고 과(過)만 남는 상황은 중국인들로 하여금 "공로가 있기를 원치 않는 것은 아니지만, 과실은 없기를 바란다"라는 철학을 믿게 하고, 따라서 누구나 잘하려고 애쓰되 공을 다투지는 않는다.

사례

어떤 회사의 신임과 전임 CEO 이임식을 왕 회장이 직접 주관하였다. 왕 회장은 의례적으로 먼저 전임 장 사장의 임기 5년간 회사 개혁이 아주 큰 성과가 있었다고 말하였다. 다음 왕 회장은 신임 이 사장의 간략한 이력을 소개하고 그의 경험과 출중한 능력으로 회사가 더욱 찬란한 미래를 맞을 것이라 믿어 의심치 않는다고 발언하였다.

그런데 장 사장이 고별 연설을 할 때 마치 그는 다른 사람이 된 것 같았다. 평소의 용감함과 패기는 별안간 사라졌다. 그는 아주 조심스레 말을 하였다. 자신이 지나치게 성과만 중시하여 사원들에게 많은 관심을 가지지 못한 것에 대해 모두가 이해해주고 널리 양해를 부탁한다고 하였다. 그는 또 비록 회사를 떠나지만 여전히 현업에서 재직할 것이고 나중에 다시 만날 기회가 많으니 조언을 아끼지 말아달라고 부탁하였다.

이 사장은 새로 회사에 온 사람이어서 모두들 그에 대해 아는 것이 많지 않다. 그는 몸 둘 바를 몰라 하며 행여 직원들이 자신을 받아들이지 못할까 봐 걱정하였다. 그래서 연설할 때 최대한 침착하며 온화한 태도로 때로는 유머를 섞어가는 등 모두에게 호감을 얻으려 노력하였다.

이런 상황은 중국의 각 회사, 기관 등에서 모두 비슷하다. 마치 일정한 패턴이 있는 것처럼 모두 똑같은 태도, 똑같은 말투를 취한다. 오랜 시간이 지나 마치 이렇게 하지 않으면 안 될 것 같은 불문율이 되어 버렸다. 이임식을 주관하는 주최자는 예전 사장이 휴직, 승진, 인사이동 혹은 퇴직이든 간에 반드시 그를 기리는 좋은 말만을 한다.

여기서 우리는 다음과 같은 문제를 생각해 볼 수 있다.

첫 번째, 왜 중국의 이임식에서는 거의 모두 형식적인 말들만 하는 것일까? 두 번째, 왕 회장은 왜 예전 사장의 성과를 인정하면서도 신임 사장을 새로 뽑아 소개하였을까? 세 번째, 신임과 전임 CEO의 발언에는 어떠한 의미가 내포되어 있을까? 네 번째, 중국에는 정말로 공은 없고 단지 과만 존재할까?

사람은 만남과 헤어짐을 무한히 반복한다. 중국 사람들은 어떠한 일이든 아주 먼 미래까지 생각하는데 특히 "여기서는 못 만나도 다른 곳에서는 만날 수 있다"와 "원수는 외나무다리에서 만난다"라는 속담을 믿기 때문에 "헤어진다면 당연히 좋게 헤어져야 한다"라는 말을 신봉한다. 그리고 좋게 헤어지기 위해서 이임식 혹은 취임식 등이 필요하다고 생각한다. 이러한 행사는 서로의 오해를 풀어줄 뿐 아니라 오래된 원망을 누그러뜨리고 앞으로 일어날 분쟁 등을 감소시키며 나중에도 좋게 만날 수 있는 여지를 준다. 이러한 목적을 달성하는지 여부는 서로에 대한 성의와 마음 씀씀이에서 결정된다. 특히 행사 주최자의 속마음을 표현하는 것도 행사의 성과에 영향을 준다.

회장은 보통 먼저 예전 사장에게 고마움을 전하고 난 뒤, 신임 사장을 소개하며 옛것을 이어가고 새로운 것을 개척한다는 의미와 근본을 잊지 않는다는 뜻을 나타낸다. 떠나는 사장은 비교적 냉정하고 예의 바르게 고별사를 한다. 고별사를 통해 험담을 한다거나 사람들이 수습할 수 없는 말은 하지 않는다. 신임 사장도 다른 사람들이 받아들이기 쉬운 말을 이어나간다. 부임하자마자 편을 가른다거나 나서서 회장님을 지지하면 사람들에게 준비하고 왔다는 인상을 준다.

장 사장이 가령 좋지 않은 사람이고 사장으로서의 업무를 잘 하지 못했더라도 그는 회사를 위해 5년 동안 일을 했으므로 어쨌든 회사에 대한 공헌이 있다. 왕 회장이 이임식을 빌어 장 사장의 회사에 대한 공헌을 이야기기한다면 장 사장 또한 회사의 퇴임 결정을 받아들이기 편할 것이다.

장 사장이 퇴직이 아니라 승진을 위한 이임식이었다면 바람 빠진 공마냥 기운이 없진 않았을 것이다. 그는 오히려 아주 편하게 신임 사장을 맞이할 것이며 덧붙여 아직 해결하지 못한 문제들을 알려준다거나 자신이 선견이 있었으나 아직 착수만 못 했을 뿐이라는 등의 표현을 했을 것이다. 만약 승진이 아닌 은퇴였다면 과거 영광의 시절을 회상하거나 모두에게 격려를 하는 등 짠하게 사람들과 작별인사를 고했을 것이다.

그러나 지금 장 사장은 왕 회장과 의견 불일치로 퇴직하는 것이 분명하다. 영웅은 그냥 당하지 만은 않는다. 하물며 굳이 위험을 무릅쓸 필요가 있겠는가?

만약 신임 사장이 전임 사장의 마음에 들던 간부로 오랫동안 도움을 받았거나 자신의 추천으로 된 사람이라면 예전 사장으로서 감격스럽기 그지없었을 것이다. 신임 사장은 또 나름대로 취임사를 말할 때 이전 사장에 대해 찬양하며 앞으로도 그의 철학이나 방식 등 이전 그대로 따를 것을 밝히며 많이 가르쳐 달라고 할 것이다.

신임 이 사장은 새로운 사람이라 그가 가장 염려하는 것은 모두가 그를 환영해줄지 여부이다. 그래서 가장 급히 할 일은 호감을 얻기 위해 힘쓰는 것이었다. 사실 이임식은 십여 분 안에 끝나는 간단한 행사였다. 눈 깜짝할 사이에 이미 과거가 되었다. 중요한 것은 이임식 이후 전임 사장은 결국 회사를 떠나게 된다는 것이다. 신임 사장은 또 낯설고 갈피를 못 잡겠지만 분명한 것은 공존해야 한다는 것이다. 그리하여 과거는 비난하고 현재는 칭송하게 된다. 이전의 좋은 점은 점점 퇴색되고 점점 용서

할 수 없는 잘못으로 변하기까지 한다. 현재의 조치는 시급히 새로움과 변화를 추구하는 것이다. 중요한 점은 이러한 조치가 전체 직원의 행복을 도모하기 위함이라고 판단된다는 것이다.

공은 없고 과오만 존재한다. 과거의 공로는 한 번에 없어지고 반대로 과오는 분명하게 나타난다. 대개 동료 간에 과거를 말할 때는 고개를 절레절레 흔들다가도 현재를 말하기 시작하면 희망이 있다고 말한다. 세상 사람들의 정이 후하고 야박한 것은 사귀어 보고 가까이 한 후에야 비로소 드러나게 되어 있다. 그나마 사장이 임기 중에 공로가 컸다면 대부분 말을 삼가고 그에 대해 되도록 언급하려 하지 않을 것이다. 그러나 일반적으로 과실은 크고 추악한 것으로 부풀려지고, 사장의 퇴임은 사장 스스로도 어찌할 도리가 없는 것이 되고 만다.

"공을 추구하지 않고 다만 과실이 없길 바라는 것" 이것은 우리가 열심히 추구할 목표에 실수가 발생하지 않게끔 하는 것이 최선이라는 의미이다. 즉 온 힘을 다해 공로를 취하는 것이 최선은 아님을 의미한다. 왜 공을 추구하지 않는가? 공은 사람에 의해 잊히기 쉽기 때문이다. 자신의 가족 외에 누가 또 확실히 나의 공로를 기억하고자 하겠는가? 또 어쩌면 상황의 변화에 따라 예전의 공이 오늘의 과오로 바뀔 가능성도 있다.

예를 들어 "회사의 복지시설은 누가 만든 것인가?"라는 질문에 대한 답은 "저입니다"가 아니라 "모른다"가 바람직하다는 것이다. "회사의 신상품은 누가 개발한 것인가?"에 대한 답은 "저입니다"가 아니라 "누가 그것을 만들었습니까?"라는 것이다. 자신의 공은 당연히 잊을 수 없다. 그런데 다른 사람의 공은 누가 그렇게 잘 기억하겠는가? 공을 추구하지 않는 것의 진정한 의미는 공이 있어도 스스로 잊어버려야 하고, 언제나 자신이 공이 있다고 여기지 않는 데 있다. 이렇게 해야 낙담하거나 실망하지 않을 수 있다.

왜 단지 잘못이 없는 것만 추구해야 하는가? 과는 영원히 존재하기 때문이다. 과가 가져오는 후유증은 긴 세월이 지나도 잊혀 지지 않고, 사람들로 하여금 항상 미워하거나 책망하게 하는 등 어찌 보면 현실은 매우 불행하기 때문이다. 스스로의 잘못은 대부분 본인 스스로 찾아내지 못하기 때문에 더욱 자신에 대한 경계가 필요하다. 주위에서 자신을 욕하거나 씻을 수 없는 치욕을 줄 수도 있기 때문이다. "공을 세우려 하기보다는 잘못을 하지 말자"라는 말은 아무것도 하지 말자는 뜻이 아니라 무언가를 했을 때 그것이 야기하는 문제점에 대해 생각하라는 뜻이다. 정말로 공이 있다면 공에 대한 생각이 없던 것처럼 일을 하여야 하며, 미처 생각지 못한 잘못들도 제때 바로잡고 고치도록 하여 훗날에 있을 근심을 없애는 것이 중요하다.

과거는 과거일 뿐이다. 과거의 결정들은 대개 당시의 많은 제약에 따른 것으로 어쩔 수 없는 결과물이다. 현재는 현재일 뿐이다. 오늘 결정되는 모든 정책들은 당연히 오늘의 정세에 따라 가장 합리적으로 선택된다.

하지만 현재는 과거의 연장이기 때문에 과거가 없이 오늘이 있을 수 없다. 과거의 것이 유치해 보이지만 그것들이 바로 현재의 것들을 성숙하게 하는 토대이다.

사람들은 항상 자신의 재능에 감탄하고 자신의 공로를 과대평가하는 경향이 있으나 후대 사람들이 곧 자신의 능력을 따라잡고 공헌을 깎아 내릴 수도 있다는 사실에 대해서는 잘 알아차리지 못한다. "장강(長江)의 뒷 물결은 앞 물결을 밀어낸다"라는 말처럼 사람이나 사물은 끊임없이 새로 교체되기 마련이고, 매 세대 사람들은 모두 이전 세대의 가치에 대한 부정 위에 서 있다.

전임은 후임의 영광을 위해 "당신이 있어서 다행입니다. 비로소 저의 꿈이 당신을 통해 이루어지겠군요"라고 한다. 후임 또한 전임의 영광을 위해 "이렇게 튼튼한 기초를 물려주셔서, 제가 그 위에서 마음껏 도약할 수 있게 되었습니다"라고 하는 것이다. 사람은 서로에 대한 양해와 격려가 필요하다. 모두가 자신의 뛰어남만 생각하고 타인의 고생이나 수고를 고려하지 않는다면, "공은 없고 과만 남는다"라는 진리가 뚜렷하게 나타난다. 왜냐하면 대부분의 사람들은 잘못이 있기 마련이지만 정작 개개인의 공은 인정되지 않기 때문이다.

좋은 만남은 좋은 헤어짐만 못하다. 이후에 좋게 만날 수 있는 여지를 남겨라. 결론적으로 말해 공은 없고 잘못만 있다는 것은 논쟁의 대상이 아니다. 매사 어떤 결과를 가져다줄지 생각해 보고, 사전에 피할 수 있거나 피해를 경감할 수 있는 방법을 생각하라.

4. 네 번째 특성
: 중국인은 시비 가리기가 어렵다.

사례

8시 5분에 베이징에서 타이위안로 가는 버스. 8시부터 승차가 시작되어 승차권을 가진 승객이 속속 차에 탔다. 8시 5분이 넘자 자리를 예약하지 않은 승객들에 자리가 개방되었다. 어떤 할머니가 차에 올라 1번 좌석이 비어 있는 것을 보고 지체 없이 2번 자리의 군인을 밀치며 창가에 앉았다. 그런데 1분이 채 지나지 않아 차 밖에 다른 할머니가 나타났다. 이 할머니는 숨을 헐떡이며 큰소리로 외친다. "잠시 만요! 잠시 만요!" 직원이 할머니에게 차가 만원이니 다음 차를 기다리라고 했다. 이 할머니는 "내가 자리를 예매했어요. 게다가 어제 일부러 여기까지 와서 예매한 거예요!"라고 말하면서 급히 차에 올라간 뒤에 2번 자리 옆에 있는 통로에 서서 1번 자리에 앉아 있는 할머니한테 자리를 비켜달라고 했다. "죄송한데 여기는 제자리입니다." "제가 아는 한 그것은 8시 5분 전의 일이에요. 저는 이미 이 빈자리에 앉았는데 왜 당신에게 내줘야 돼요?" 1번 자리에 앉아 있던 할머니가 말했다. "제가 몸이 안 좋아 오래 서 있지 못해 어제 일부러 여기까지 와서 차표를 예매했습니다. 당신처럼 오늘 바로 온 것이 아니니까 자리를 비켜줘야 합니다."

"당신이 이 자리에 앉고 싶었다면 왜 일찍 오지 않았나요?"

"일찍 출발한다고 했는데 신호등에 너무 많이 걸려서 늦었답니다."

이윽고 기사가 차문을 닫고 차를 돌려서 고속도로로 출발했다. 서 있던 할머니는 오른손으로 손잡이를 꽉 잡으면서 왼손으로 차표를 가지고 1번 자리에 앉은 할머니한테 뺏기 시작했다. 두 사람이 서로 양보하지 않아서 결국 싸우기 시작했다. 이때 2번 자리에 앉아 있는 군인은 입장이 난처했다. 차에 있는 사람들 모두가 그를 지적하는 것 같았다. 나이가 어린데 왜 일어나서 자리를 양보해주지 않을까? 하고. 군인은 자기의 차표에 분명 2번이라고 적혀 있는걸 보았다. 하지만 지금 이 상황에는 자리를 예매해도 뭘 뾰족한 방법이 없다. 그는 일어나서 자리를 양보하겠다고 했다. 서 있는 할머니가 고마워하면서 앉고 1번 할머니와 계속해서 싸웠다. 5분 뒤에 두 할머니는 화가 풀렸는지 웃으며 얘기를 시작했고 사이가 아주 좋아 보였다.

차가 요금소를 지났다. 1번 할머니는 첫 번째 정거장에서 내릴 거고 그의 딸이 마중 나올 거라고 했다. 2번 할머니는 자기의 주소를 가르쳐주고 시간이 될 때 한번 만나자고 했다. 1번 할머니도 그의 전화번호를 가르쳐주었고 마지막에 그들은 심지어 이렇게 말했다. "군인 양반이 좀 더 일찍 자리를 양보해주었으면 우리 둘이 싸우지 않았을 텐데!"

여기서 우리는 다음과 같은 문제를 생각해 볼 수 있다.

첫 번째, 2번 자리에 앉은 군인은 무슨 잘못이 있었나? 왜 두 할머니는 그를 탓했을까? 두 번째, 1번 할머니는 잘못이 있었나? 이 할머니는 왜 자리를 양보해주지 않았을까? 세 번째, 지각한 할머니는 잘못이 있었나? 이 할머니는 왜 당당하게 1번 할머니한테 자리를 내달라고 했을까? 네 번째, 버스회사는 무슨 잘못을 했을까? 다섯 번째, 기사는 신경을 쓰지 않고 운전에만 집중하며 승객 사이의 다툼을 무시했는데 그는 무슨 잘못이 있었을까?

2번 자리에 앉는 군인은 당연히 잘못이 없다. 원래 그의 자리니까 그 자리에 앉는 것은 당연한 일이고 누구도 그를 쫓아낼 권리는 없다. 군인은 편안하게 앉아 있거나 눈을 감고 쉴 수 있다. 하지만 그는 마음이 편치 못해 결국 자기의 권리를 포기하고 자리를 양보하는 미덕을 발휘했다. 1번 할머니도 잘못이 없었다. 순서에 따라 자리를 앉았고 합법적으로 1번 자리를 얻었다. 힘들게 줄서서 얻은 자리이니 당연히 양보하지 않은 것이다.

현대사회에서 사람들은 합법을 중시한다. 합법적으로 자리를 얻었기 때문에 누구도 뭐라고 할 수가 없다. 빈자리가 나자마자 할머니는 순서에 따라 승차하였고 나이가 많고 몸이 약해서 가장 앞자리에 앉은 것이다. 보통 법을 지키는 사람들은 법규 외에 다른 요소를 고려하지 않는다. 게다가 할머니는 나이도 많아서 다른 노인에게 양보해줄 필요가 없어 앉아 있어도 문제는 없다. 그렇다면 지각한 할머니는 어떤 잘못을 했나? 전날 미리 와서 차표를 예매했는데 신호 때문에 이전의 노력이 다 쓸모없게 돼버렸다. 남이 자신의 자리에 앉았다는 것은 마음 아픈 일이다. 버스회사는 정해진 시간이 지나면 좌석이 무효가 된다고 밝힌 바 있고 이 규정에 따라 빈자리를 메울 수 있는 상황이 발생했다. 그러나 할머니의 입장에서는 분명히 한 자리를 두 번 팔았고 시간이 지나서 기다리지 않겠다고 하니 생각하면 생각할수록 화가 난다.

버스회사는 무슨 잘못을 했을까? 만약에 빈자리를 메우지 않으면 남은 승객들이 어떻게 반응할까? 승무원은 어느 자리의 승객이 이미 버스를 타고 떠났는지 아니면 급하게 오고 있는지 몰라서 기다리다가 규정에 의해서 순서대로 빈자리를 메우기 시작했다. 하지만 그도 중국인이고 돌려서 생각할 줄 안다. 화가 난 할머니를 보면 규정에 따라 쫓아내지도 못하고 다른 승객한테 자리를 양보해달라고 할 수도 없다. 그래서 조용히 상황을 피하며 순리에 따라 문제가 해결되기만을 바랄 수밖에 없었다.

기사는 이미 다양한 승객을 겪어봐서 이런 상황에 익숙하다. 한쪽은 도와줄 수 없다. 그리고 차가 늦게 출발하면 다른 승객들이 뭐라고 할 것이다. 이 경우 차가 출발하면 모든 문제가 해결될 것이다. 물론 승무원이 지각한 할머니로 하여금 차를 타지 못하게 할 수가 있고 기사도 나와서 싸움을 막을 수 있다. 지금은 법치 사회이다. 하지만 만약에 자기가 바로 그 지각한 할머니라면 마음이 어떠할까?

중국인이 시비를 잘 가리지 못하는 이유 중 하나는 머리가 지나치게 똑똑하거나 돌려서 생각할 수 있기 때문이다. 미국에서 여자를 칭찬하기란 아주 쉬운 일이다. 미국에서 어떤 여자를 보고 머리 스타일이 귀엽다고 하거나 사랑스럽게 생겼다고 하면 그녀는 매우 좋아할 것이다. 만약 그녀의 눈이 예쁘다고 하면 그녀는 이미 많은 사람이 자기를 칭찬했다고 말할지도 모른다. 그러나 중국 여자를 칭찬하려면 조심해야 된다. 중국 여자를 보고 그녀의 옷이 예쁘다고 하면 그녀는 "설마 내 외모는 예쁘지 않나?"라고 생각할 거고, 눈이 달처럼 아름답고 하면 그녀는 아마 "내 코가 너무 낮다고 생각하겠지"라고 의심할 것이다.

회사 사장이 밖에서 돌아왔는데 입가에 밥풀이 하나 붙어 있다. 직원들이 이를 보고 "사장님, 왜 도시락을 가져오셨어요?"라고 이야기할 사람이 있을까? 답은 이야기할 사람도 있고 못할 사람도 있다는 것이다. 이야기할 사람은 용기가 있고 솔직해서 그런 것이 아니라 사장이 그를 어떻게 하지는 않을 거라고 생각해서 그런 것이다. 이야기하지 않는 사람은 겁이 많고 속물적인 것이 아니라 어떤 결과가 나올지 몰라서 그런 것이다.

우리는 사람들이 생각을 정 방향으로 하길 원하지만 사실 정 방향과 반 방향을 구별하는 것이 어려워서 합리화라는 문제가 생기는 것이다. 누구든지 합리화가 좋다는 것을 알지만 문제는 다른 사람이 합리적이라고 여기는 것이 당신 스스로는 합리적이라고 여기지 않는다면 과연 누가 합리적일까 하는 것이다.

만약에 모든 경우 법규에 따르는 것이 가장 합리적이라면 지각한 할머니는 반드시 승무원한테 가로막혀 차를 못 타게 되어야 한다. 우리는 두 할머니의 낡은 사고방식을 지적할 수도 있다. 권리를 가진 사람이 젊다고 하여 자리 양보하는 것을 기대하다니! 하지만 중화문화의 미덕 중 하나는 바로 노인을 공경하는 것이라고 하지 않았는가? 군인은 예매한 자리에 앉을 권리가 있어 법에 따라 자리를 양보하지 않아도 되는데 정이라는 지시에 복종했다.

중국인들은 관리자는 시비를 잘 가려야 할 뿐 아니라 자기 스스로에게 항상 시비 가리기가 어렵다는 것을 상기시켜야 한다고 믿는다. 개인의 권세에 의지해서 마음대로 시비를 가리면 안 된다. 사람과 일을 잘못 보지 않도록 많이 물어보고 많이 관찰하고 많이 생각해서 신중하게 시비를 가려야 한다. 자신의 이미지가 실추되는 것은 작은 일이지만 단체의 사기를 떨어뜨리면 심각한 손상이 될 것이라고 생각하는 것이 바로 중국인들의 사고이다.

참고문헌

《中國文化의 理解》, 이수웅, 김경일, 1995, 대한교과서

《中國社會의 持續과 變化》, 로이드 E. 이스트만, 1999, 돌베게

《중국인과의 커뮤니케이션 방법 - 소통의 예술》, Harro von Senger, 2006, 상하이인민출판사

《중국 비즈니스 문화론》, 서갑성, 2010, 대진,

《외교 원리와 실제》, G. R 베리지(Berridge), 2014, 명인출판사

《중국에서의 협상술 36계》, Laurence J. Brahm, NAGA, 박윤식 역

《현대 중국의 이해》, 박대훈, 2015, 한양대학교 출판부

《经济谈判》, 李翔主编 , 北京中国经济出版社

《商务谈判36计》, 建修 编著 , 2002, 北京当代中国出版社

《经济谈判》, 李翔主编 , 北京中国经济出版社

《鬼谷子》捭阖第一, http://www.kmhqd.com/zhqd/gdwj/ggz.htm.

《孫子兵法》, 第一, [始計篇], 第三, [謀攻篇]

《中蘇硏究》, 송종환, 2000, 통권86호.

〈모택동사상과 법〉, 민경배, 2002, 한국 법 철학회, 법철학연구 제 5권 1호

〈The Chinese Negotiation〉, Harvard Business Review, Vol. 81, No.10, October 2003.

중국 국무원, 〈중국의 높은 저축률에 대한 원인 분석〉(我國儲蓄率偏高的原因分析), 2014.3.21.

해외 경제 포커스, 한국은행 조사국 국제경제부, 2014년 제16호. 〈중국의 저축률이 높은 이유

와 평가〉
〈중국의 높은 저축률에 대한 평가와 전망〉, KIEP 중국지역 정보전문 블로그, http://blog.naver.com/kiepinfo/221094228971

http://terms.naver.com/entry.nhn?docId=17862&cid=476&categoryId=476, 매일경제
http://www.kocca.kr/knowledge/research/__icsFiles/afieldfile/2011/07/14/iROA4aG44B46.pdf
http://blog.naver.com/pioneer_yang?Redirect=Log&logNo=60103464298
http://blog.naver.com/pioneer_yang?Redirect=Log&logNo=60103464298, 자료원, 圣才学习网, 2010/05/24
http://blog.naver.com/pioneer_yang/60110710067
http://www.hankyung.com/cgi-bin/kisaview.cgi?NewsID=2001120404931&Date=200112
문휘창, http://www.koreapost.co.kr/2000_06/moonhc.htm
http://home.megapass.co.kr/~fktugumi/data/negotiation.htm
http://blog.daum.net/star-flex/4
http://blog.naver.com/kmh8400/50003066749, John L. Graham

찾아보기

ㅇ

최형욱(崔亨旭) 한양대 중문과를 졸업하고, 중화민국 정치대학 대학원에서 석사와 연세대 대학원에서 문학박사 학위를 받았다. 현재 한양대 중문과 교수로 재직 중이다. 한양대 수행인문학부에서 센터장을 역임하며 중국 비즈니스, 한중 통상 관련 과정 및 과목들을 관장했다. 현재 인문역량강화사업(코어)의 일환인 G2 글로벌 지역학 프로그램에 관여하며, 특히 중국 비즈니스와 관련된 과목들을 총괄하고 있다.

박대훈(朴大勳) 한양대 중문과를 졸업하고, 중국 베이징대학에서 국제정치와 중국외교 전공으로 각각 석사와 박사 학위를 받았다. 현재 한양대 겸임교수로 재직 중이다. 저서로 《현대 중국의 이해》(한양대 출판부), 《중국 부자를 말한다》(경북대 출판부)가 있고, 번역서로 《냉전과 신중국 외교의 형성》(한국문화사) 등이 있다.

한양학술총서 006

중국 비즈니스 문화와 에티켓

펴낸날 2018년 1월 30일 초판 1쇄 · 2020년 4월 10일 초판 2쇄

지은이 최형욱·박대훈 · **펴낸이** 김우승

펴낸곳 한양대학교출판부 · **출판등록** 제4-7호(1972.2.29)

주소 서울 성동구 왕십리로 222 · **전화** 02.2220.1432-4 · **팩스** 02.2220.1435

홈페이지 press.hanyang.ac.kr · **이메일** presshy@hanyang.ac.kr

디자인·편집 정준기 · **인쇄** 네오프린텍

정가는 뒤표지에 있습니다. 잘못된 책은 구입하신 곳에서 교환해드립니다.

ISBN 978.89.7218.563.5 (94910)

978.89.7218.470.6 (세트)